AF260532

〔美國〕 顧月華 著

宿命

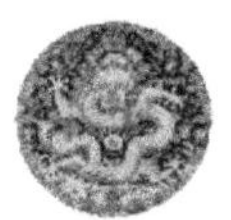

美國紐約龍出版社
Long Publishing Corp.

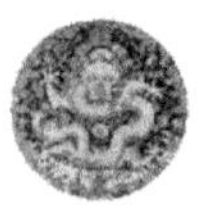

美國紐約龍出版社
Long Publishing Corp.

版權所有，翻印必究

ISBN: 978-1-953903-05-1
First Published in New York by Long Publishing Corp.
First Paperback Edition: June 2023

PREDESTINATION

宿　命

顧 月 華　著

手繪插圖：顧月華

編輯策劃：胡桃
特約編輯：湯爽
裝幀設計：吳言

美國龍出版社出版發行
出版人：Sonia Hu
版次：2023 年 6 月紐約第一版，第一次印刷
國際書號：978-1-953903-09-9

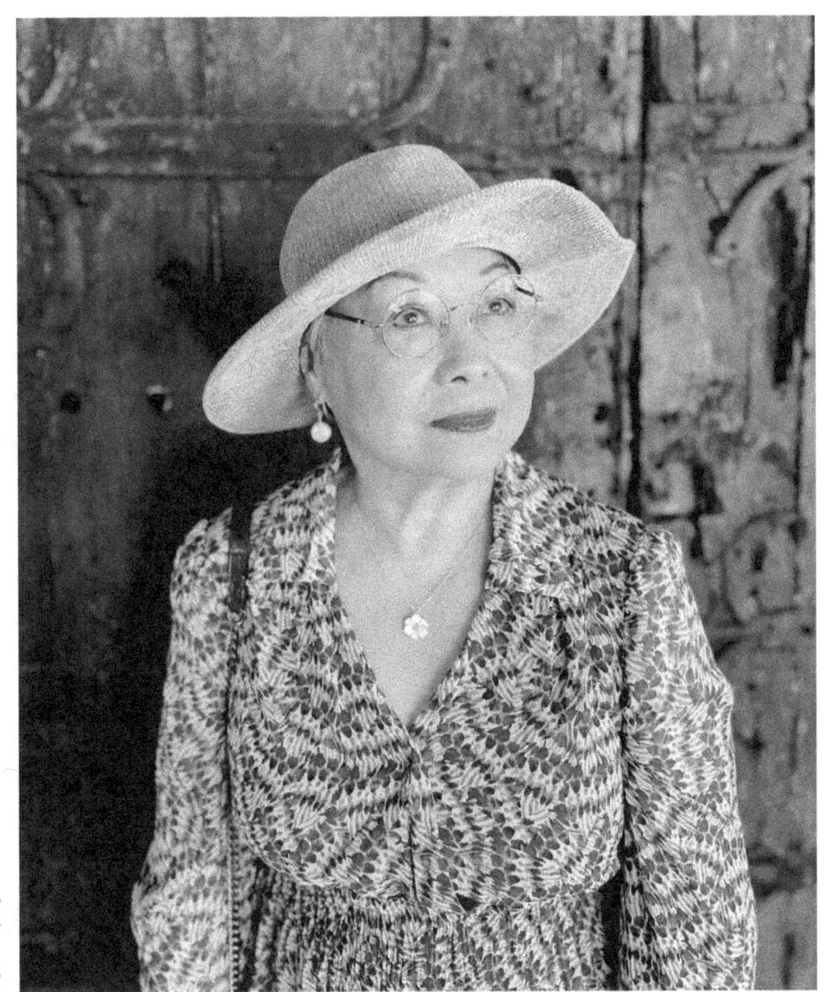

顧月華

我的大師姐老媽顧月華

孫思瀚

　　我的母親顧月華我經常戲稱她為老媽大師姐，生活中她是我的媽媽，但我們出自同一所藝術院校，所以她又是我的大師姐，在我的生命中到目前為止有兩次和大師姐單獨相處，一次是上個世紀七十年代初，我和大師姐一起下放到農村，我的啟蒙是從那時候開始的，我們旁邊是神垕縣出鈞瓷的地方，神垕有一個地方滿山滿谷的都是碎片，媽媽帶著我站在碎瓷片上對我說，你看一年也燒不出幾件大器，而不成器的便會砸了拋棄荒野，孩子你明白媽媽的意思了嗎？

　　第二次和媽媽單獨相處就是去年父親駕鶴西去，我趕到了媽媽身邊，從大師姐的悲傷中我看到了堅強，從弱小的身軀中看到了許多騰雲駕霧的氣場，老媽還是老媽，她溫柔善良孤傲倔強，她嚴肅的時候不怒自威，她開心的時候笑起來儼然是個豆蔻姑娘，她的眼睛還是那麼透徹，直接能透到她的心房。

　　我好愛我的大師姐，她是我的導師、我的摯友、我的港灣、我的親娘。

附:（去年立冬與母親小酌賦詞一首）

江城子·立冬

　　小雨立冬魚開膛，油爆蝦，豬大腸，肝尖氽炒，佳肴擺八樣，今夜無歌獨思歸，人已醉，天未亮，母子相擁道短長，年複歲，鬢見霜，老屋依舊，娘親故事講，待到來年花開時，歸故里，醉一場。

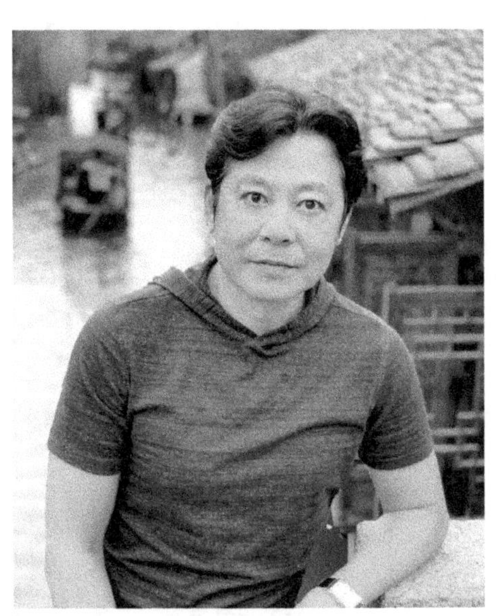

孫思瀚

上海戲劇學院86級，中國電視藝術家協會演員委員會理事，上海上中北藝術研究院執行院長，從藝多年，出演和製作了多部電影電視劇話劇。

目录

前言

序

《宿命》200首

後記

作者簡介

序

一

滿盈豐盛

張純瑛

拜讀月華的兩百首三行詩，不斷勾起二十多年前我翻譯泰戈爾《漂鳥集》(Stray Birds)的325首短詩時感受到的悸動。

無論是對《日落》《星空》《餘暉》《流星》《坦然》等大自然景象，或是《鍋》《火爐》《冰箱》《桌布》等日常用具，月華皆能以千變萬化的擬人化手法賦予貼近人性的風貌，是泰戈爾慣用的筆法。《花》《燈》的形象也反覆出現在泰戈爾的詩中。

推崇《父親》為伴隨左右移動的大山，比喻《流浪的雲》是回不了家的飄逸靈魂，月華層出不窮的清新意象皆不遜泰戈爾。她的幽默流露於《刀鋒》《端午》結尾的轉折。《思念》《枕頭》有綿密的溫柔；《絲巾》的纏綿可比陶淵明的《閒情賦》。《心聲》《真愛》《叛》《影子》則有劍指核心的冷冽。

泰戈爾的短詩哲理雋永，月華亦能善用短短三行，盛載深邃幽婉的體悟：《沉默》裡見到智者，《原諒》裡顯現豁達，《世俗》中活出自由。月華用一生的歲月，懂得筆直的箭和柔軟的弓搭配得宜才是《策略》，《圓》方得自成天地。

可貴的是，歷經過去三年的困頓閉鎖，《步》《狀元餅》《雪花餅》仍可見到月華可愛的率真裡不失霸氣，源於《孤獨》所言: 穩穩的坐擁一份/自己的天下/如君王孤家寡人。

因着內在的滿盈豐盛，孤獨擊敗不了月華的霸氣。

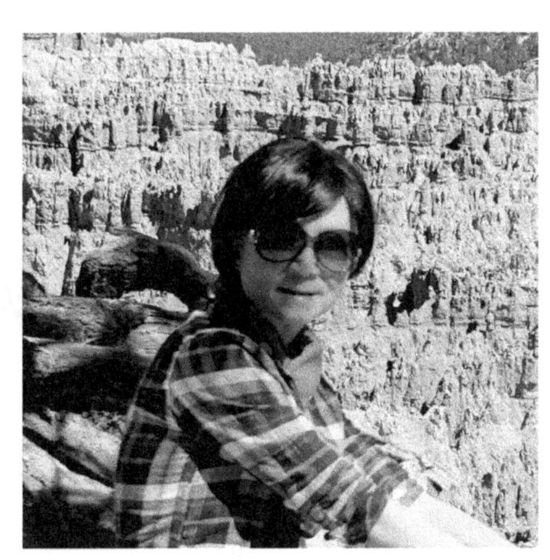

張純瑛

　　海外華文女作家協會第十三屆會長。
著有散文集《情悟，天地寬》、《那一夜，
與文學巨人對話》、《人情詩故——從經
典看人生》，短篇小說集《天涯何處無芳
菲》，遊記《古月今塵萬里路》，為青少年
撰寫莫扎特、莎士比亞、雨果傳記，翻譯泰
戈爾的《漂鳥集》。曾獲華文著述獎散文類
第一名、世界日報極短篇小說與旅遊文學
等六項文學獎。

序二

時尚達人"顧三行"

白舒榮

創"極光"[i]，邀約世界華文作家網上談文論藝；網路時代，天涯非牆，疫情隔不斷文學同好歡樂時光。

玩視頻，兒子和"老媽"[ii]緊相隨尋味探藝，蔚然一道風景，嗨轉紐約大街小巷，四海名揚！明明是作家顧月華，卻被有些人認定為郭蘭英歌唱家。是作家，還是歌唱家？"老媽"堪稱時尚達人，她是顧月華。

"老媽"不甘寂寞，突然又有新花樣，製造驚喜不斷。

她要出詩集，題名《宿命》，200首，配以親筆所繪，詩情畫意，首首皆三行。

古有"柳三變"，今有"顧三行"。哈哈，"顧三行"！為自己命的這個雅號，我不免有幾分得意洋洋。

宋代著名詞人柳永本名"三變"，"三行"乃顧月華每首的詩行。同"三"不同意，內在有因緣。

"任你百般撩撥敲打/不理/你這個瘋子"（《鼓》）"最恨這種/讓人陪着你從早到晚/哭個沒完"（《雨》）"把心撒成一張網/拋出去/化成細雨慢慢灑落在你肩上"（《思念》）"生無可戀這道菜/不容易出現在/快樂的吃貨嘴巴裡"（《紅塵》）。

門、窗、雷鳴、閃電、鼓、雨、隕石、流星、思念、童心、懷鄉、迷思、癮、原諒、紅塵、膽……實實虛虛，虛虛實實，靈魂起舞，智慧閃光，捕捉有形無形繁富意象，哲思人生百態人世眾相，幽默樂觀。

時尚達人"顧三行"，"改了你的道/衰老的方向/推了一把"（《童心》）。

顧月華老而彌狂！

2023年4月28日於北京

---

i 疫情期間，顧月華創建"極光講座"網上平臺，邀約世界華文作家作文學講座，共約 30 場
ii 顧月華同大兒演員孫思瀚的網路視頻，視頻中孫思瀚作講解稱自己母親"老媽"

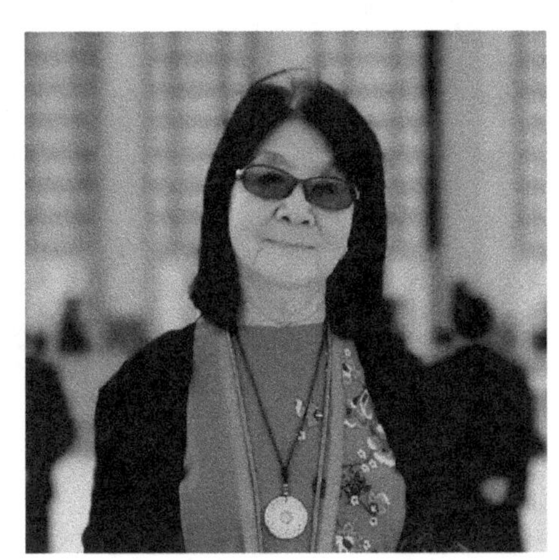

白舒榮

　　畢業于北京大學中文系，中國作家協會會員，中國文聯出版社編審。曾任世界華文文學雜誌社社長兼執行主編。現為香港《文綜》雜誌副總編輯，世界華文文學聯盟副秘書長，多家海外華文社團顧問，出版著作九本等。

序三

她的世界裡有詩有畫

—— 讀顧月華的《宿命200首》

錢虹

美國華文女作家顧月華，可謂天生的上海人。一見面，她就跟我說上海話。她的上海話屬於精緻優雅的正宗申腔，不是那種夾生飯似的滬語。她的前半生，從上海-河南-美國，繞了半個地球和半個世紀，本身就是一部跌宕起伏的傳記文學作品。然而，令我驚訝的是，年逾八旬，她竟然要出版詩集！

有人說：每個人的心中，都住着一個詩人。"耳得之而為聲，目遇之而成色"，山間明月，江上清風，處處是生活，也處處是詩意。顧月華似乎就是證明。例如《鼓》："任你百般撩撥敲打/不理/你這個瘋子"，鼓的沉默堅韌與捶鼓人的瘋狂擊打形成了鮮明的意象，且充滿藝術動感與畫面感。《窗》："不發一言/在車水馬龍的世界面前/守住主人的秘密"，沒有生活的閱歷與細緻的觀察，不會有這樣忠貞不二的藝術感悟。還有，《隕石》："失落一顆寂寞的心/墜落凡塵/在另一個世界隱姓埋名"，寥寥數語，明寫墜落凡塵的隕石，其實何嘗不是失落在別一世界的人之心靈，以石喻心，讓人深思。

顧月華的詩，又有一種渾然天成的詩情畫意，這一點恐怕與她曾經專攻美術與油畫的人生閱歷有關。請看《迷思》："總有一個影子/左右不離/且生且滅，且滅且相隨"，詩中嵌畫，畫中蘊詩，人與影不離不棄，相伴相生，始終相隨。《日落》："輝煌霞光拉開華麗帷幕/寂靜和黑暗是閉幕後/真正的結局"，更是黃昏的晚霞斑斕輝煌之後化為大塊黑暗的底色，將天光的結局（這何嘗不也是人生的結局）演繹成了可感可觀的圖像。

2023年5月2日

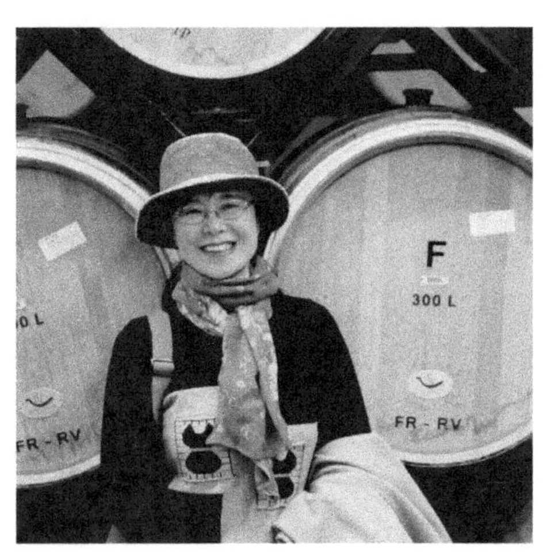

錢虹

　　錢虹，女，文學博士，中國作家協會會員。曾任華東師範大學和同濟大學中文系教授。現為浙江越秀外國語學院教授。兼任中國世界華文文學學會副監事長、上海錢鏐文化研究會副會長等。主要從事中國現當代文學、世界華文文學和女性文學的研究與教學。著有《女人·女權·女性文學》《繆斯的魅力》《文學與性別研究》《燈火闌珊》《雅人韻士》等著作；編著有"雨虹叢書·世界華文女作家書系"等20餘種；已在國內外刊物上發表學術論文300餘篇。

序四

四季以外的詩

彥火

讀顧月華的《宿命》，雜感紛陳———

不像初夏，卻有初夏熾白的陽光；不像初冬，卻有初冬的瑟縮；不像初春，卻有初春的曖昧；不像初秋，卻有初秋的亮鋥。不止於四季，還有人間的五味，像《相思》；像《迷思》，糾纏不清、不離不棄的影子，卻是人間以外的癡迷；虛假如《影子》，亦步亦趨，卻是"永世追隨"；世途的乖離，連那一聲《咳嗽》，也成了人間一種海枯石爛的纏綿；人世間的滑稽，莫如所謂《真愛》，放着弱水三千不飲，只飲"那一瓢／是毒汁"，也許那是死去活來的刻骨銘心，因為是得不到的東西。《愛情》反而是平凡的，只存於"真實純潔樸素的心"。"把清香留在齒頰／吞嚥了苦澀／甘苦自知"，那是《茶》的人生，人生的茶。……

至於"隱隱的坐擁一份／自己的天下／如君王孤家寡人"，那是《孤獨》的況味，也是禪的人生，因為正如作者所要表達的"說出來的話不是關鍵，關鍵是話外有話"，我們讀到的"話外之意"，頗有禪意，可見作者的寫作已進入禪思的境界。

倏地想起吳宓先生《悲感》的一句話，或可點題："飛揚頗恨人情薄，寥落終憐吾道孤"，大有欲語還休之概！

這不是序，只是隨感而已，若合美國流行片語"now, at this time, at that time"的感受。

2023年5月2日

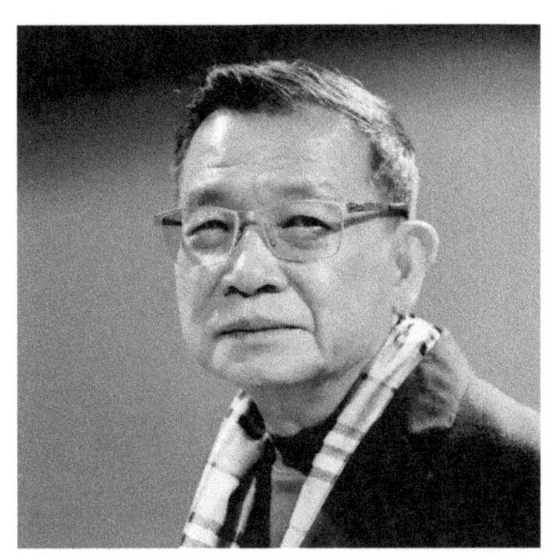

彦火

潘耀明，筆名彥火。先後任職三聯書店(香港)有限公司董事兼副總編輯、香港中華版權代理公司董事經理、南粵出版社總編輯、明河社出版有限公司董事總經理兼總編輯、明報出版社/明窗出版社總編輯兼總經理。現職《明報月刊》總編輯兼總經理、《香港作家》網路版社長、《文綜》社長兼總編輯。中國作家協會全國工作委員會榮譽委員、國務院僑務辦公室專家諮詢委員會委員、香港作家聯會會長、中國作家協會香港會員分會會長、世界華文旅遊文學聯會會長、香港世界華文文藝研究學會會長、世界華文文學聯會執行會長、美國愛荷華"國際寫作計畫"(International Writing Program, The University of Iowa) 成員、馬來西亞"花蹤世界文學獎"顧問。近著有《這情感仍會在你心中流動》、《山水挹趣》、《大家風貌：細說當代文壇往事》等，其中《當代中國作家風貌》被韓國聖心大學翻譯成韓文，並成為大學參考書。部分作品被收入香港中、小學教科書內。

序五

顧月華的三句詩文集《宿命200》

陳公仲

　　紐約華文女作家的領軍大姐顧月華，我仰慕已久。她是一位享有盛譽多才多藝的資深藝術家、作家。我們在一些集體場合中見過面，然真正接觸並有親切交談，還是在2016年9月。紐約《僑報》約我做了一次文學講座，王老鼎鈞大師也到場，還作了講話。之後，他約請我次日中午吃個便飯。我受寵若驚，欣然答應了。次日，我按時到了灣仔海鮮城，發現顧月華大姐也來了，她是王老特地請來作陪的。那天她穿着入時，光彩照人。而王老年過九十，高大挺直，精神抖擻，令人欽羨。我們坐定後，王老即打開話匣，高談闊論起來。從他的四大部回憶巨著談到當今的文學動態。顧大姐不斷地發問誘導，王老就順勢發揮，一問一答，妙趣橫生。我聽得如醍醐灌頂，大開眼界。心想，如能記錄下來，該是多麼珍貴的文史資料啊。可萬萬沒想到，第二天，顧大姐就寫出了一篇長文，詳實地記述了這次聚會，特別是王老的生動睿智的講話。她的文章，文采飛揚，言辭精確得體，分寸得當，叫我佩服得五體投地。

　　如今，她的《宿命200》三句詩文集問世，又是她對華文文學的一大貢獻。宿命本是對人生命運歸宿必然性的一種認知，常有一些消極的理解，而顧大姐卻賦予了一個積極的詮釋，我概括為她把"人定勝天"改成了"人定順天"，一字之差，意義迥異。我對她的三句詩已作了些摘編點評，因篇幅之限，只好忍痛割愛。勸君還是去讀大姐的原汁原味的三句詩吧！個中自有美文哲思，綿綿不絕。

2023年5月3日

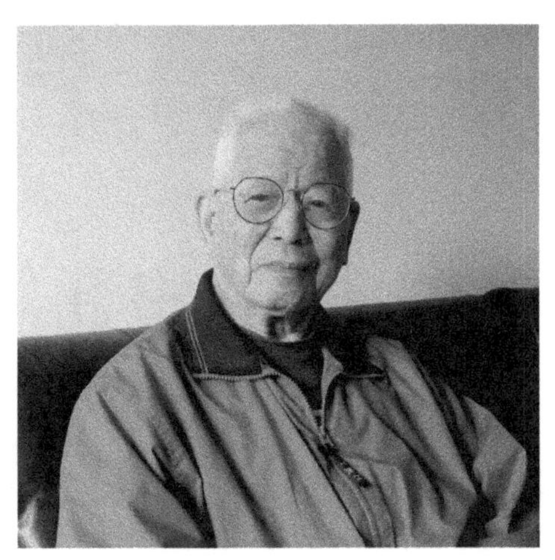

陳公仲

　　公仲，原名陳公重。1934年出生于河南開封。祖籍江西永新。南昌大學教授，中國小說學會名譽副會長，中國世界華文文學名譽副會長，江西當代文學學會名譽會長。編著有《中國當代文學史新編》、《臺灣文學史初編》、《世界華文文學概要》、《離散與文學》、《當代文學新思考》、《靈魂是可以永生的》、《八八文存》等近30種著作。

序
六

命中有"詩"

陳瑞琳

都知道顧月華是海外新移民作家在紐約文壇的早期開拓者，尤以散文最為讀者稱道。這是因為她豐富的閱歷，總是能洞開記憶的閘門，既寫出嚴峻的滄桑歲月，又表現出溫熱明亮的人性，儼然有大家之氣。

後來才知道她是畢業於上海戲劇學院的舞臺美術系，可謂一手作畫一手寫作，一派藝術家的風采。如今才發現，除了散文和小說，她竟然還寫詩，早在2002年，她的詩歌《帶血的桂冠》就榮獲了美國《彼岸》雜誌的"李白詩歌佳作獎"，這着實嚇了我一大跳。

不僅如此，顧月華的詩讓人驚豔，不是佶屈聱牙的文字，而是創意靈動的意象。坎坷多變的人生，異國風雨的洗禮，讓她的小詩充滿了奇妙的想像，既有思辨的邏輯，也有生動的跳躍，內涵老辣成熟正獨具一格。其中散發的優雅芬芳，來自血脈，來自地母，也來自她藝術修煉的才華。

詩集的名字叫《宿命》，充滿了生命回首的味道。每一個場景，每一個瞬間，都如同是前世的約定。她的三言詩雖短，卻如同瞬間的靈光，照亮了一縷縷生命的軌道，也照亮了她自己的所思所想。作者說有愛才能寫詩，這種愛是博大的，是包括萬物的。寫詩的人心裡，既有烈焰的噴薄，也有柔情的纏繞，它是生命的情緒，也是人間的感悟，無論是宣洩，抑或是挑戰，都包裹在她彩色的詩裡，讓人回味無窮。

在《宿命》裡，最感動我的是那些孤獨的體驗，思鄉的體驗，愛的體驗。例如"沒有問候，便是人間靜好。"再如"中秋之夜，不敢抬頭，看天，望月。"還有那首《火爐》："心中忍受着灼燒，痛徹心扉，溫暖了別人"。喜歡這首《口紅》："女為悅己，你們是，第一排衛士"。還有那首《桌布》，意象特別深刻："歡喜地接受了，一道道甜酸苦辣，守着人去樓空的悲哀"。《火鍋》也尤其好："一場大屠殺在水與火廝殺中，把地獄的現象，香味中重現"！《榴槤》更絕："危險的情人長得醜，還帶着一身的刺，卻讓你想斷肝腸"。小詩《膽》，雖然只有10個字，卻讓我久久不能平靜："日，加上月，才形成我的膽"。是天地日月，陰陽芳華，造就了生命裡所有的膽量和勇氣。

讀顧月華的詩，有苦難，有幸福，有批判，有慈悲。她喜歡審視人生，收藏着每一個情義，尤其是關於"愛"。她在詩中表達的"愛"是一種智慧的"大愛"，是走過、看過、體驗過、思考過的那種"大愛"。前世的緣，今生的情，她真是一個命中有"詩"的人！

2023年5月4日於休士頓郊外

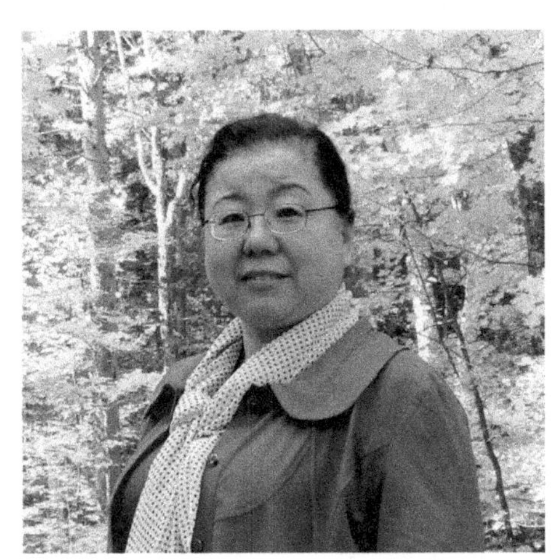

陳瑞琳

　　美國華裔作家、評論家。曾任國際新移民華文作家筆會會長，北美中文作家協會副會長。出版多部散文集和評論專著，多次榮獲海內外文學創作及評論界大獎。

序七

月華印象

陸士清

與月華相識，是在泰國曼谷。那時，她活躍在夢淩主持的華文文學會議上，奔前奔後為會議和文友攝影。回滬後，我們多有過從。

月華和夫君孫先生是上海戲劇學院舞美系同窗，他倆都善油畫。赴她家宴時曾與周勵、盧醫生一起欣賞他們的畫作，那天看到月華房中掛了幾幅她的油畫，相當少見，今天她又為自己的詩集畫了200幅插圖，展示了她的本行，令人感到意外驚喜。

月華父親是無錫成功而慷慨的企業家，解放初就把名聲甚佳的中國飯店捐獻給了市政府。多才多藝的月華，也許是繼承祖上風格吧，她散文寫得健朗瀟灑。述生活挑戰，皆逢凶化吉；記家族往事，有豪邁之氣；寫"文革"應對紅衛兵抄家，以紅對紅，詼諧有趣。

如今她將出版詩集《宿命200》。三句話詩屬於小詩，有些人瞧不起小詩，我倒不嫌棄。好的小詩，是美好情感的結晶，是人生哲理的金句。"比陸地大的是海洋，比海洋大的是天空，比天空更博大的是人的心胸"；"天空沒有留下鳥的痕跡，但鳥已飛過"。"你站在橋上看風景，看風景的人在樓上看你""用剪斷的辮子，做一根黑色的手仗，敲醒沉睡的大地"；"當君子遠離庖廚，我聽見，青草的哭泣"。瞧這些中外名家的小詩，對人生乃到時代的闡述，有一以當十的藝術魅力。月華的《宿命200》，有的定有美好旨意，但兩百首，能都是金句嗎？有無女士的嘮叨，就請讀者品味吧！

2023年5月8日

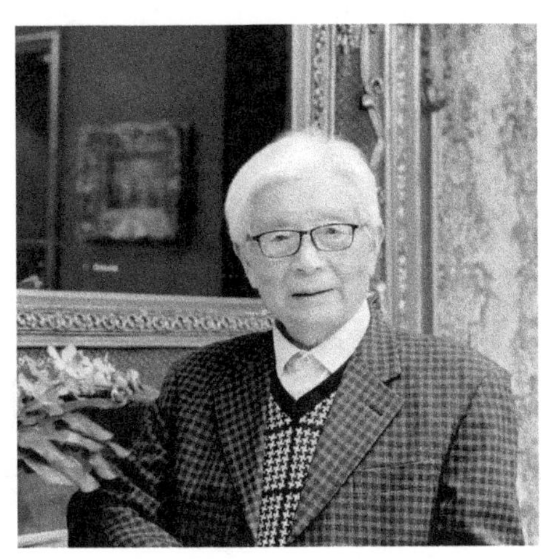

陸士清

復旦大學中文系教授，中國作家協會會員，歷任復旦大學香港文化所副所長、中國當代文學中國世界華文文學學會名譽副會長等職。著有《臺灣文學新論》、《三毛傳》（合作）、《曾敏之評傳》、《品世紀精彩》等十多種。

序八

藝境通人

——小論顧月華

蘇煒

宗白華先生曾以"一境同構"來言述中國傳統藝術與西方藝術的歧異之處。宗老先生特指的是中國畫之"詩書畫一體"或"筆墨意境一體"這一類特徵。其實，"一境同構"，這就是傳統學問所強調講究的"通"吧——古今中西之"通"，文史哲之"通"，藝術的形體與點線面色彩之"通"，書寫效果的宏觀微觀文野雅俗之"通"，烹調品味的"色香味俱全之"通"，等等。錢鐘書先生特意創造了一個"通感"的詞，言說藝術表現中這種打通了聽覺觀感味覺觸感等等的新異現象。

顧月華大姐的"通"，首先來自於她的專業授業背景。她是科班出身的舞臺藝術專業（沒有什麼，比廣義的"舞臺藝術"更重視"通"的了！），她卻又是海內外早已知名的作家與文學活動家。她的藝術底蘊與修為功力，使她多年來行走在藝術與文學的諸般峰域間，文林畫境詩境甚至網境，她都全不陌生，穿梭往還，得心應手，毫不違和並且快人快語，傾心以往。她的這種藝境的練達通透所創造的高效奇觀，是每每讓我們這些晚生晚輩所驚佩欽敬的。我猶喜歡她近期一本文集的書題"依花煨酒"。寥寥四語，可不就是畫面動作詩意俱在，溫熱冷暖色香味俱全的大"通"之境？！此四語，也正是我心目中作為藝術形象的"顧月華"的特徵性"標配"啊！！

2023年5月9日于耶魯澄齋

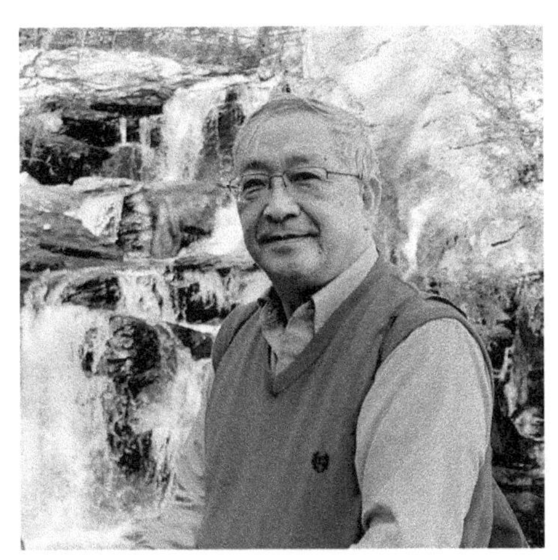

蘇煒

中國大陸旅美作家和文學批評家，現任教于耶魯大學。曾出版長篇小說《渡口，又一個早晨》、《米調》、《迷穀》、《磨坊的故事》，短篇小說集《遠行人》，散文隨筆集《西洋鏡語》、《獨自面對》、《走進耶魯》、《天涯晚笛》、《聽大雪落滿耶魯》並古體詩詞集《袞雪廬詩稿》等多種。

序九

校園記憶

张祖英

　　顧月華孫林伉儷是我在上海戲劇學院舞美系四年的同窗密友，1963年畢業後我們被分配而各奔東西，文革後期他們前往美國定居，艱辛創業，奮發圖強，畢竟兩位才藝所致，總取得了不菲成就和安定的生活很為他們高興。

　　今年顧月華為孫林過世一周年在紐約舉辦了他的遺作展，正值此時，聽聞月華詩集即將面世，遵囑寫上幾句以彌補中有對她大學時風貌的追憶。

　　上世紀五六十年代，上海沒有專門的美術學院，藝術高考時常把上海戲劇學院作為選項之一，六三屆學生中包括我、顧月華與其他三位同學是浙江美院和上戲共同錄取生，但當年的規定上戲是中央直屬的藝術院校，我們被留在了上戲。

　　學院領導一直認為該屆畢業生素質與成績是最好的，而顧月華是翹首之一。班上同學熱愛藝術風氣濃厚，繪畫課是教學過程中的重點科目，我與顧月華分別被老師指定為兩個小班的繪畫課代表，我清晰記得開學第一天顧月華盛情邀約我們兩三個同學，去她老師顏文樑寓所拜訪，顏先生平易近人，談到藝術問題時他說：繪畫中比較關係非常重要，關係對了畫就順了，關係錯了再簡單的構圖也沒有章法，那時我們年輕，只關心畫得像不像准不准，還未涉及到要畫關係這一層次，先生的點撥使我長久受用，至今記憶猶新，回程路上我真心感謝顧月華對同窗的熱忱與真誠。

　　在校期間早年深受名師培養的顧月華才情煥發，逐漸顯示出她的藝術悟性比一般同學高出一籌，無論在農村或是城市景觀寫生，都能感受到她對色彩和諧追求的嫺熟運用，筆觸雄健灑脫，節奏控制有度，整體畫面生氣盎然，成為同學學習的榜樣。

　　另外她不但繪畫能力優異，還有很高的文學素養，可說是我們班上公認的才女，這些都與她良好的家庭環境、執著的人生追求、社會滄桑體悟的積累密不可分，所以後來能在美國創下一片天地，她的天賦與青年時期的苦研、和社會培育的個人教養，一起形成她在藝術學養上堅實的基礎。

2023年5月15日

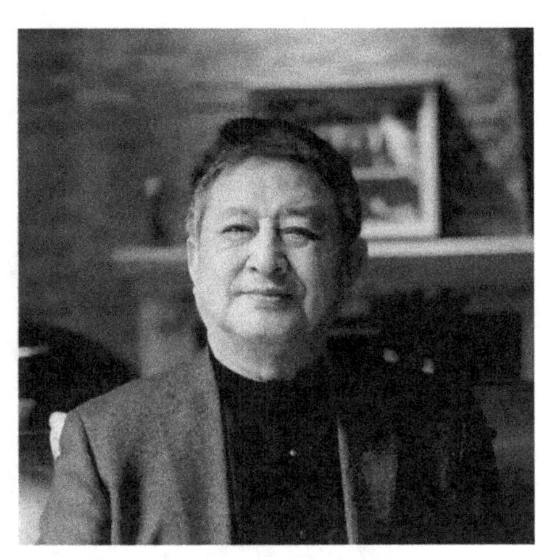

張祖英

　　張祖英，1940年出生於中國上海。1963年畢業於上海戲劇學院舞臺美術系，1980年中央美術學院高級油畫研修班結業。曾任中國美協油畫藝術委員會秘書長，《中國美術報》副社長、副主編，中國油畫學會副主席兼秘書長、中國國家畫院油畫院副院長兼秘書長。2004年被歐洲人文藝術科學院授于客座院士。現任中國油畫學會學術委員會終身委員，中國藝術研究院研究員，中國國家畫院研究員，北京靳尚誼藝術基金會顧問。

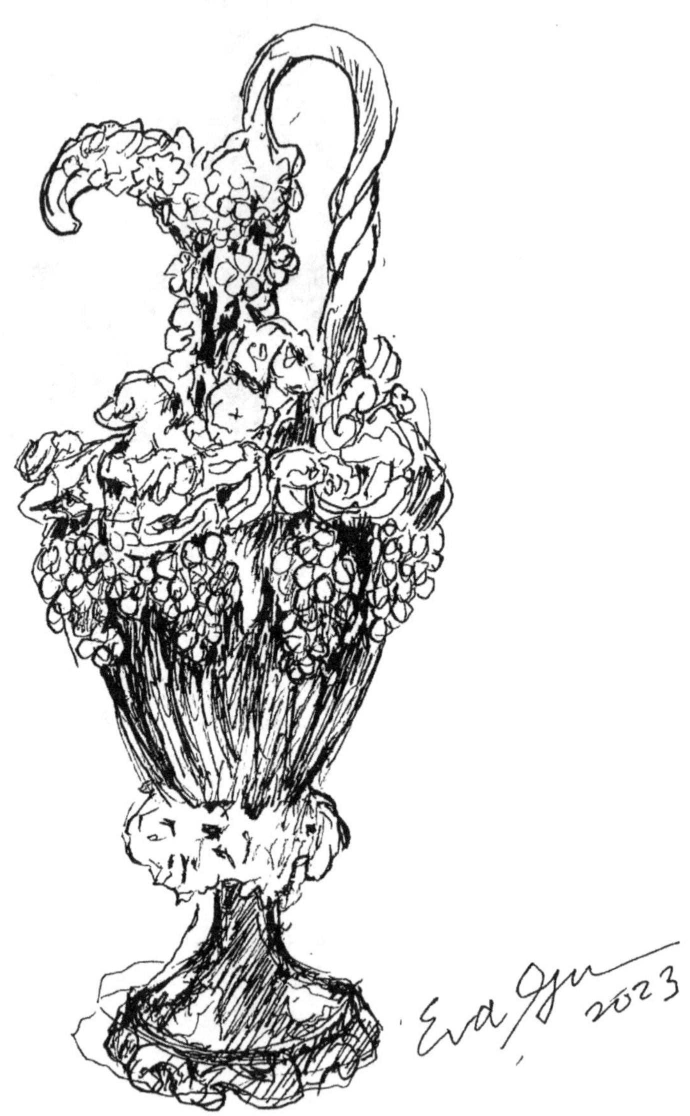

001 | 宿命

無力抗拒的

相遇

沒有天長地久

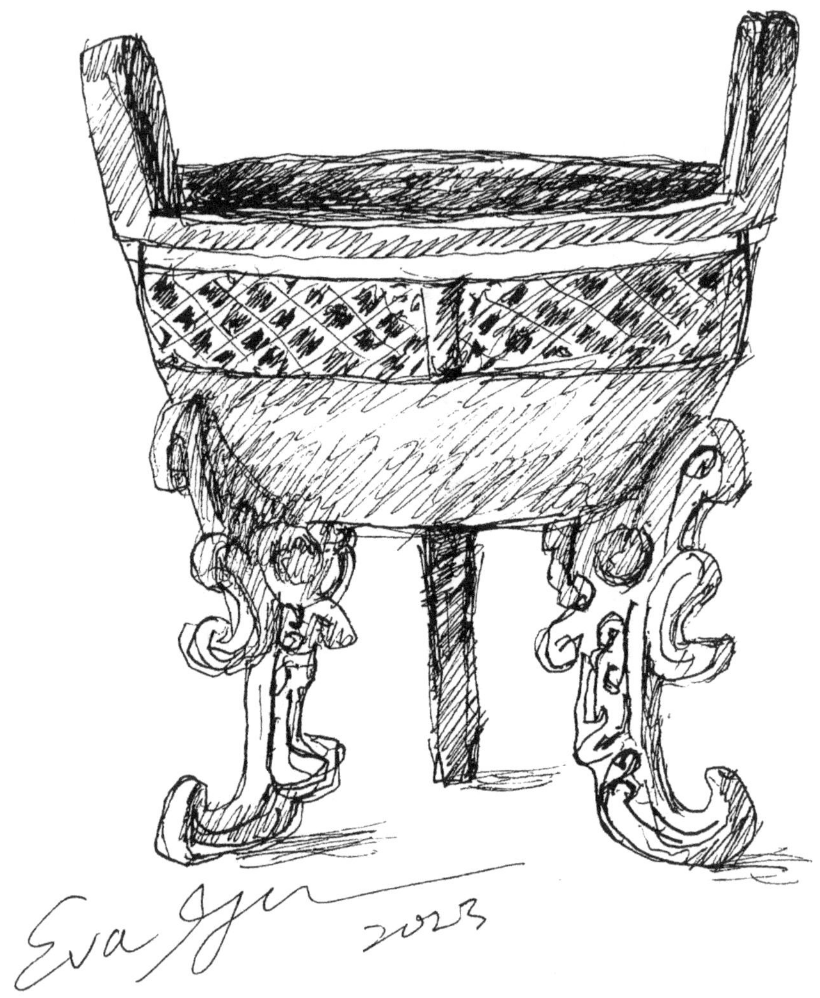

002 | 相思

心思飛出去了
頃刻嘗遍
人間五味

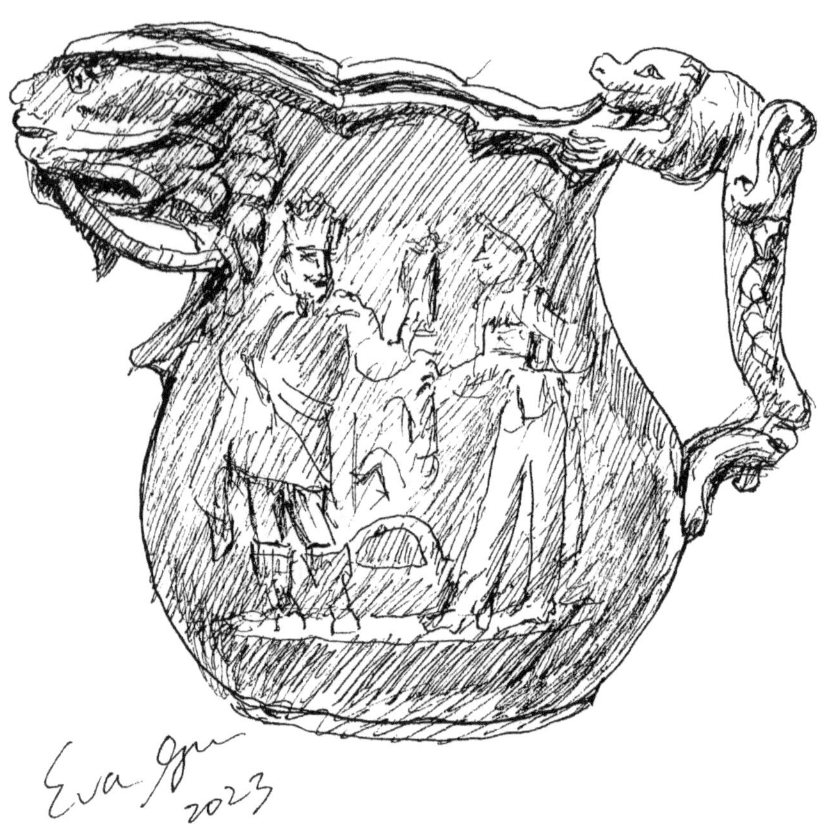

003 ｜ 鼓

任你百般撩撥敲打

不理

你這個瘋子

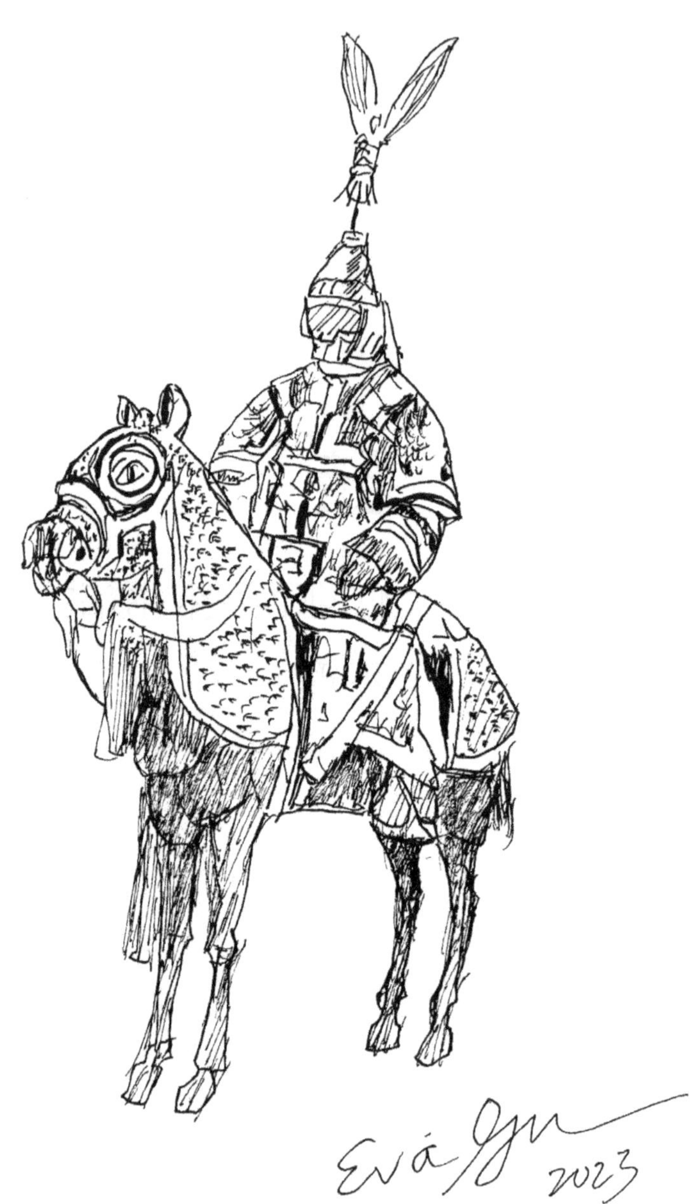

004 | 童心

改了你的道
衰老的逆方向把你
推了一把

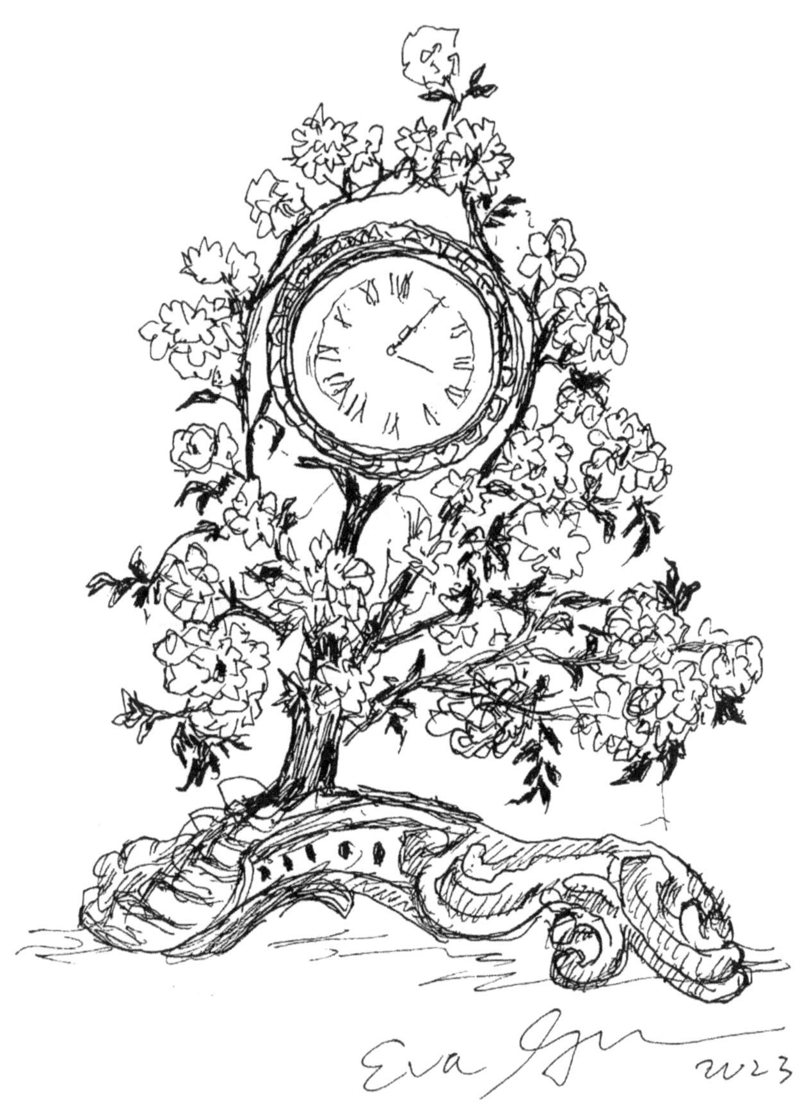

Eva
2023

005 老巷

老弄堂裡
有一塊石板松了
敲成夜的節奏

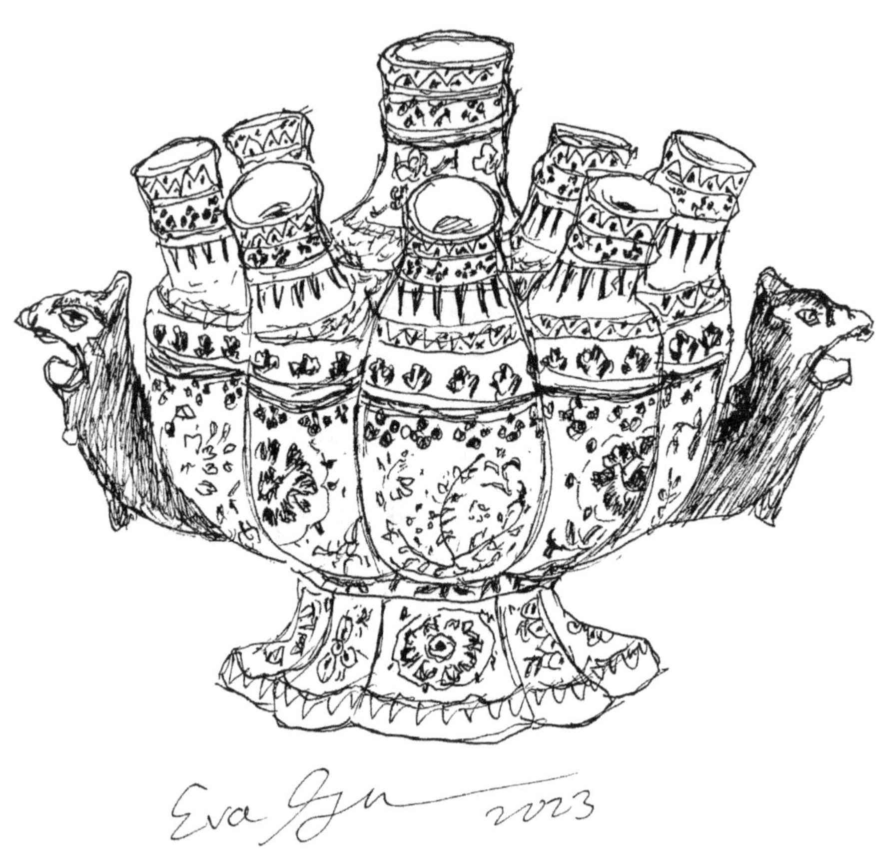

Eva Gjn   2023

006 | 心聲

深沉如海底的漩渦

熾熱如火山下的岩漿

一旦訴諸人間便成死灰

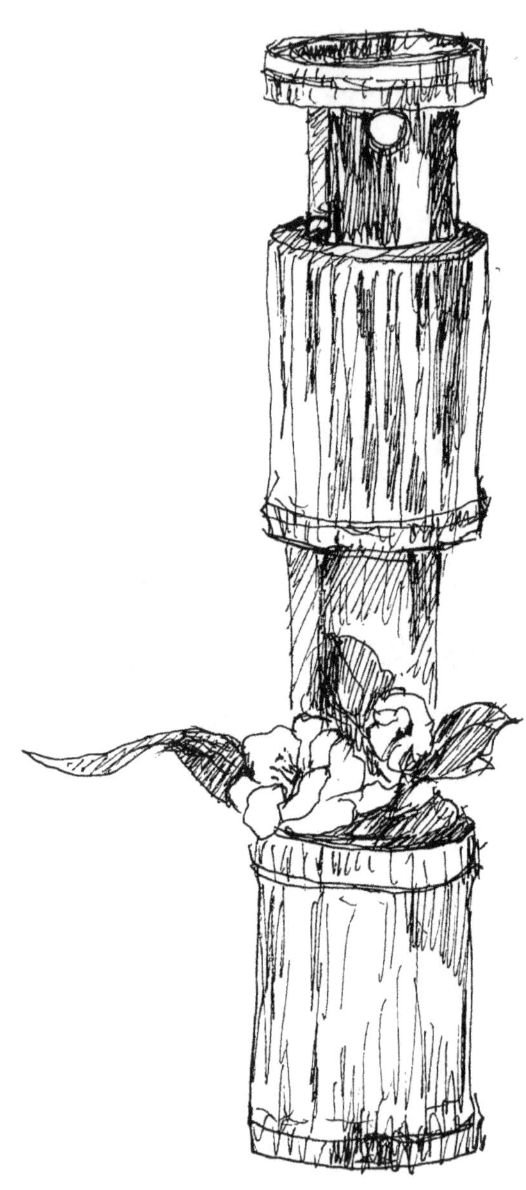

007 隕石

失落一顆寂寞的心
墜落凡塵
在另一個世界隱姓埋名

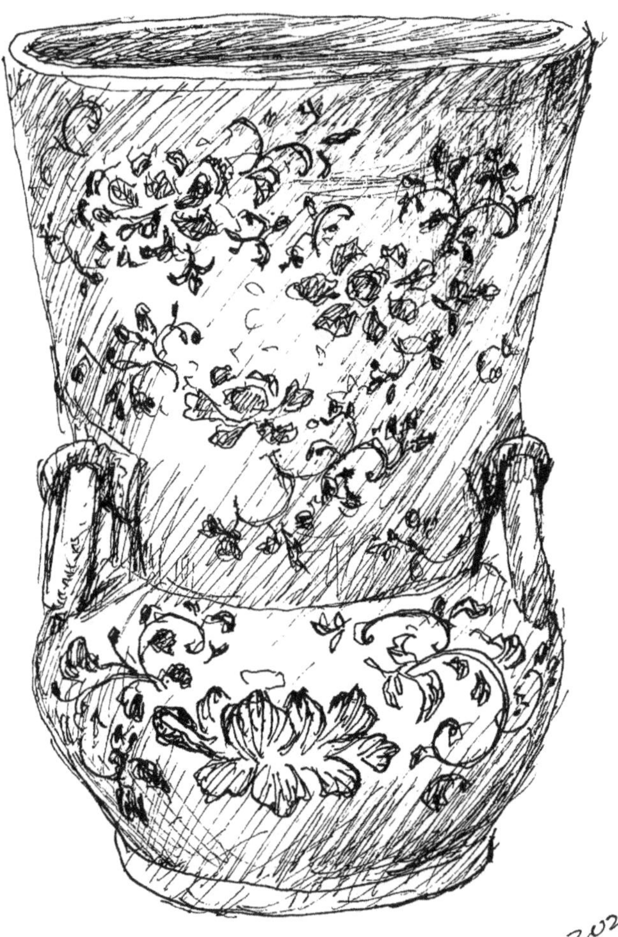

膽

日

加上月

才形成我的膽

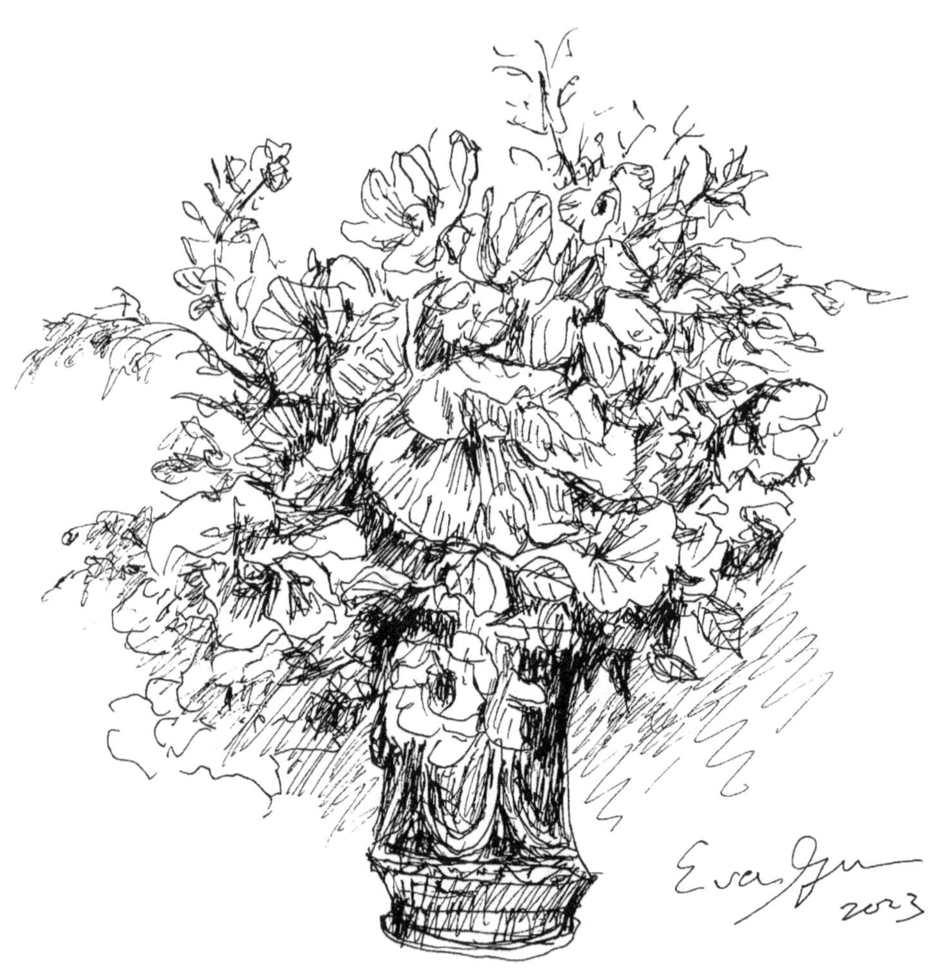

善念

身體裡孕動的愛

如蠶蛹蛻變成

蝴蝶般的天使飛出去

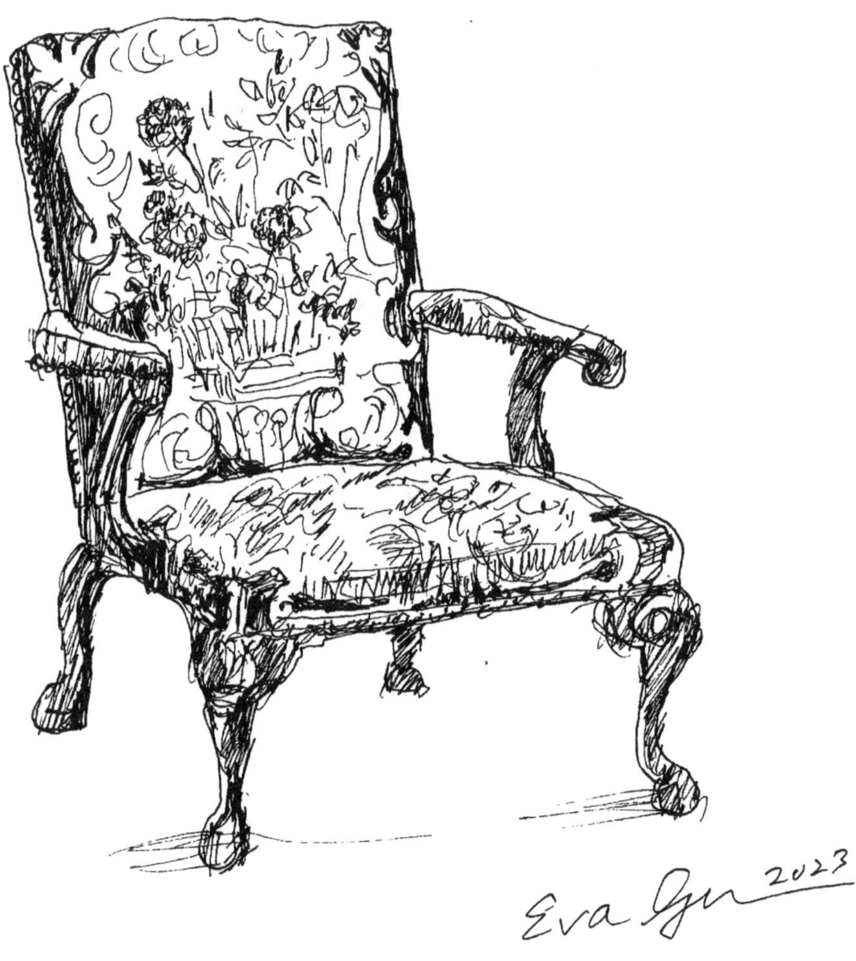

雨

最恨這種
讓人陪着你從早到晚
哭個沒完

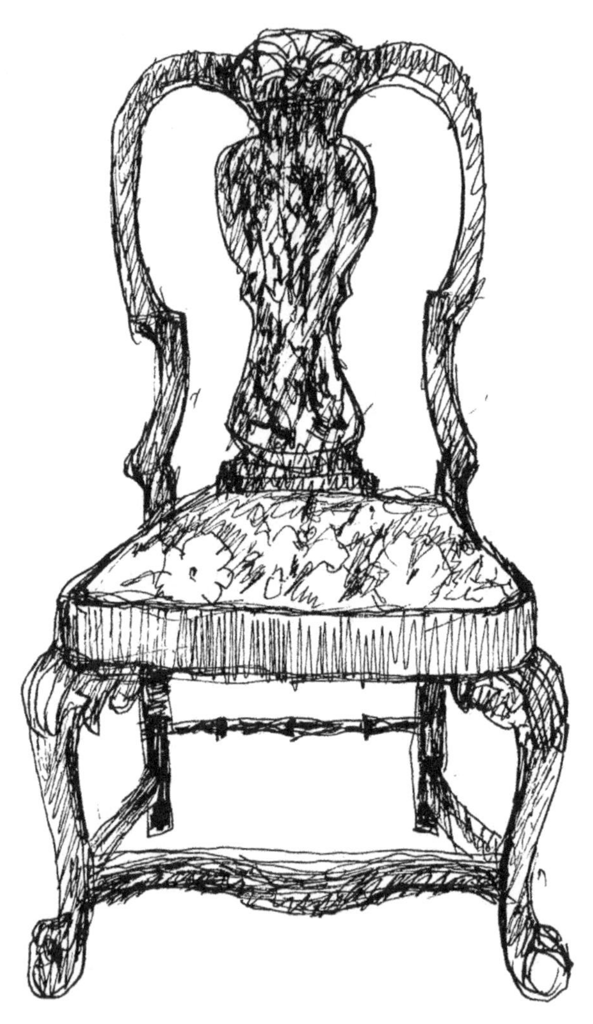

Eva Igu
2023

011 | 報應

早晚都會出現
行善作惡終極版
回來附在身上

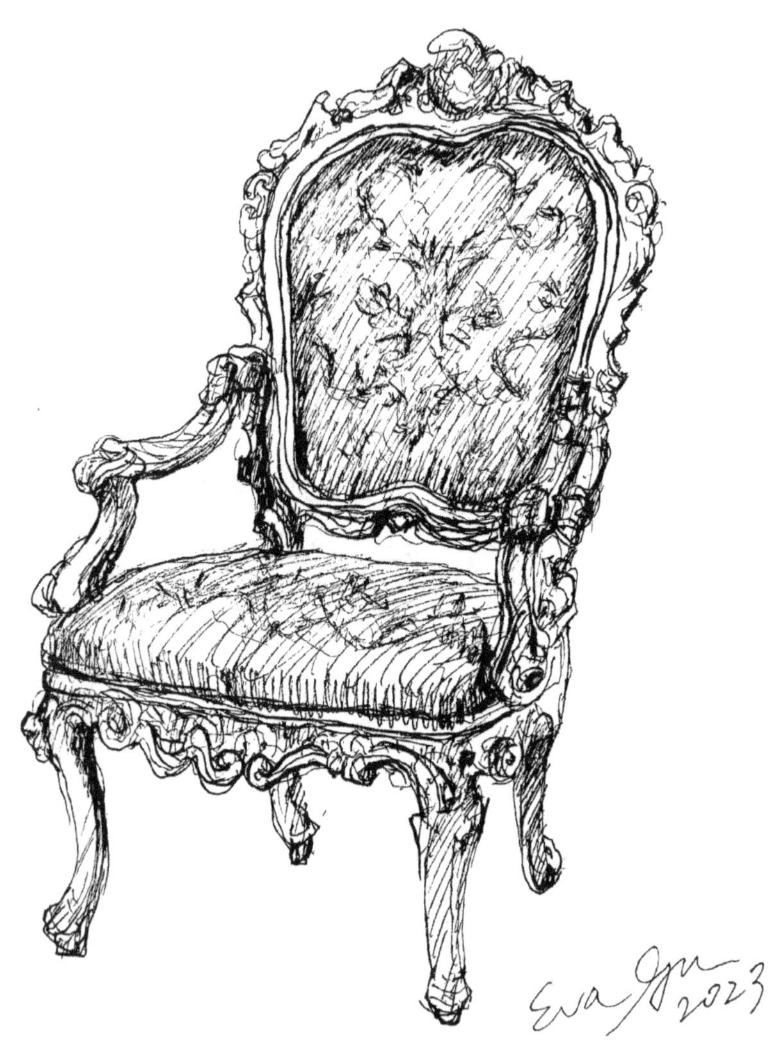

紅塵

生無可戀這道菜

不容易出現在

快樂的吃貨嘴巴裡

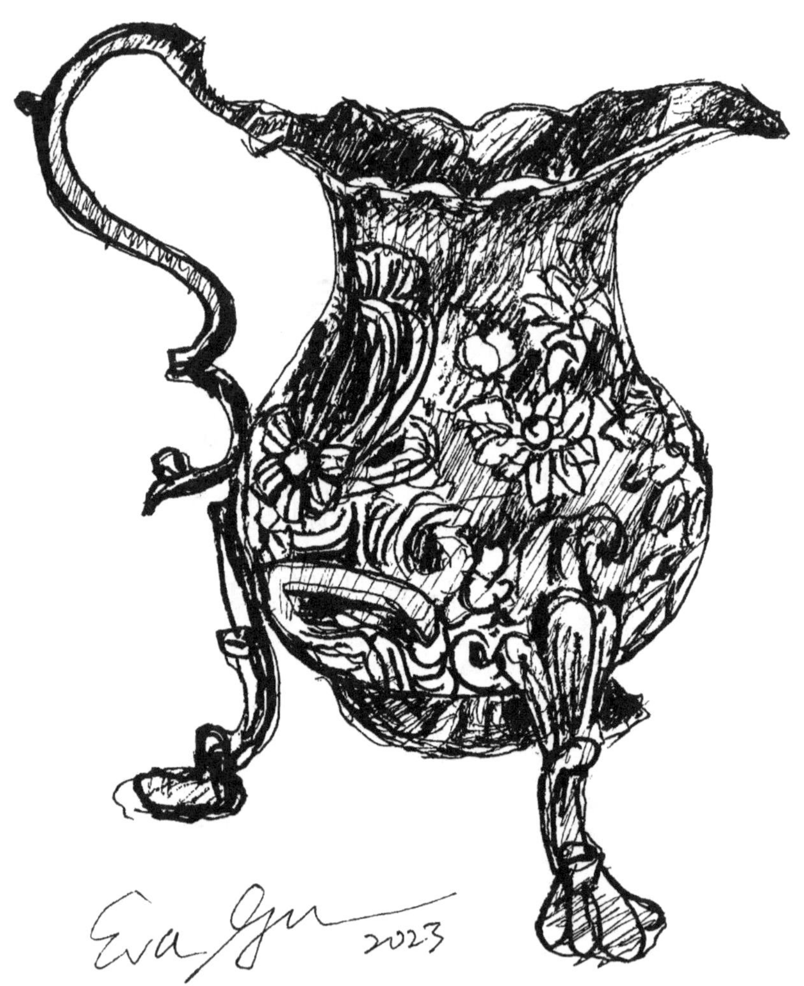

Eva Gyn
2023

013 | 沉默

那是智者的語言
沒有任何雄辯
可以擊敗

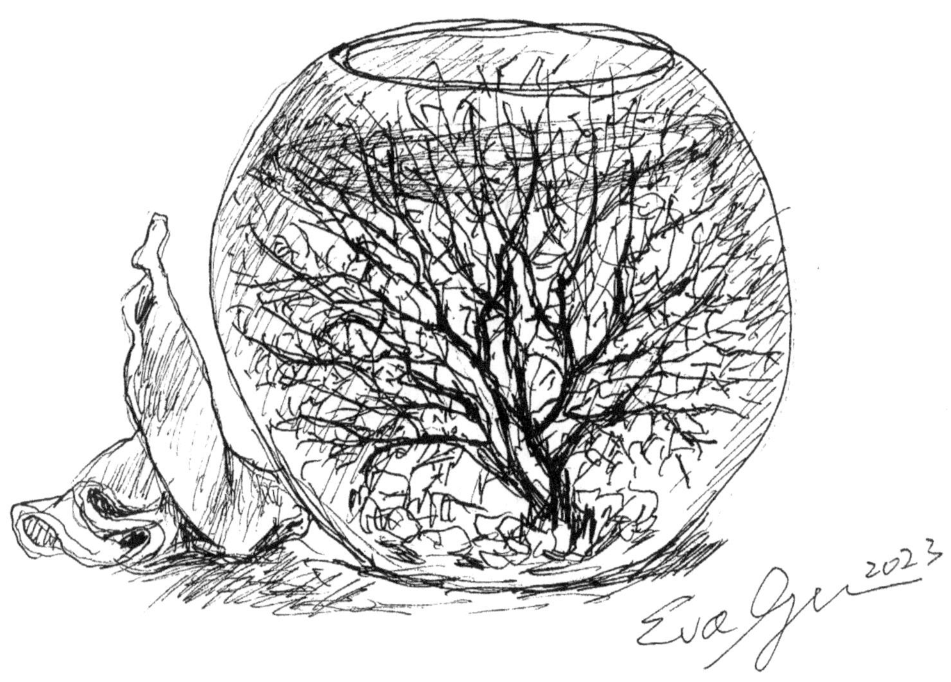

014 | 緣

前世帶來的錯愛

下世去還

今世欠的債

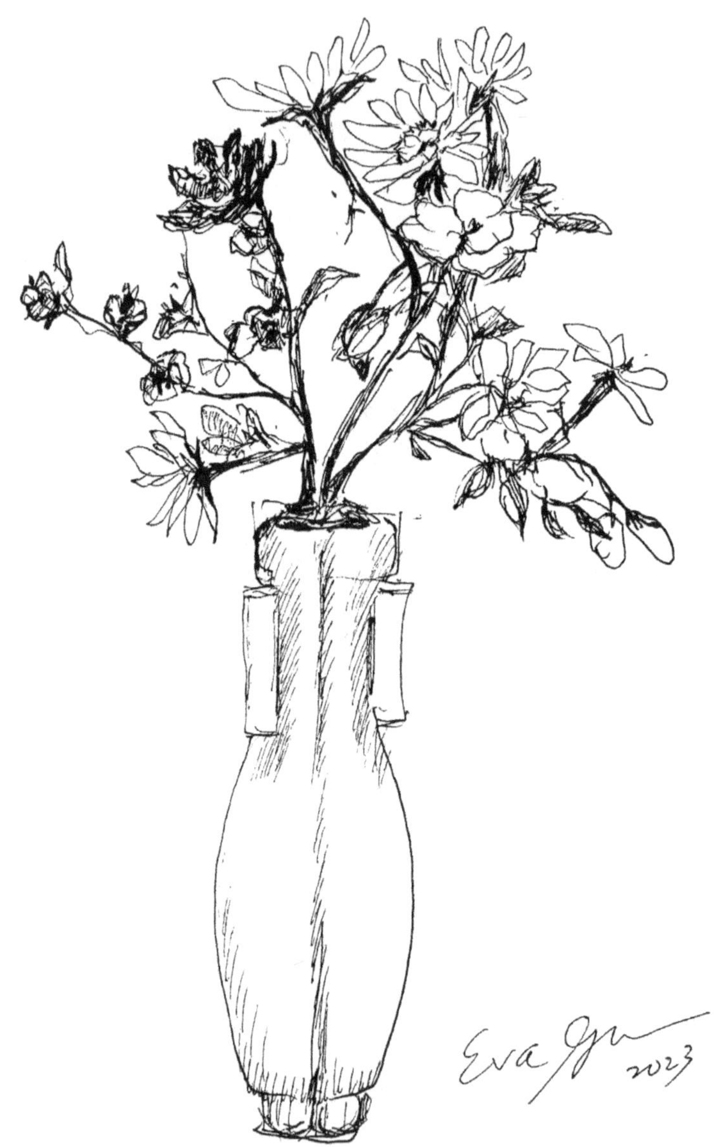

015 迷思

總有一個影子

左右不離

且生且滅，且滅且相隨

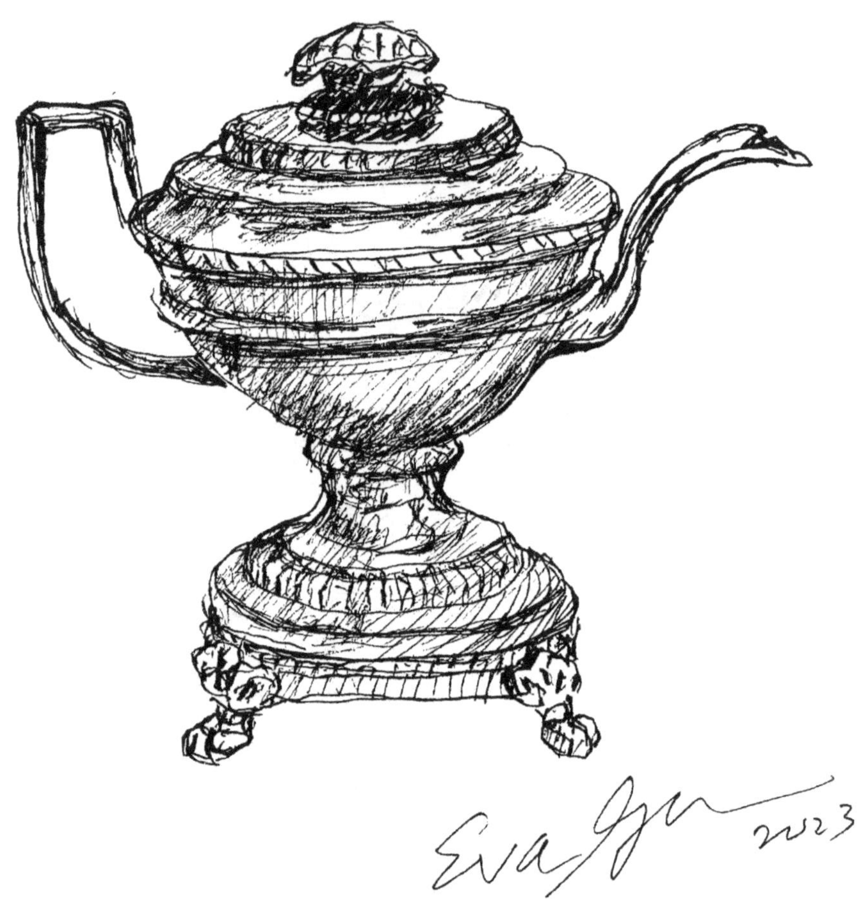

016 | 癮

糾結纏綿至死方休
無解的癡狂迷戀
如失去理智的信念

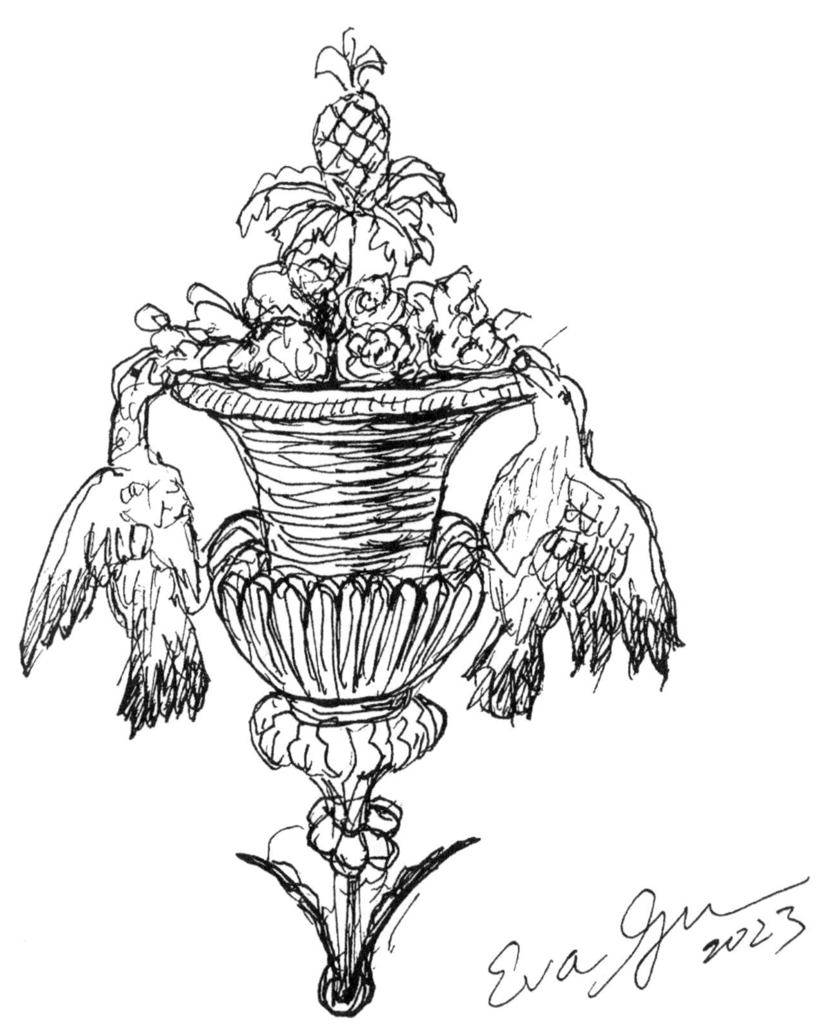

母愛

有一種幸福隨着臍帶與生俱來
它也是母親的陪葬
並非終身相隨

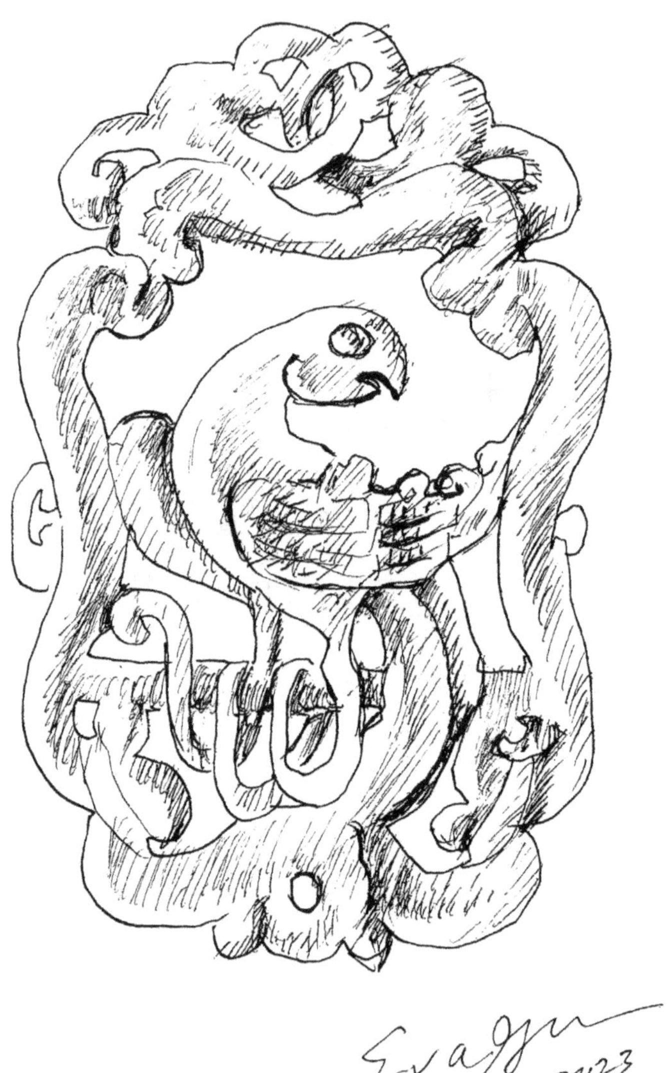

018 | 浴

片刻的溫存
做回我一時半會的女人
撫慰我柔弱的肩膀

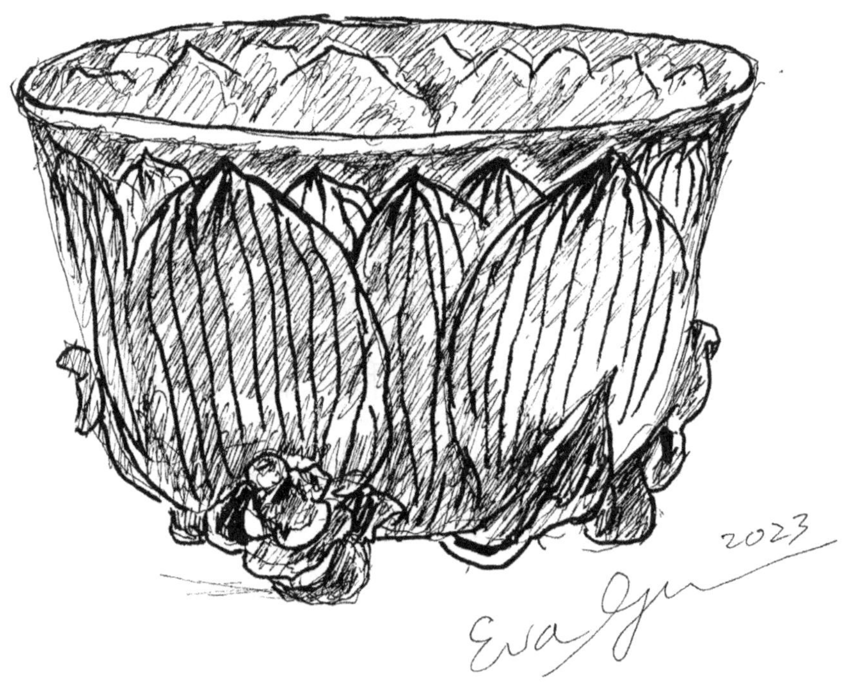

Eva Gyu
2023

019 靈魂

如果心中慈悲有愛
君王的錦繡華服
也難以匹配

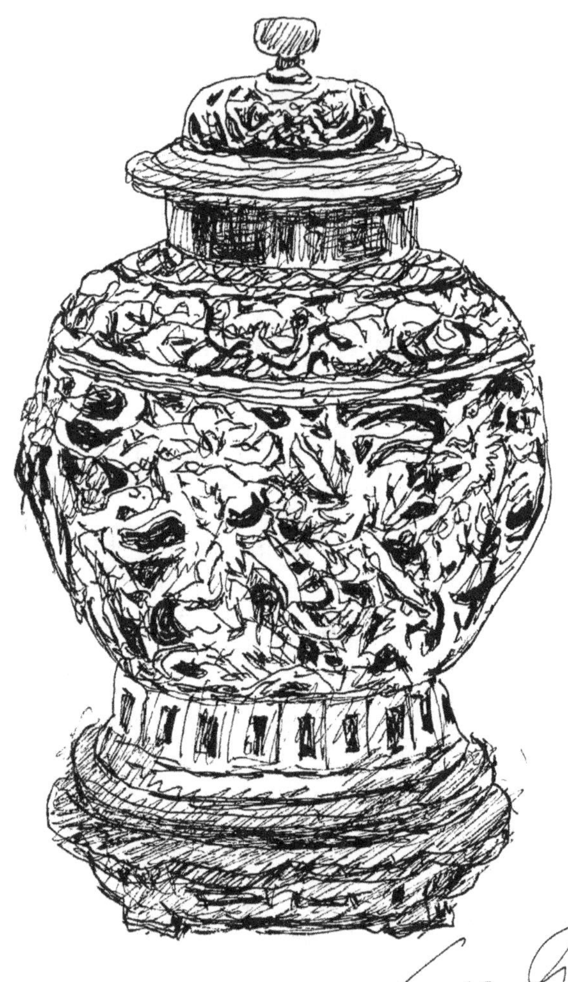

020 刀鋒

鋒利的鋼刀是我征服人的武器
手起刀落削肉成片成絲或成糜
當我穿上有荷葉邊的圍裙時

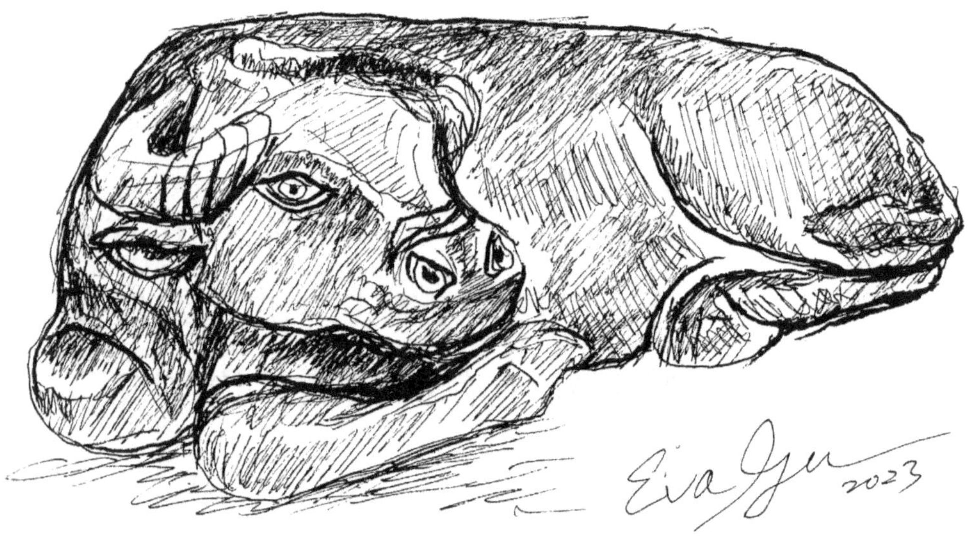

021 | 日落

輝煌霞光拉開華麗帷幕
寂靜和黑暗是閉幕後
真正的結局

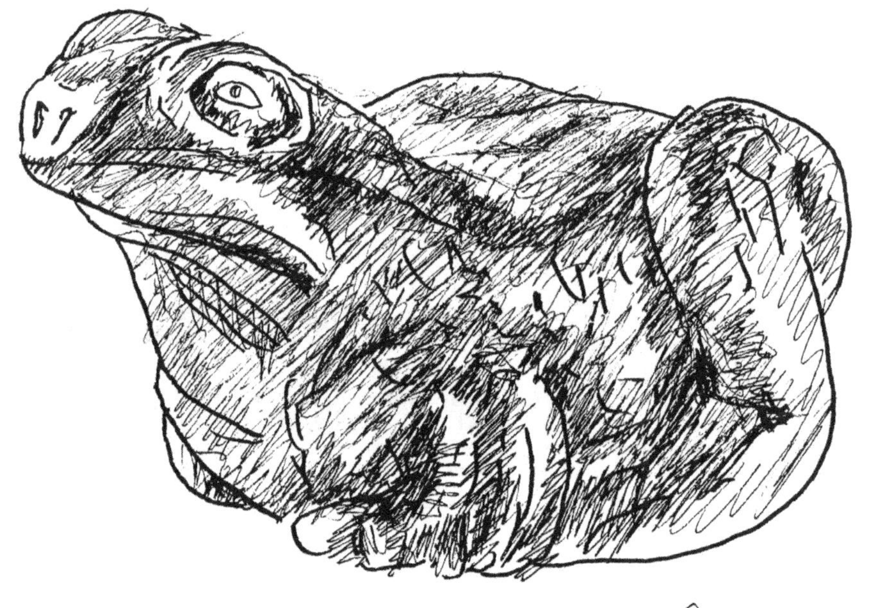

Eva Gu
2023

流星

厭煩了炫耀那永世不變的家族榮光

不如離家出走

荒唐一把

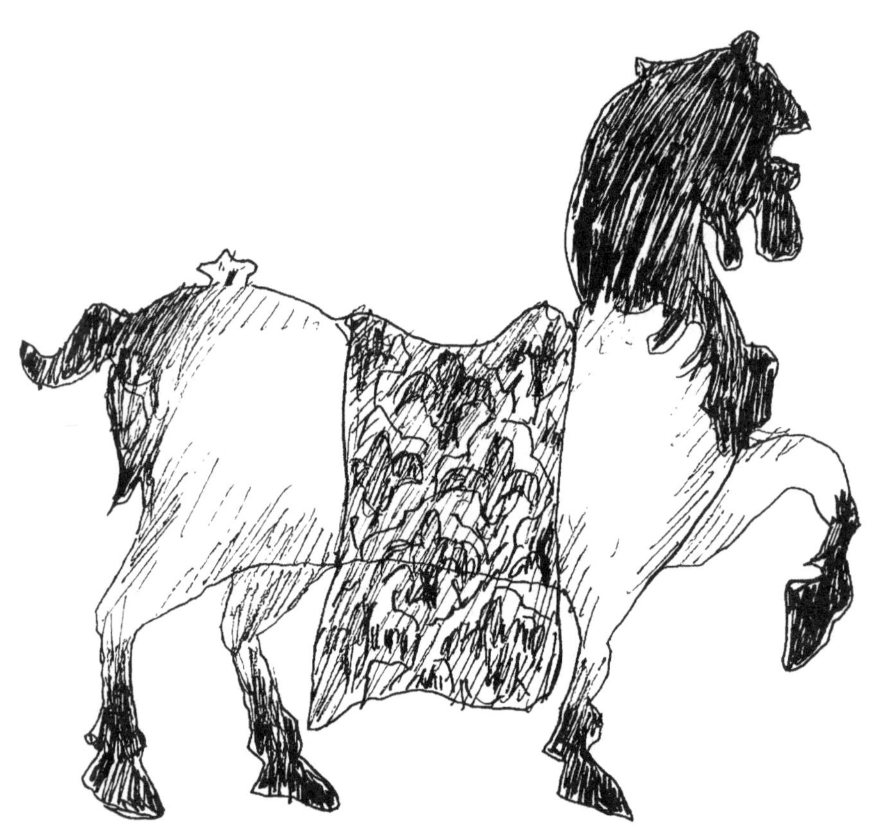

Eva [signature] 2023

023 | 果汁

喝一杯粉身碎骨的水果園
在咖啡的香味中
走進光陰

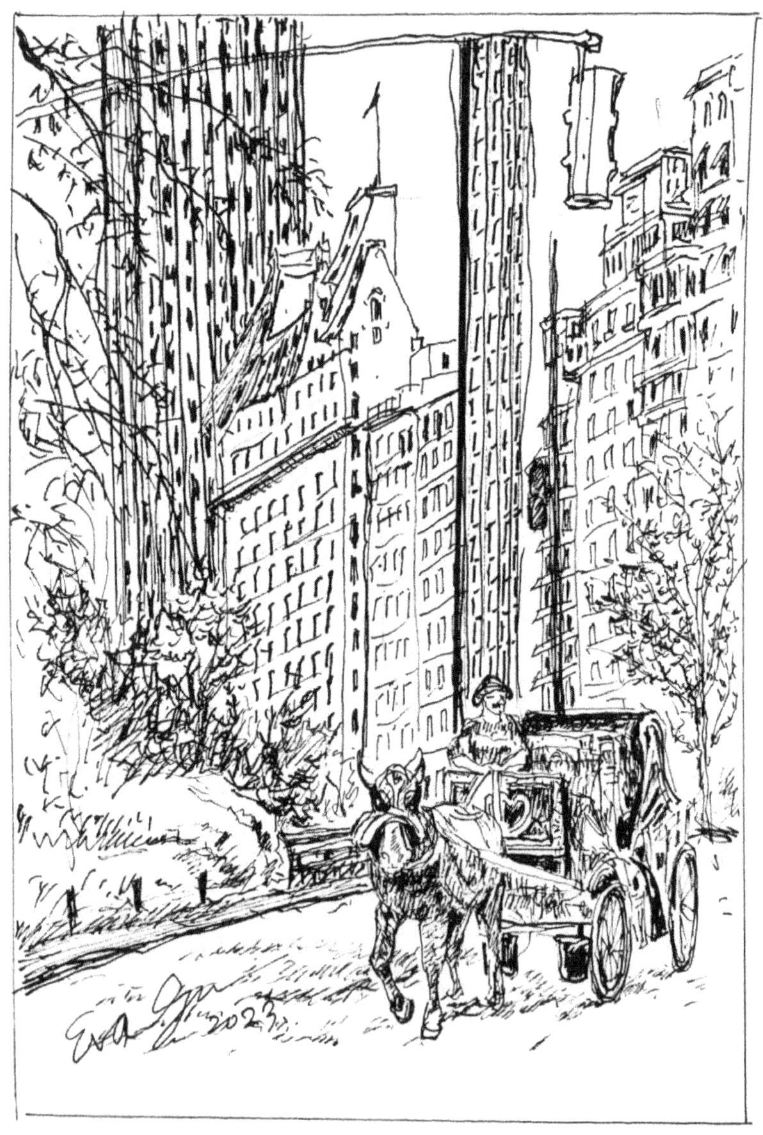

閱讀

翻過去，目不暇接遞送了
別人煉製的心靈瓊漿玉液
滋補給自己的靈魂

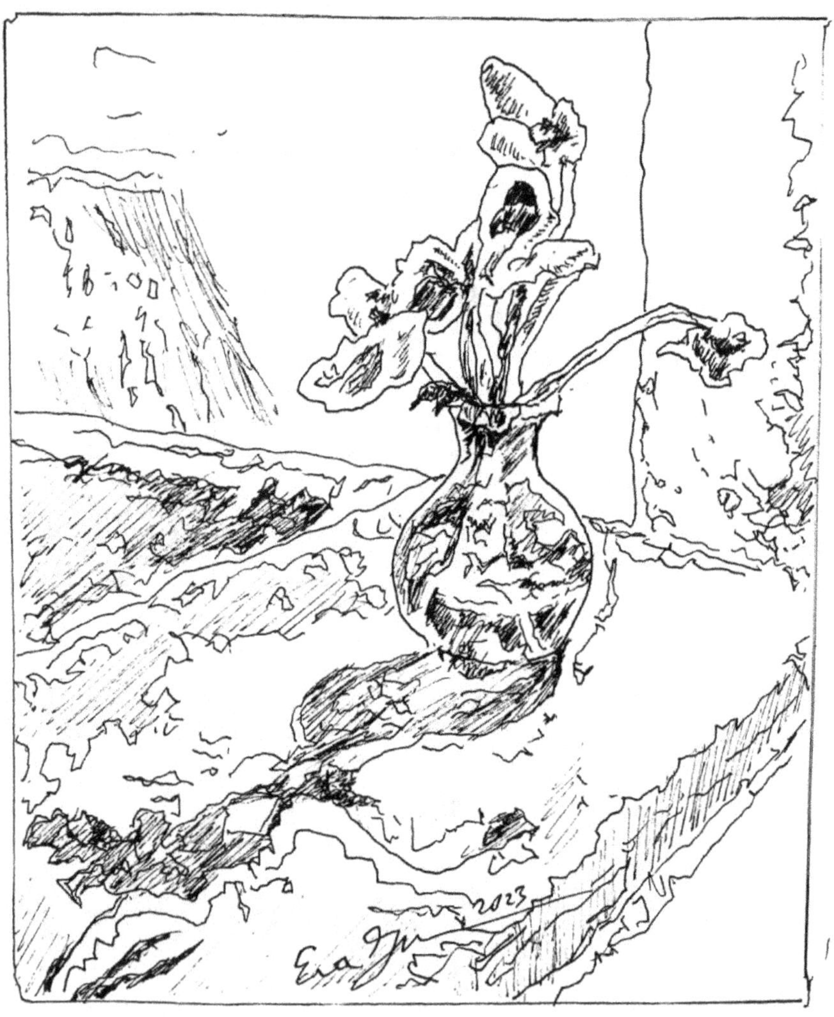

025 | 高考

不是賭局的重新洗牌
是一場沒有閻羅王參與的
重投人生

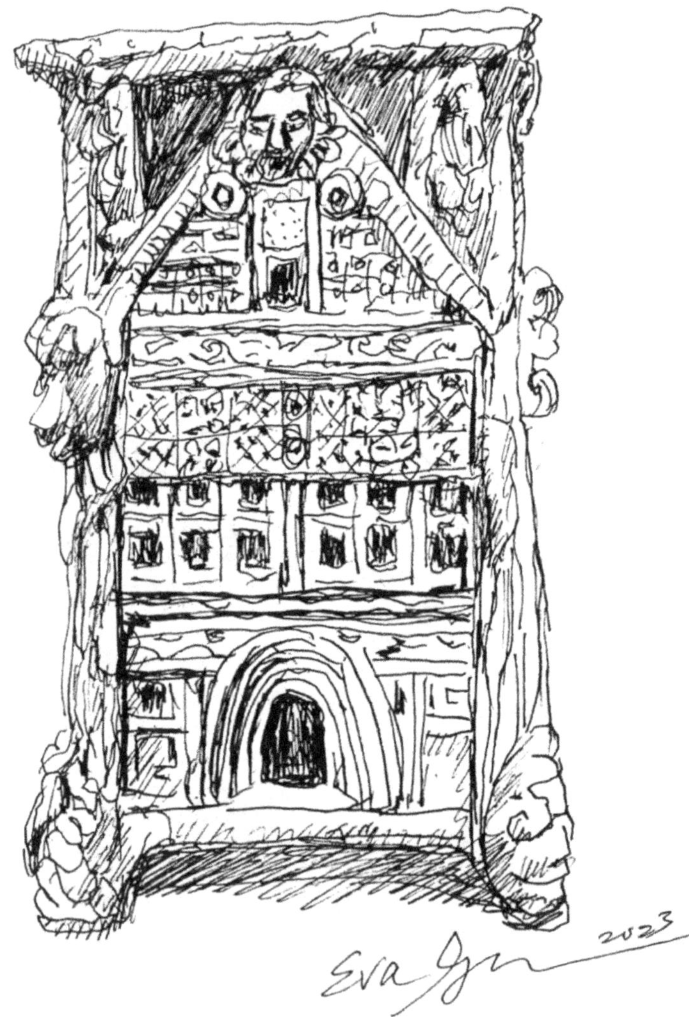

落花

蝶戀花的主角唱完了

謝幕後

被炒了魷魚

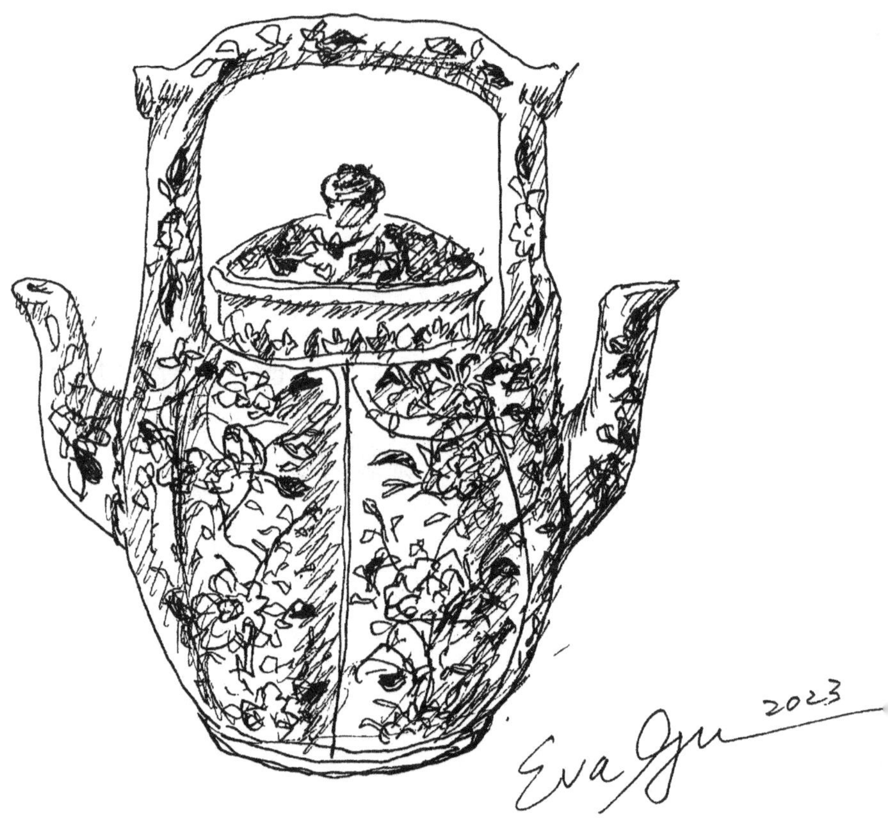

027 | 鍋

被烈焰慢火煎熬
把肚子裡的東西做成美饌
自己被一次次掏空

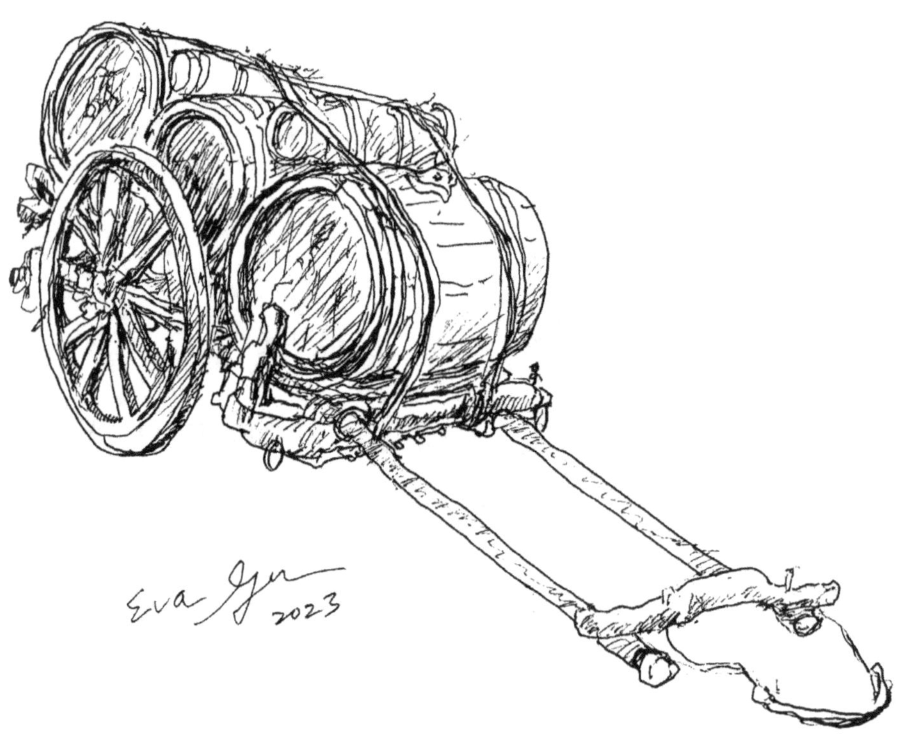

Eva Gyu
2023

步

我可憐那些小心計算着卡路里
吃了又償還着步數的主
朕剛剛吃了山珍海味只吐了一個飽嗝

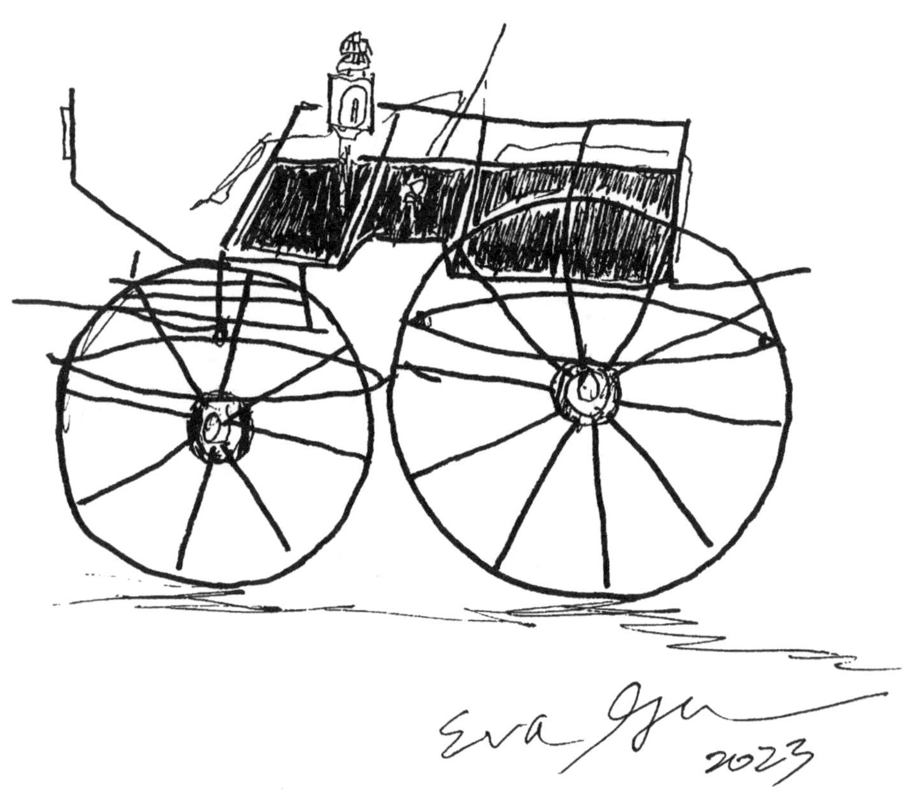

Eva Jj
2023

029 | 乳房

人們永世迷醉它的豐美

因為它是人類最早的泉水和糧食

養育出整個世界

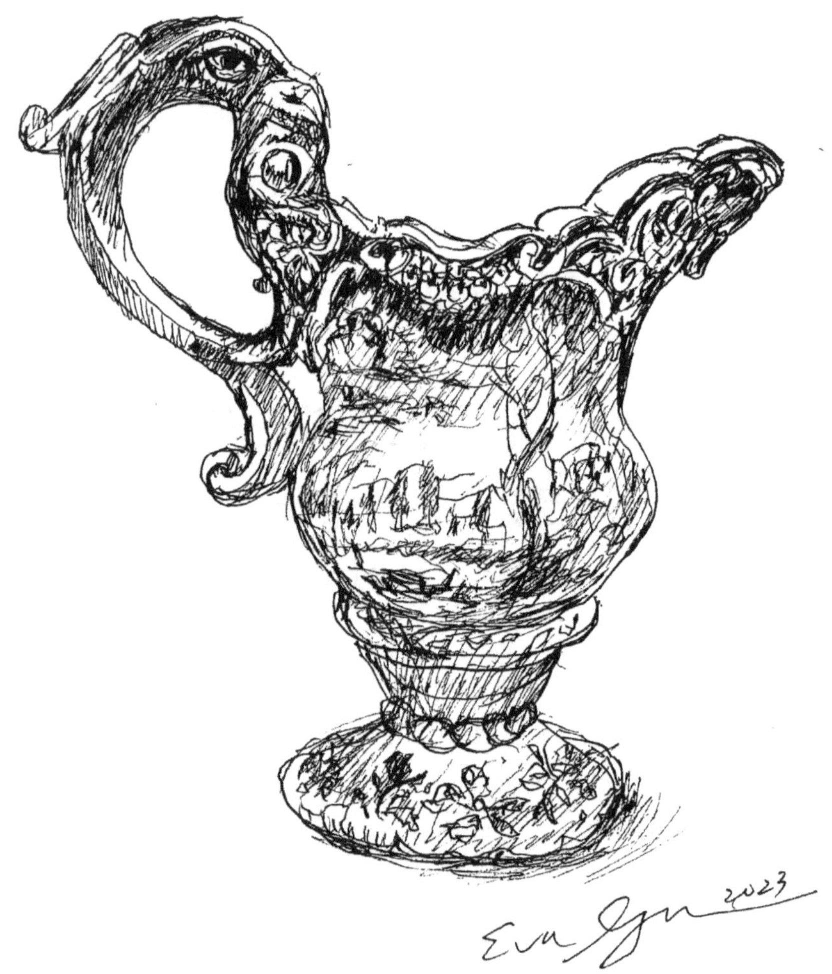

真愛

弱水三千你不飲
那一瓢
是毒汁

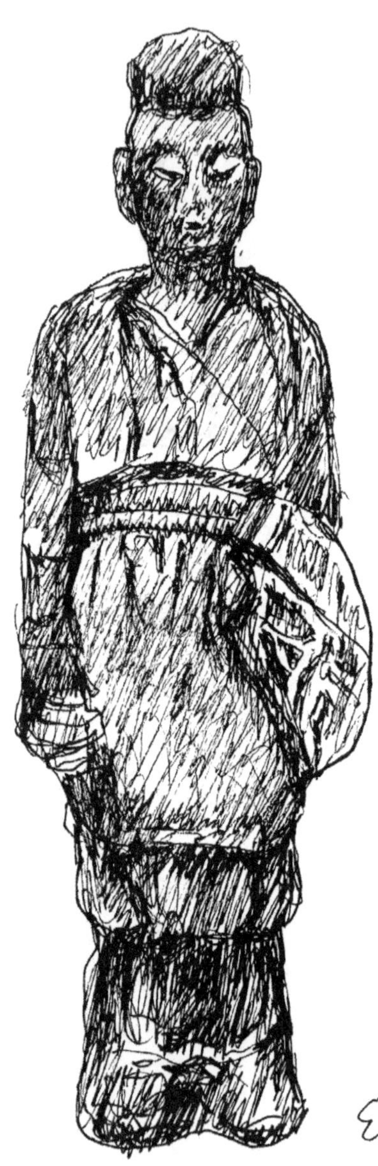

Eva Yu
2023

蚊

你漫長的狂歡季節開始了
我東躲西藏
用避暑兩個字與你勢不兩立

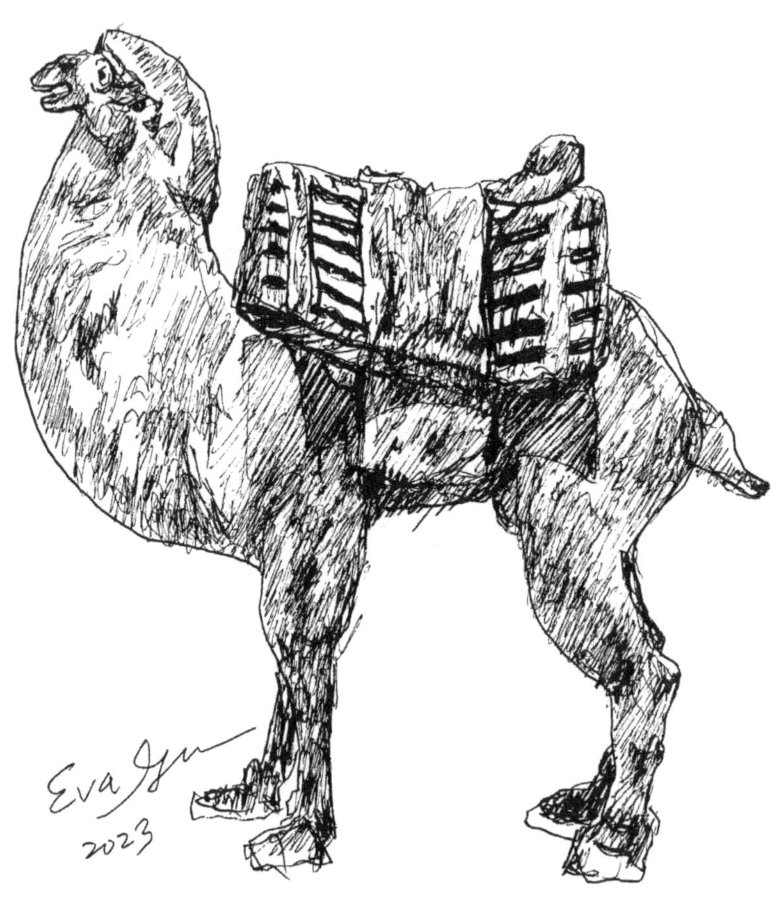

Eva Ign
2023

回聲

你的歡樂帶着它的笑聲
撞來撞去
餘音繞梁

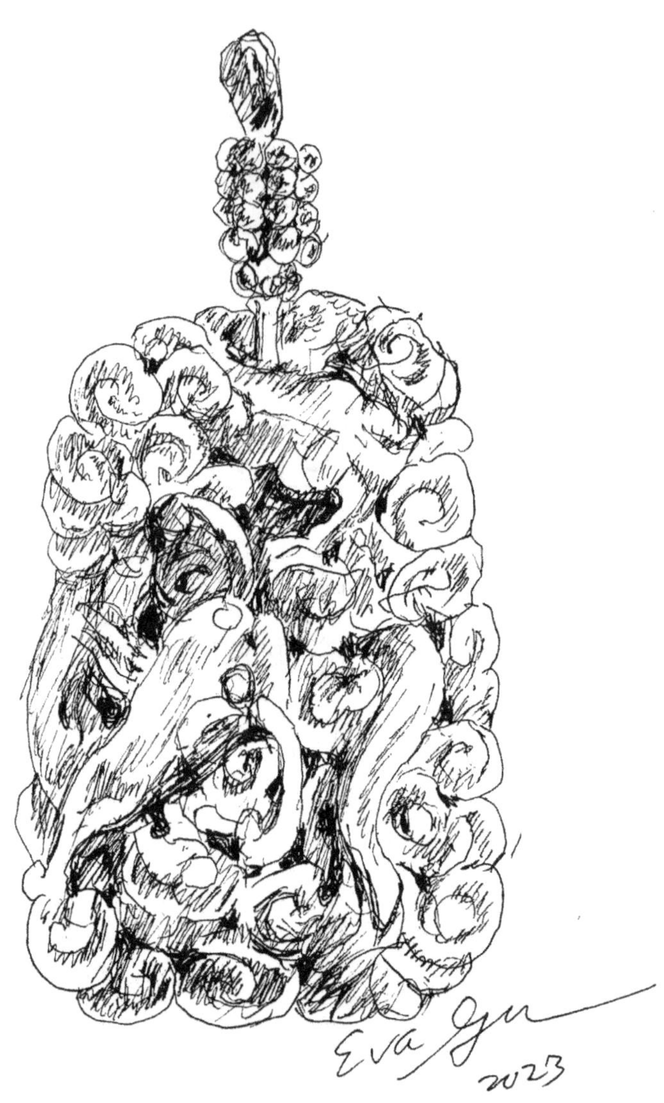

033 | # 公園長椅

沉默無言
陪伴疲勞的人
守護着每一次偶遇

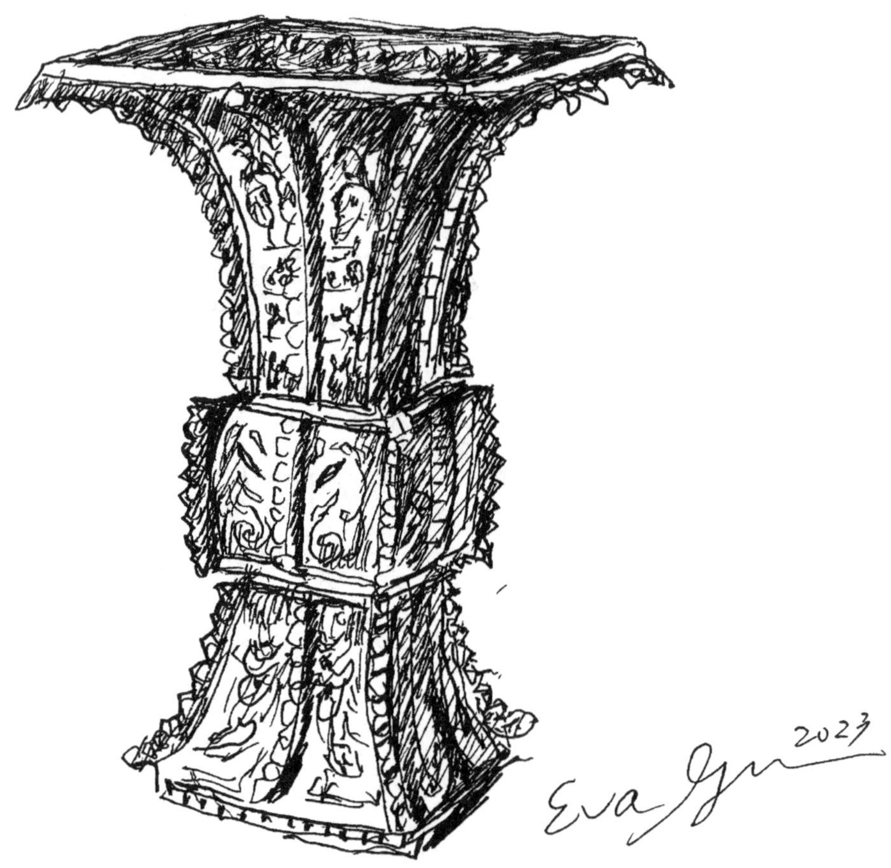

034 | # 關懷

慢慢的溫熱

擁抱了我的心

你在千里之外的遠方

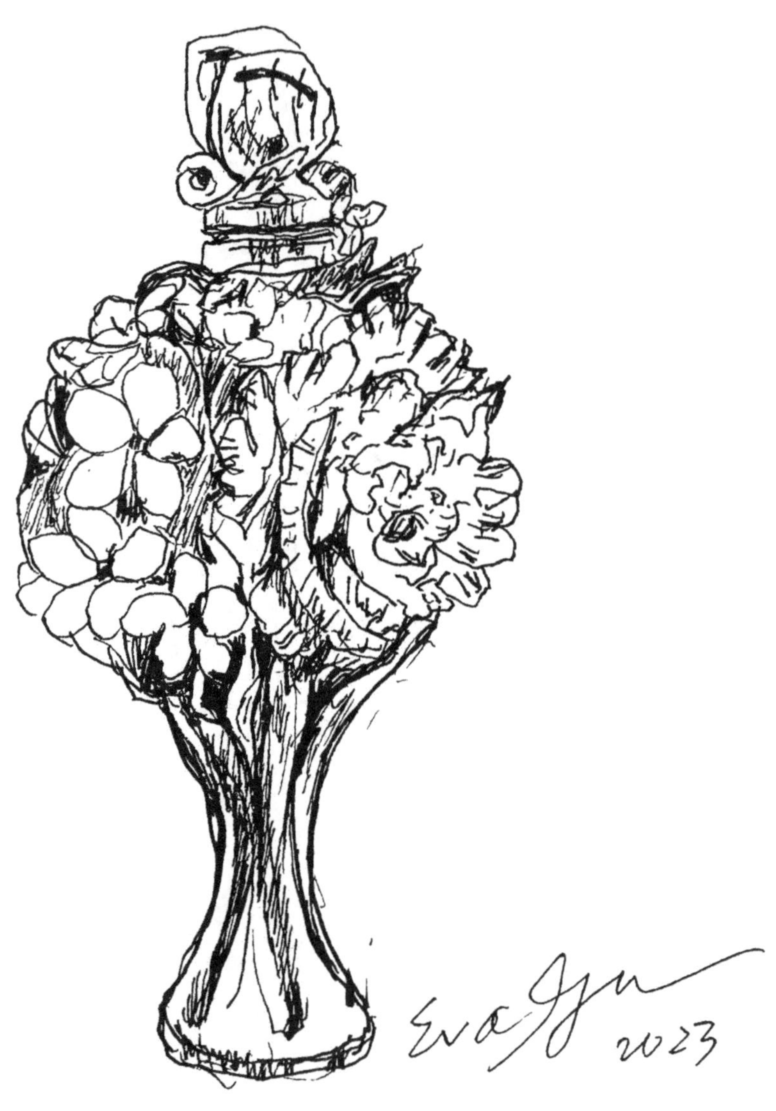

打工

用生命付給了時間

時間付出了金錢

金錢維持了失去歲月的生命

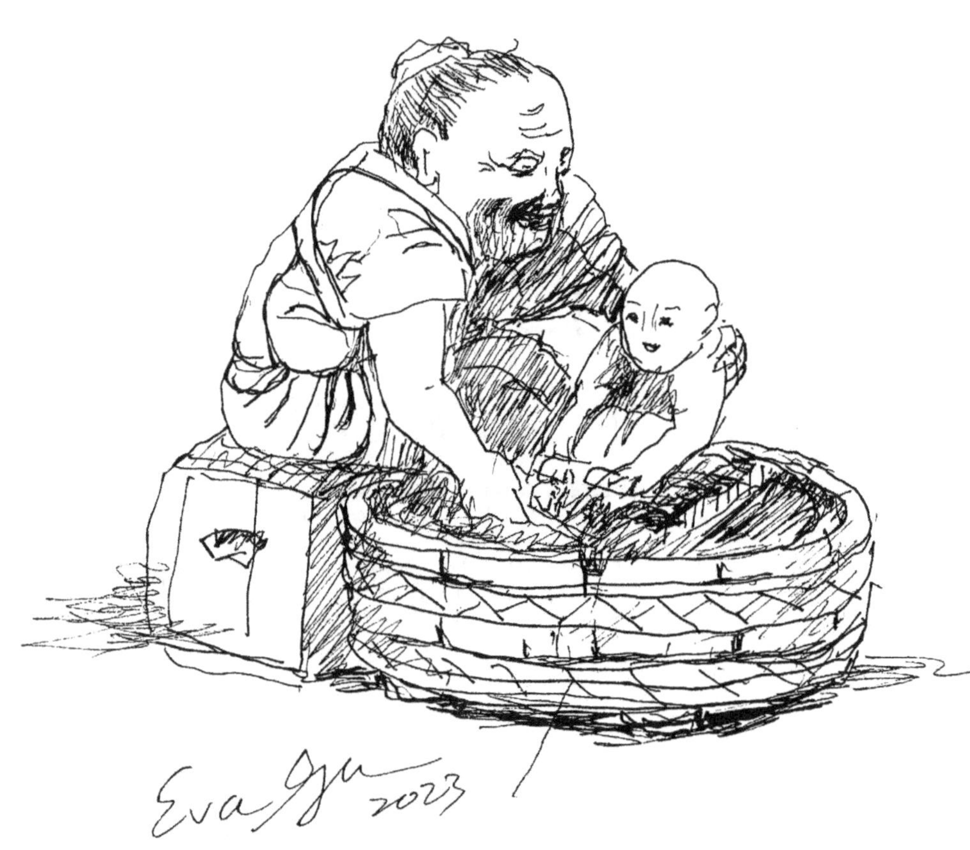

星空

星星和月亮閃動着淚珠
地球嘲笑它們的蒼白
忘了這是它自己的影子

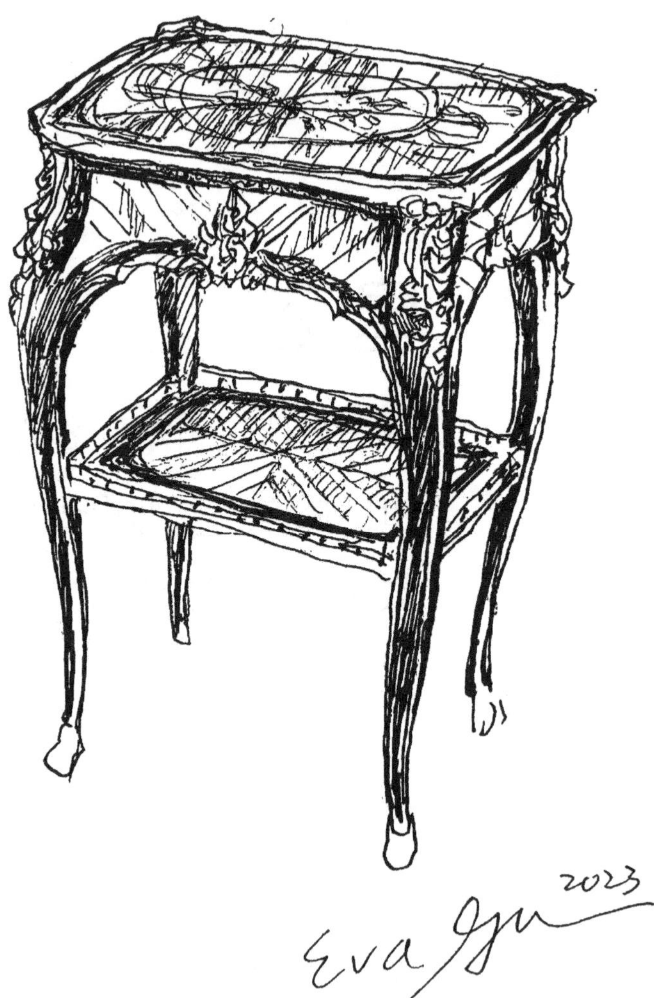

Eva Jun
2023

037 殘雪

那光輝奪目的灰姑娘
等不及華麗轉身
公主服已成乞丐裝

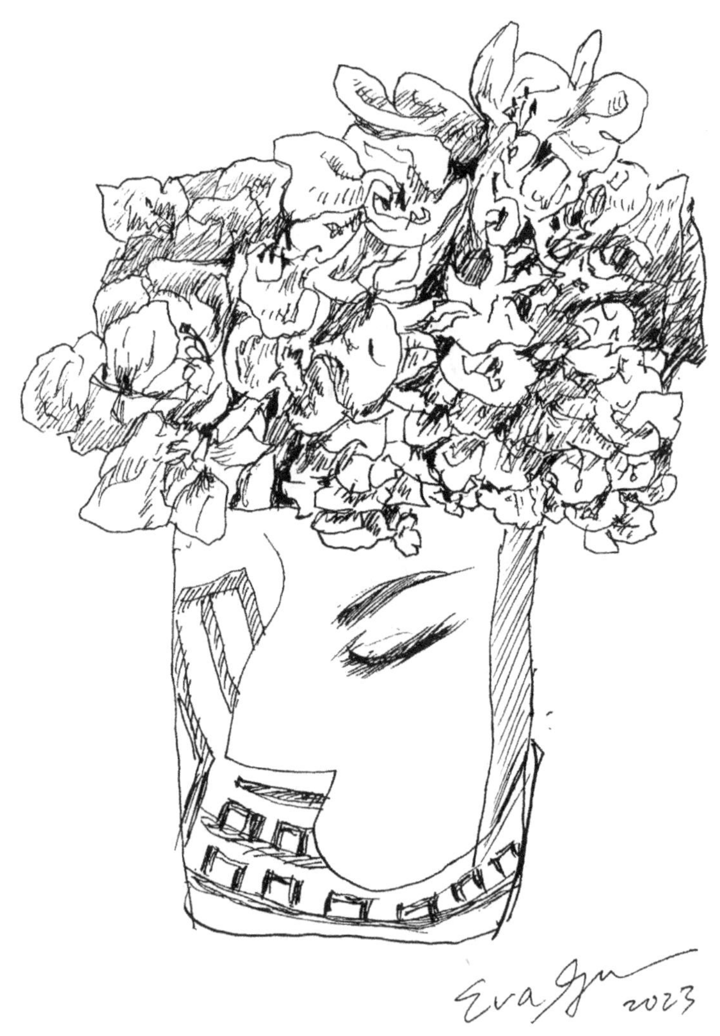

數字

七個音符組成天使的語言
三個天色替世界披上彩衣
二十四個字母人類不再隔膜

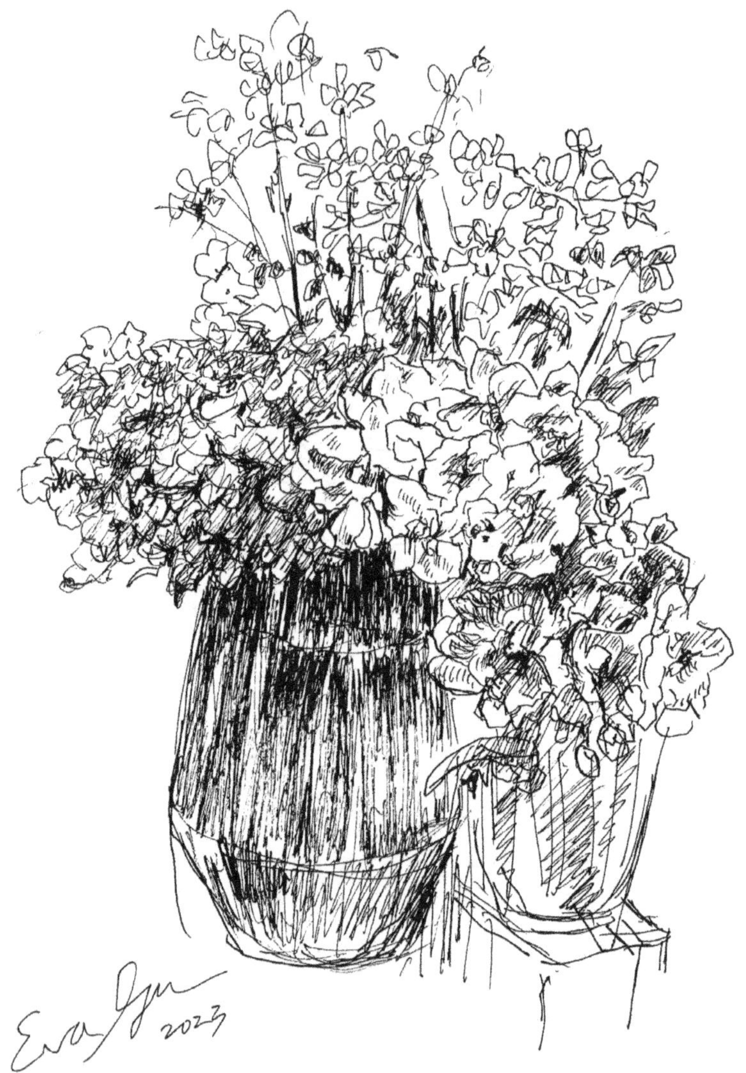

039 | # 熒火蟲

吮吸草上的露珠
化作通身的光芒
變成夜空中飛着的鑽石

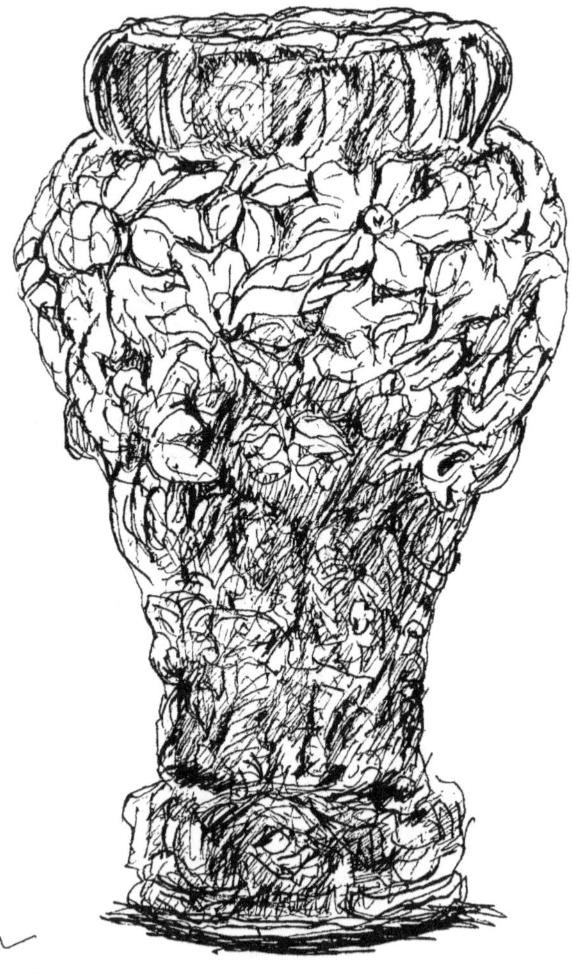

荊棘

絮心的刺
從來擋不住
前去的腳步

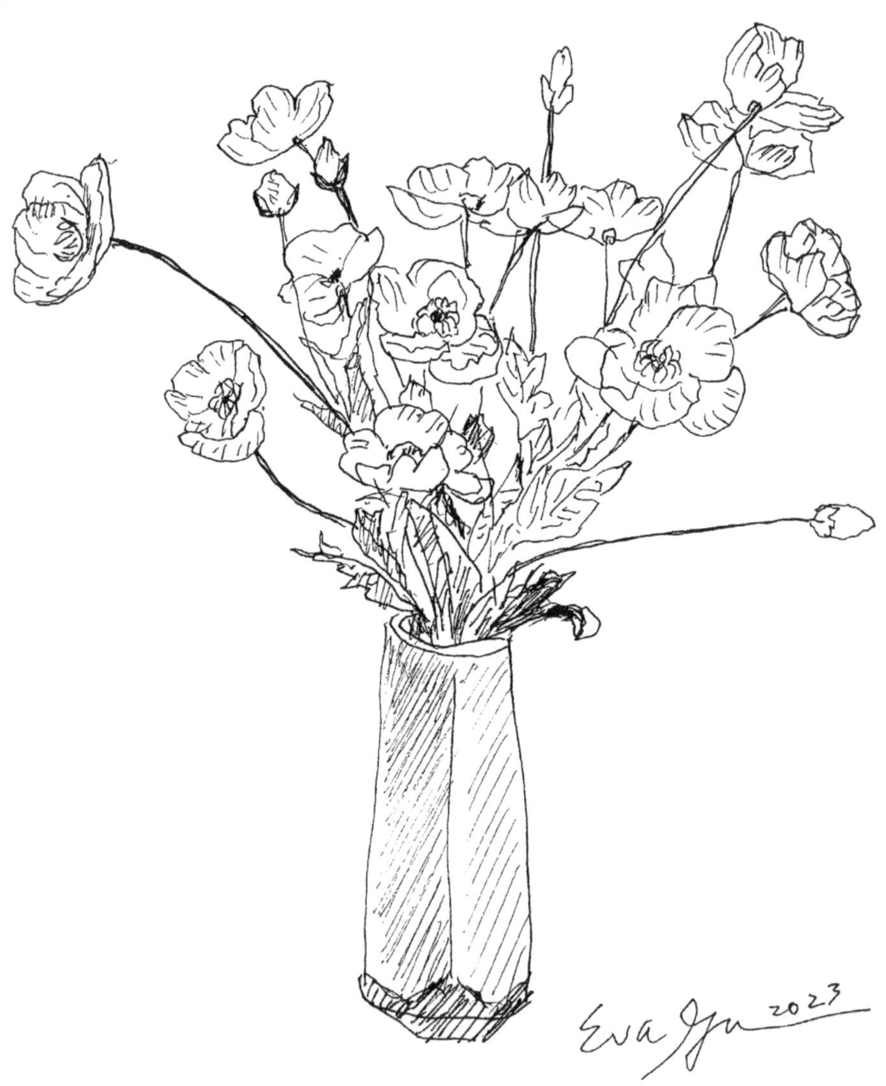

041　光

即使是遙遠的

如太陽的最後一瞥

也能使宇宙脫離混沌的黑暗

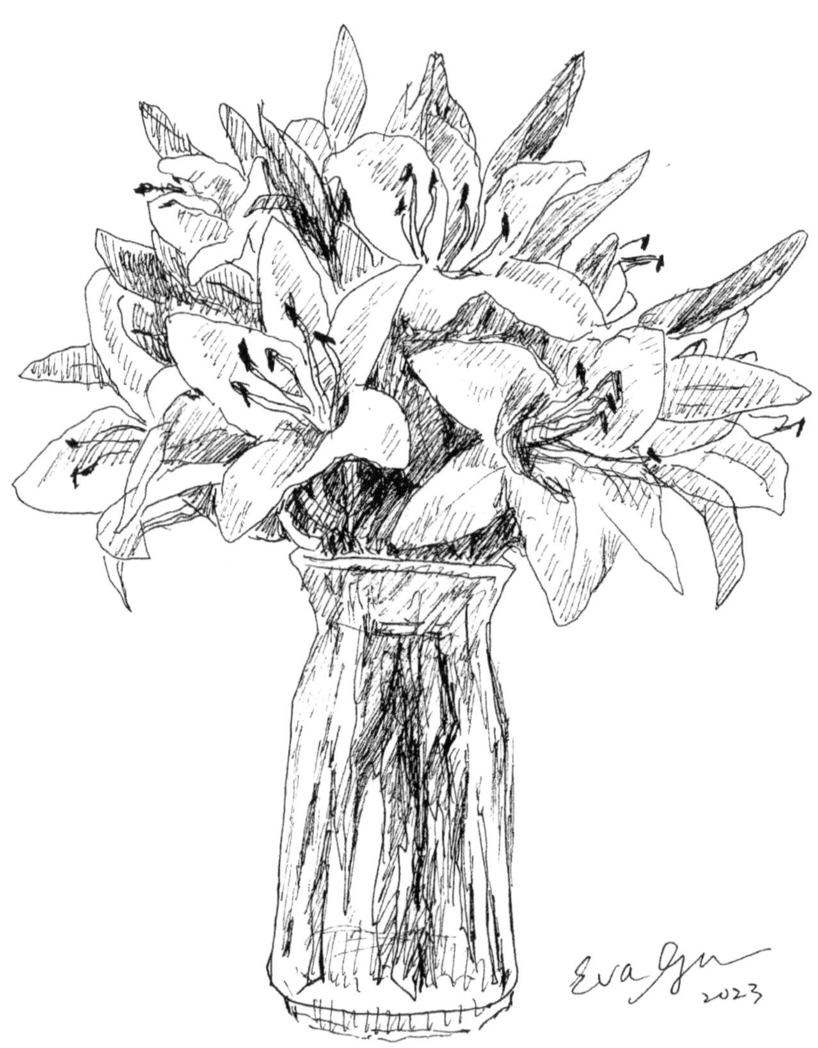

餘暉

太陽從海面上掠過
大海用她全部深情
接受太陽散落的溫暖

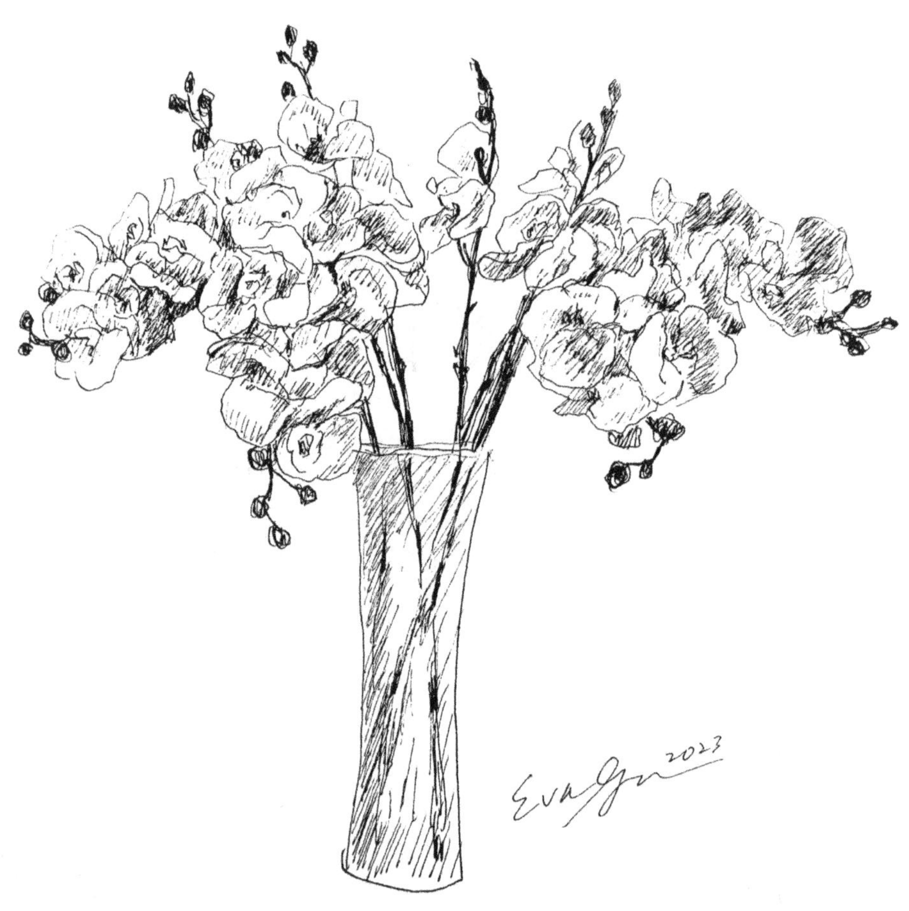

思念

把心撒成一張網
拋出去
化成細雨慢慢落在你肩上

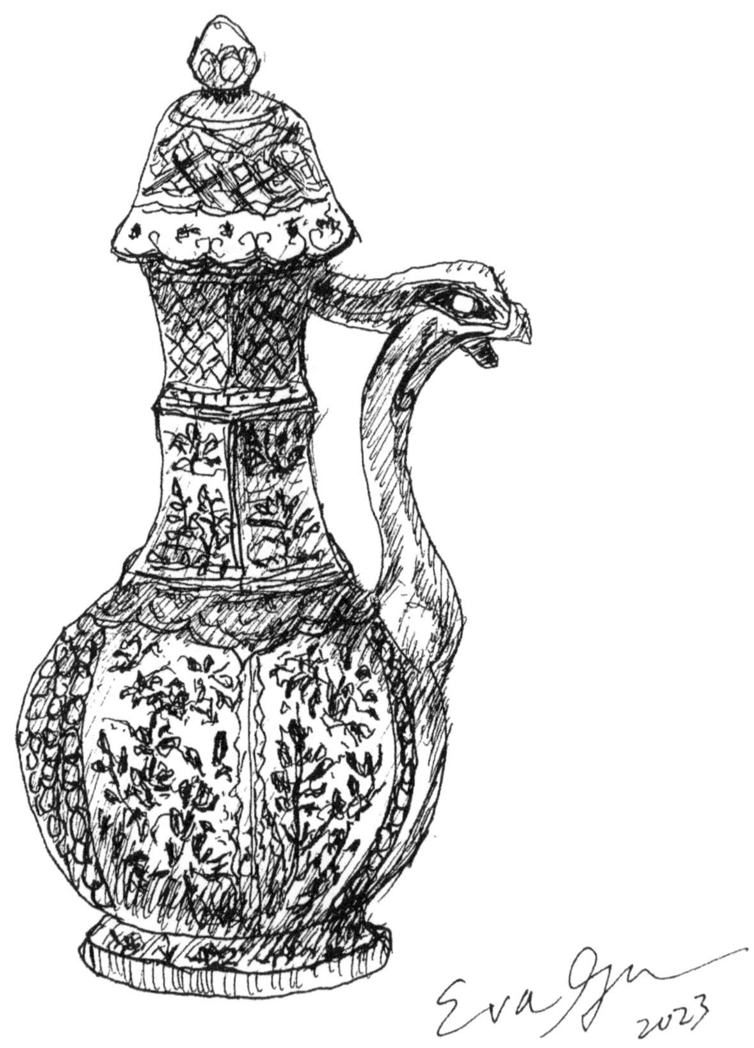

福報

自己撒下的種子
用心血灌溉呵護的世界
送回來的一片蔭涼

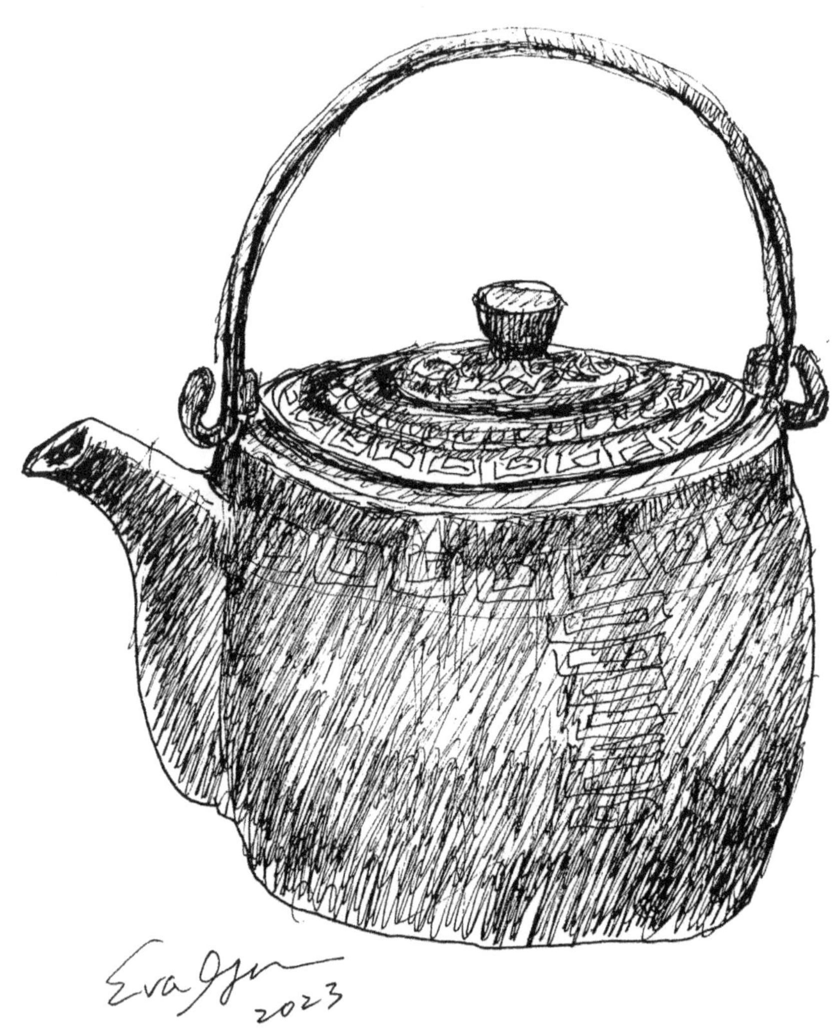

含苞

生命縱然漫長
美麗只是在那
秘不外傳的一刻

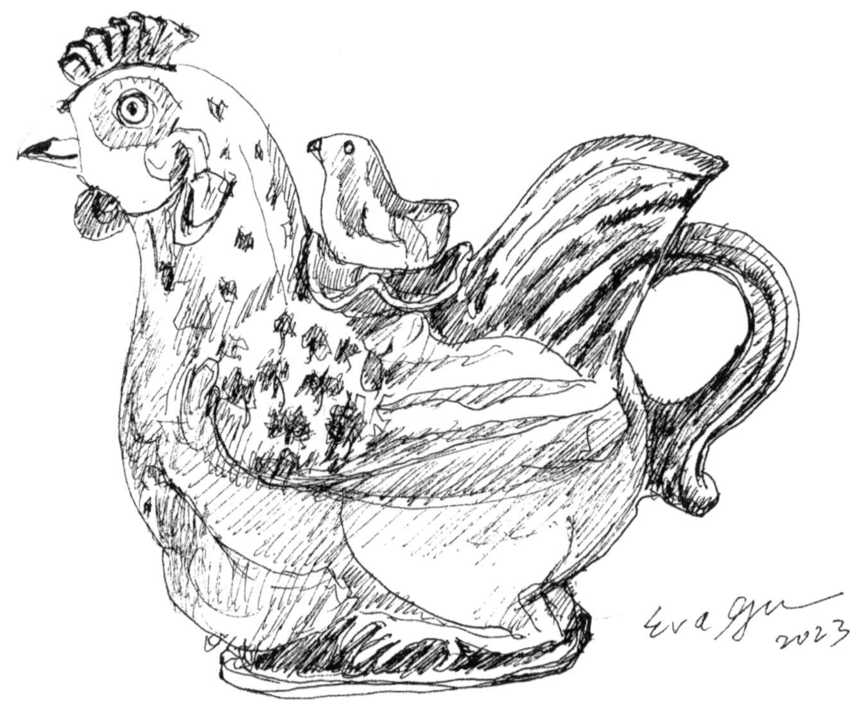

夢

落空的歡喜
或慶倖不會發生的
不期而至的地方

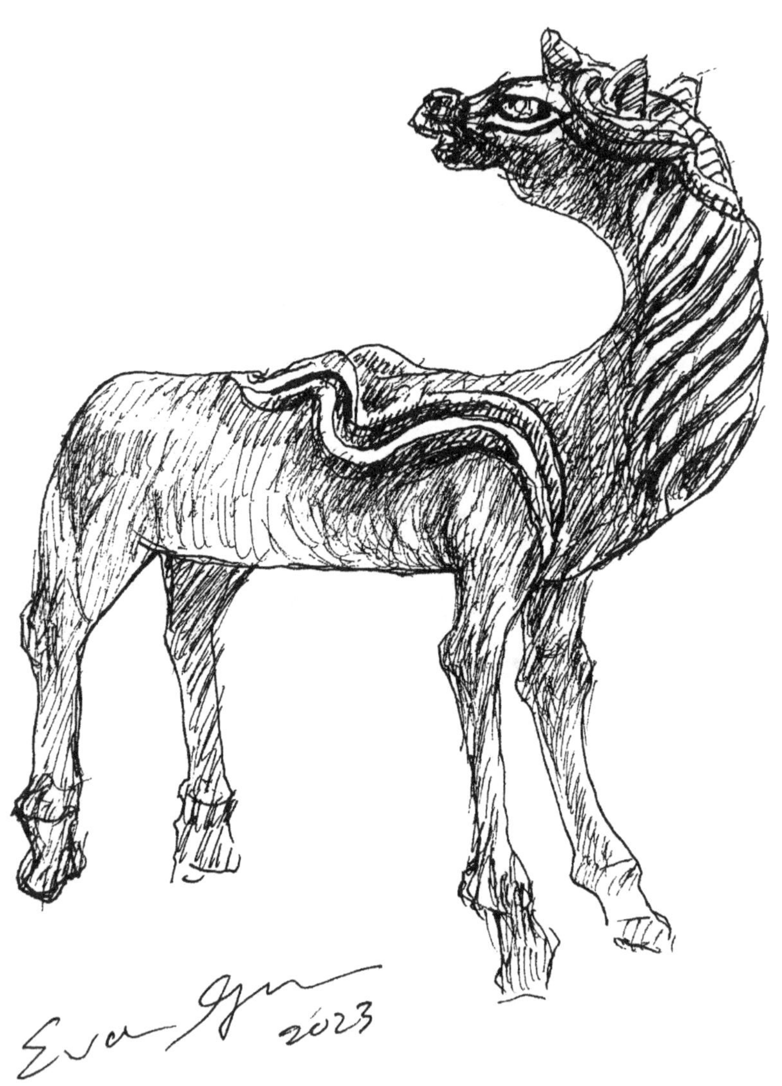

047 | 閃電

那驚悚的一瞥
比暴跳如雷的狂怒
更令人顫抖

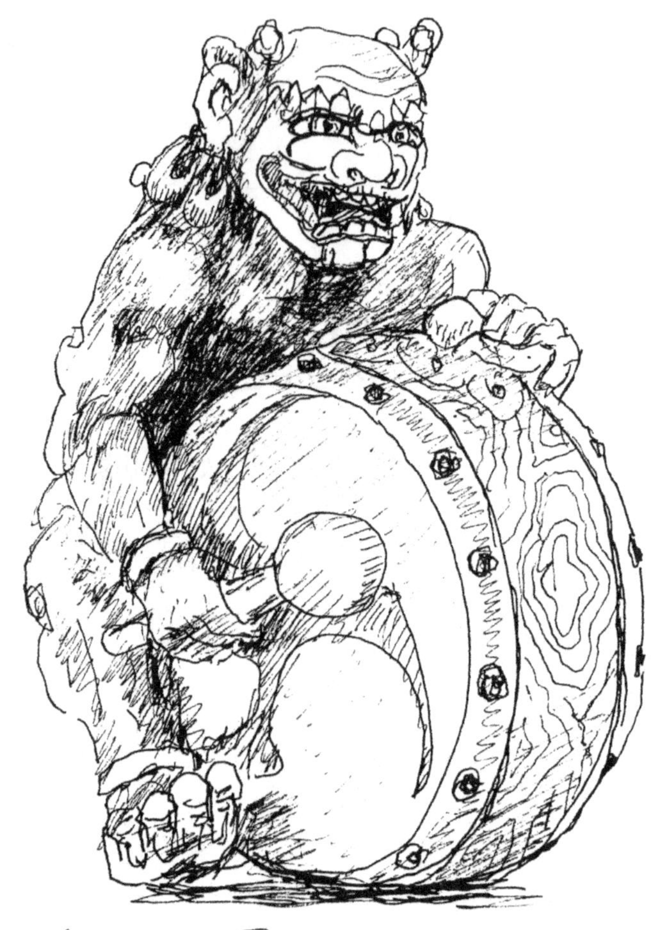

Eva Gyu
2023

驚雷

烏雲密佈後
該來的遲早會來
老天爺發怒的聲音

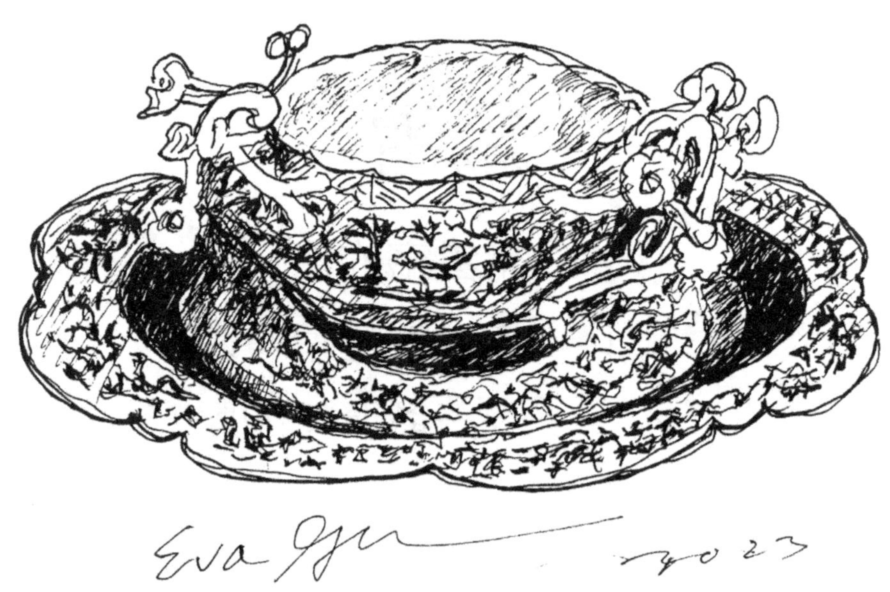

父親

他是身旁忽前忽後
左右相隨
移動的大山

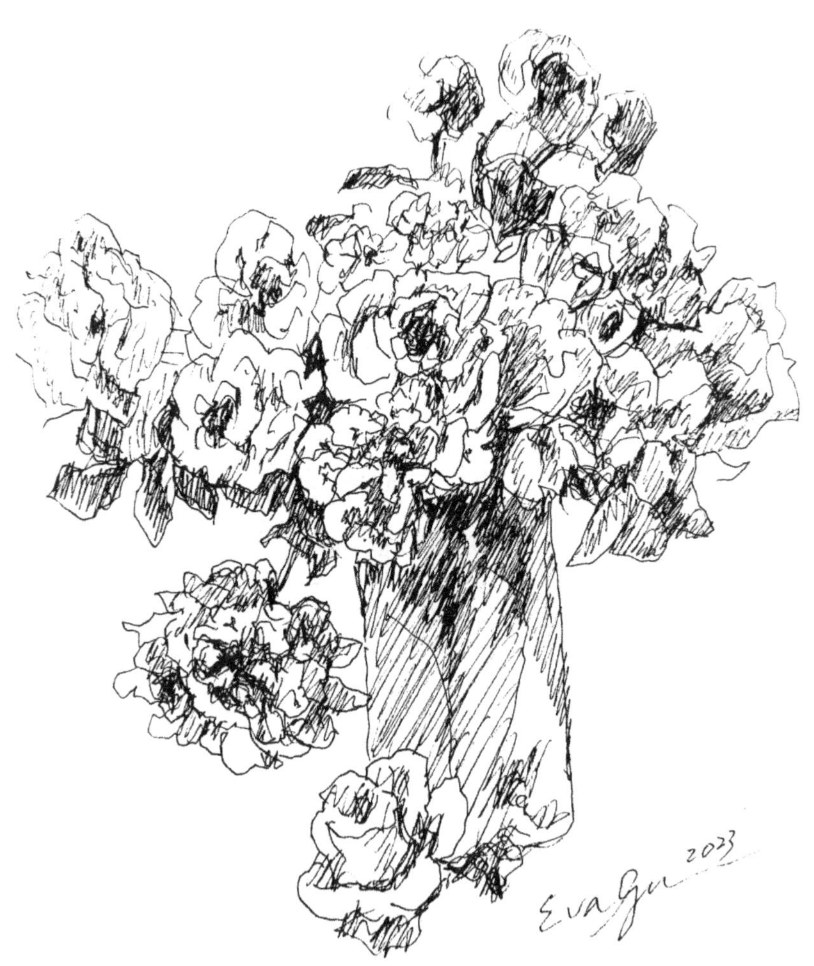

EvaGu 2023

050 | 手機

末日般的張惶失措
就是它一旦遇見不測
離你而去

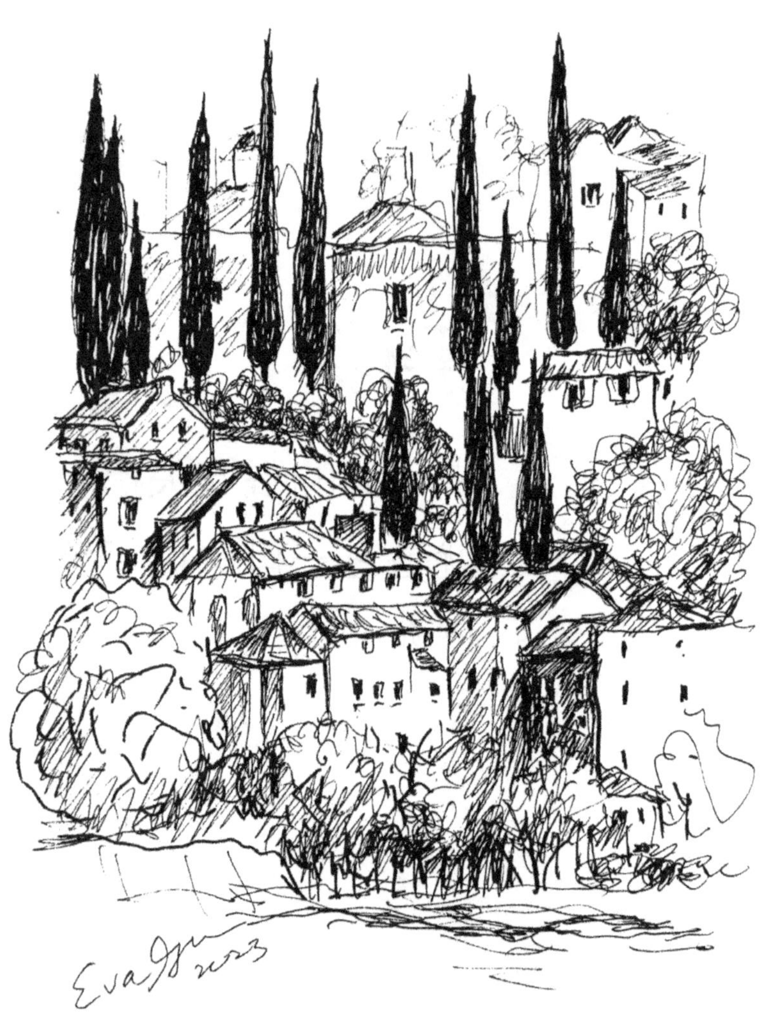

051 榴槤

危險的情人長得醜
還帶着一身的刺
卻讓你想斷肝腸

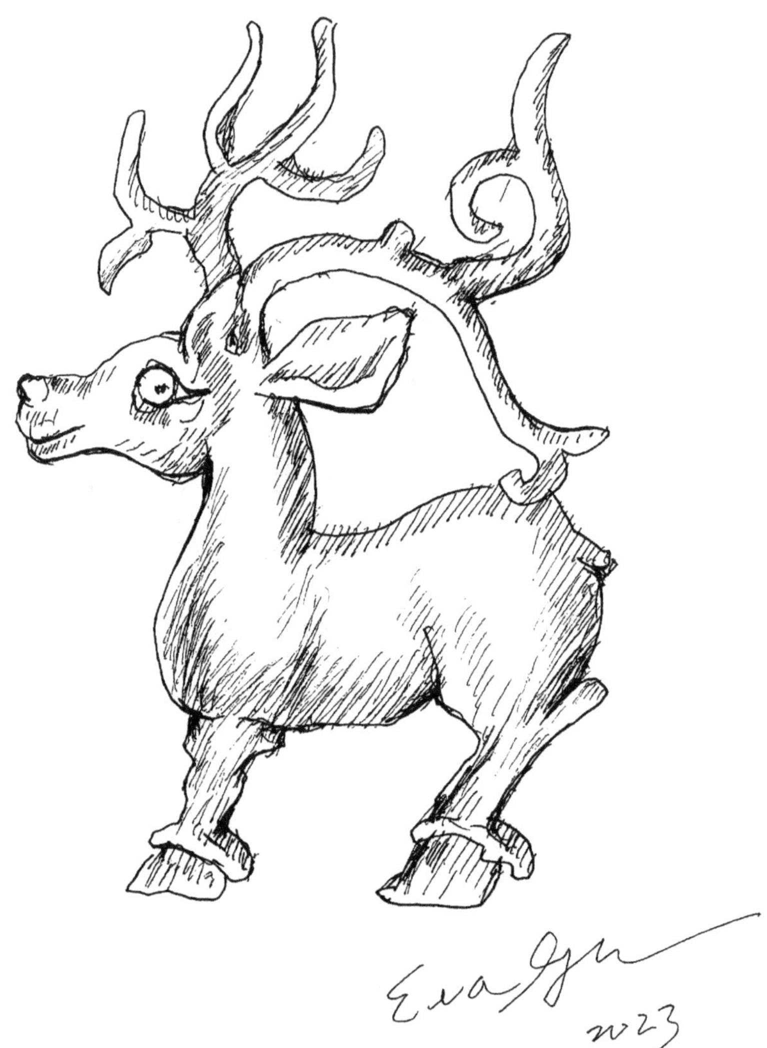

淡定

上窮碧落下黃泉

飲盡三江黃蓮水

看盡繁華落幕後

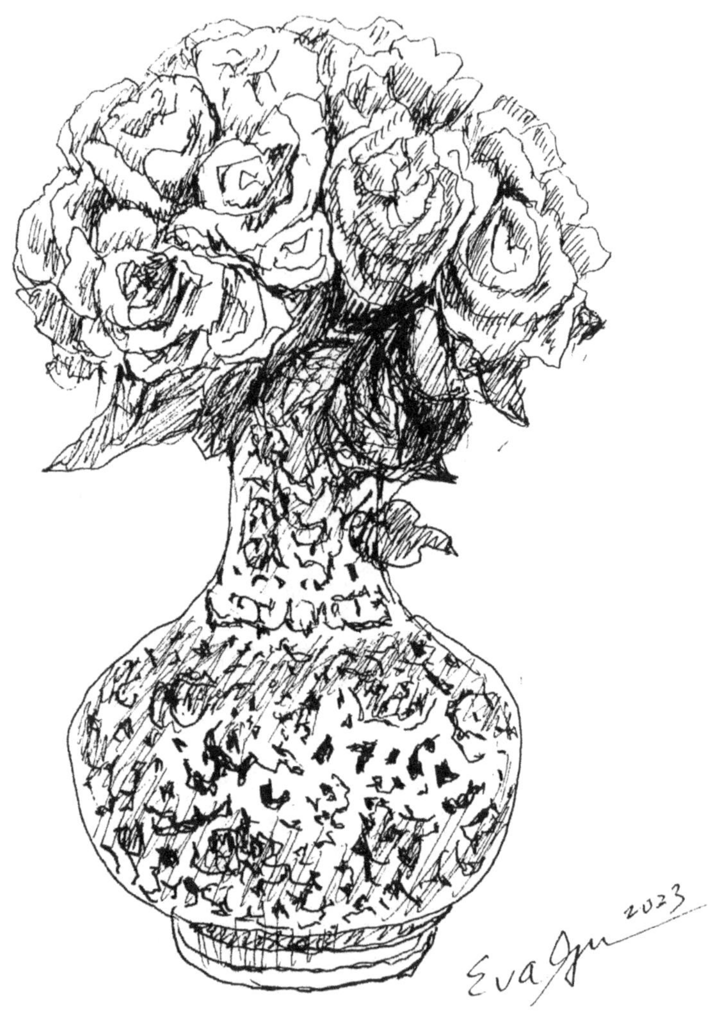

兄弟

敬如父兄

情同手足

藏身五湖四海中

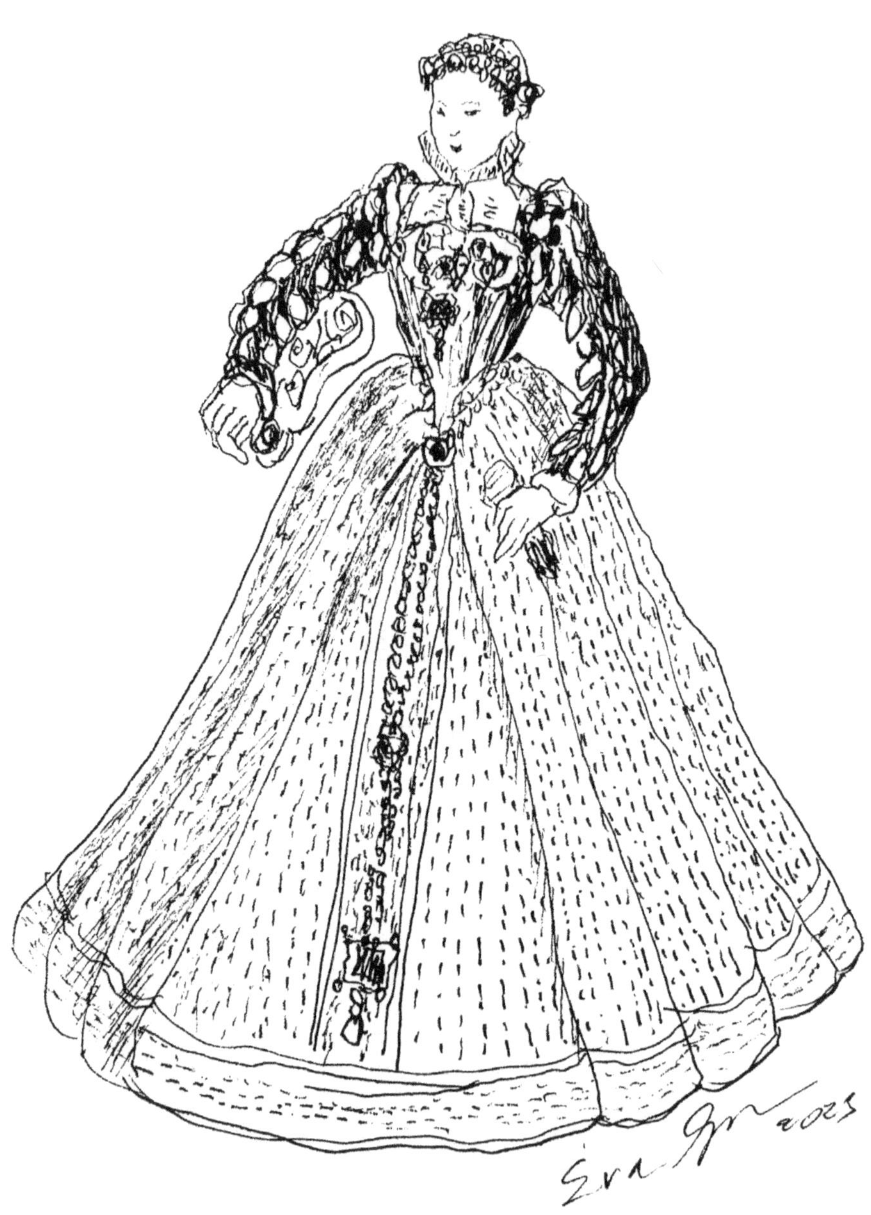

054 | 姐妹

與花季共青春年華
在她的影子中
遇見遺忘的自己

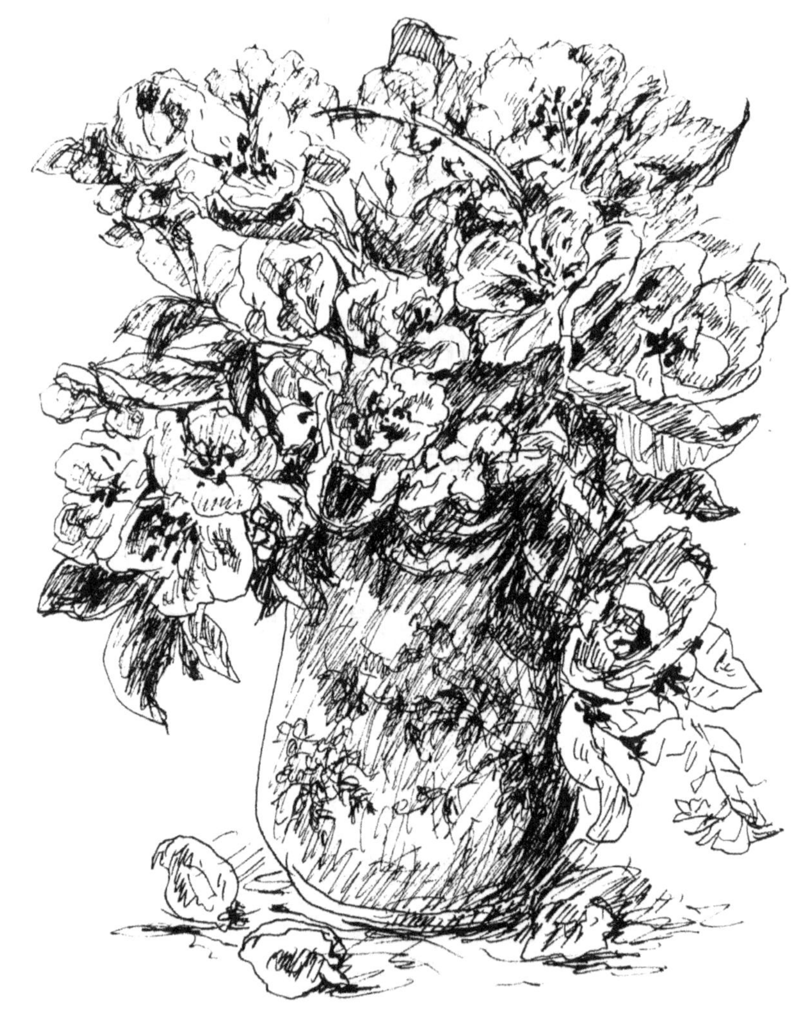

楊梅

如長着滿身是刺的

妒婦的舌頭

吐出來的每個字都酸

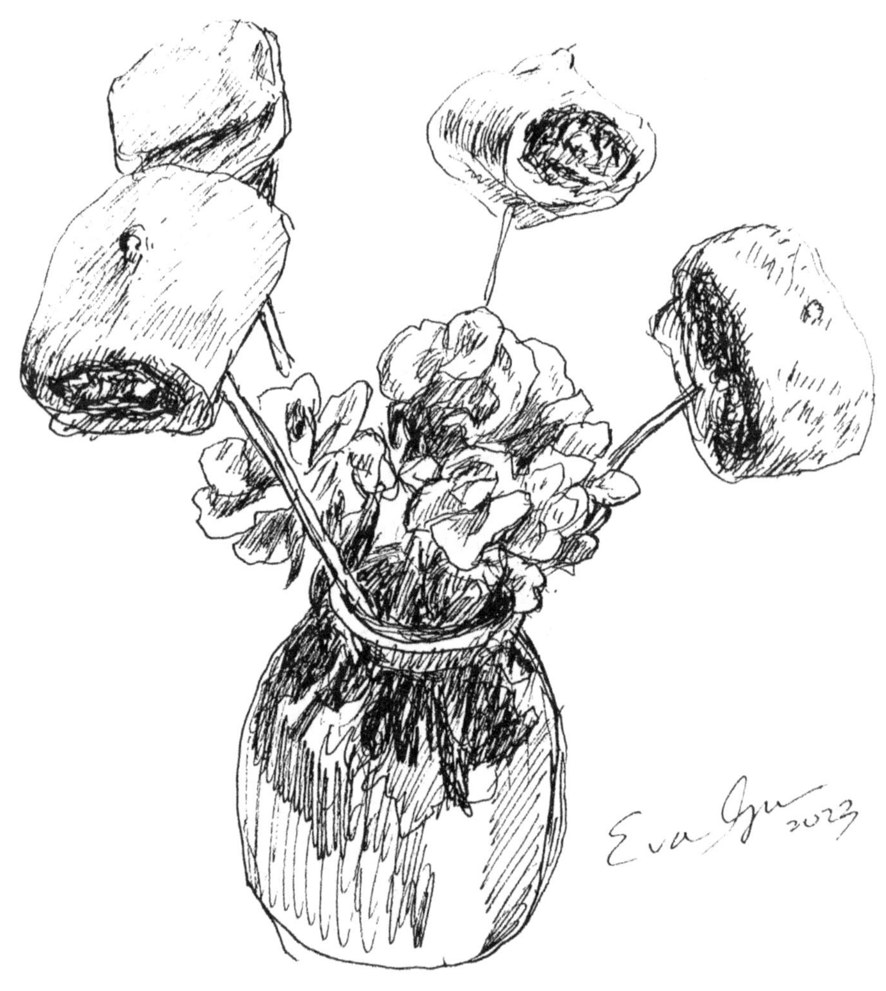

日記

聽人活色生香
那悲喜苦樂甜蜜惆悵
是你的宿命

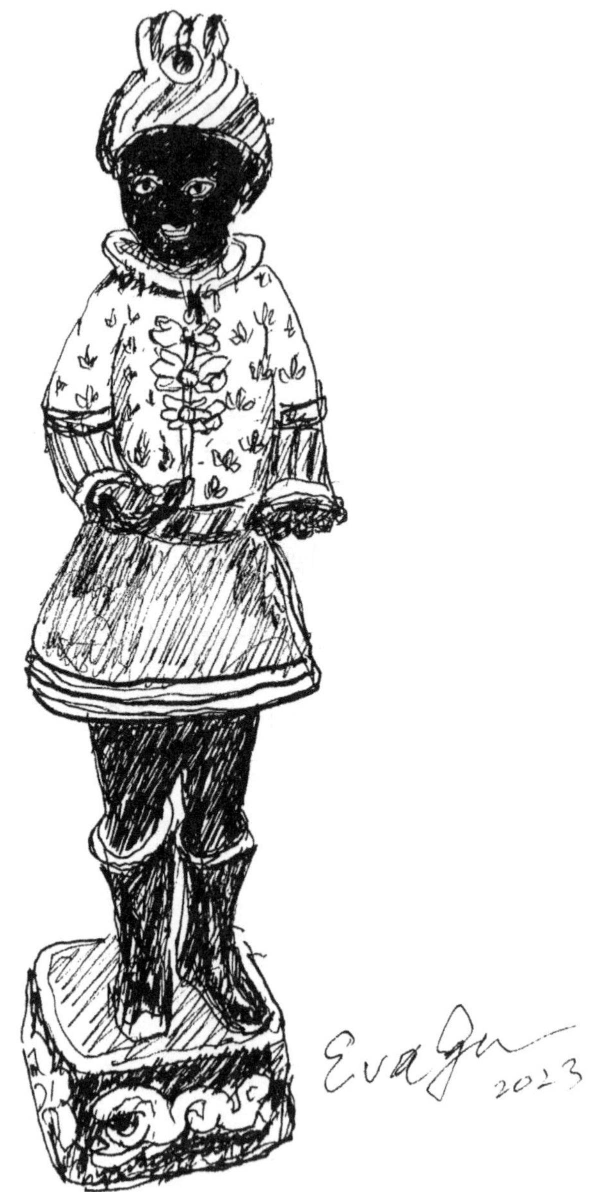

Eva Gn
2013

057 端午

穿上綠色戲服
假裝投入汨羅江
被人在沸水中撈起

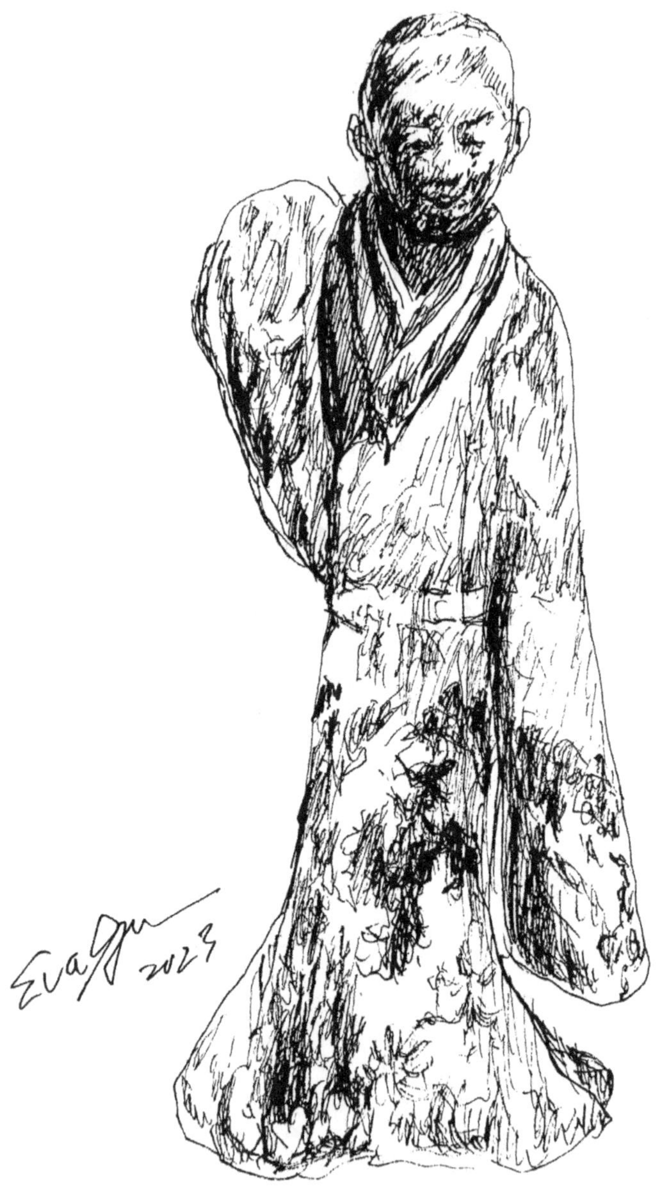

058 | 歲月

那是人世間
最昂貴的消費
卻被大多數人拋棄

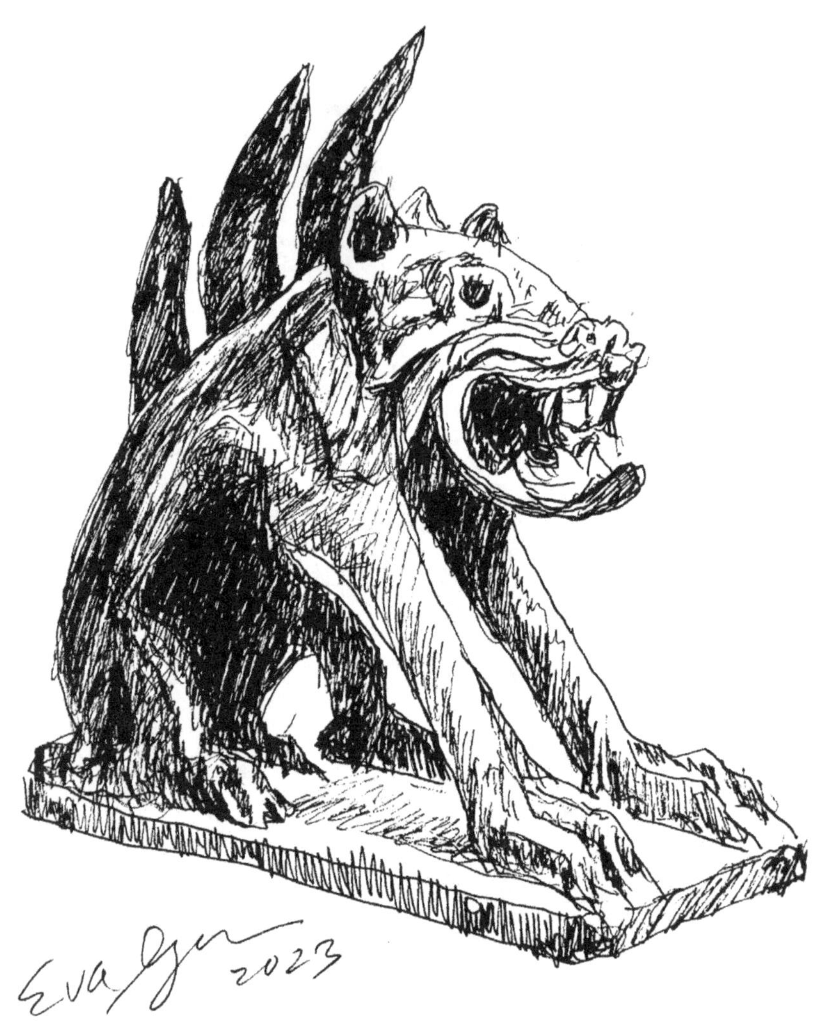

Eva Gyn 2023

風水

聲音發出氣流

意念引出動盪

你生活在你喊來的風景裡

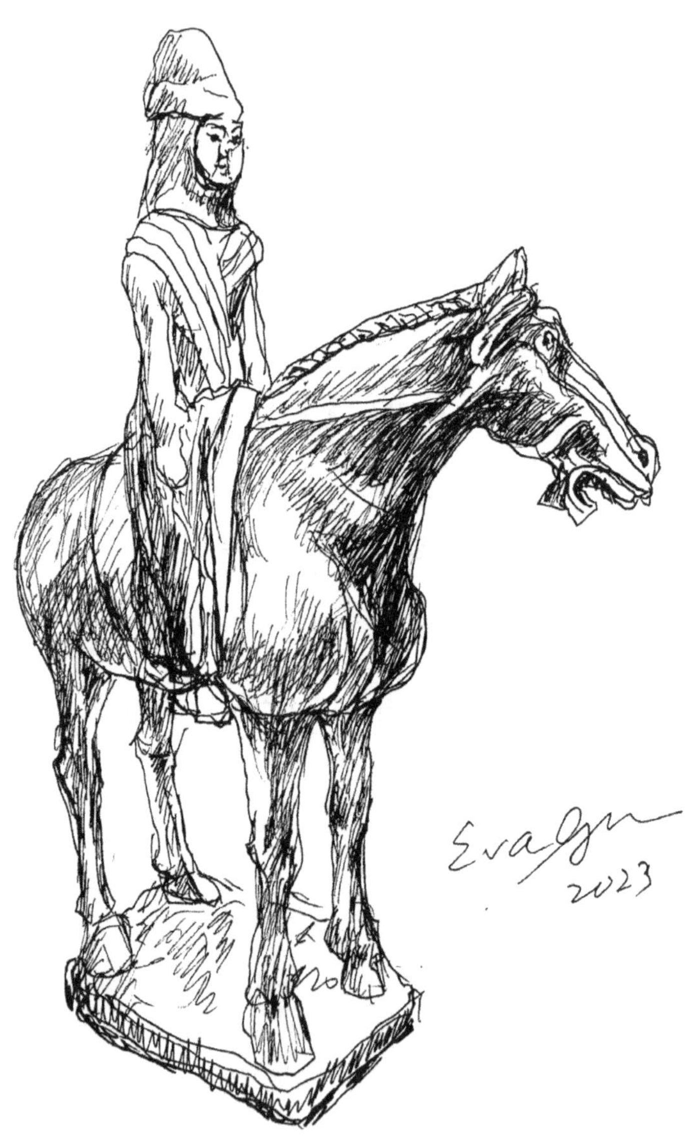

木心

任人褒貶贊罵
解釋那讀不懂的文字亂碼
他拍拍屁股說了聲與我何干

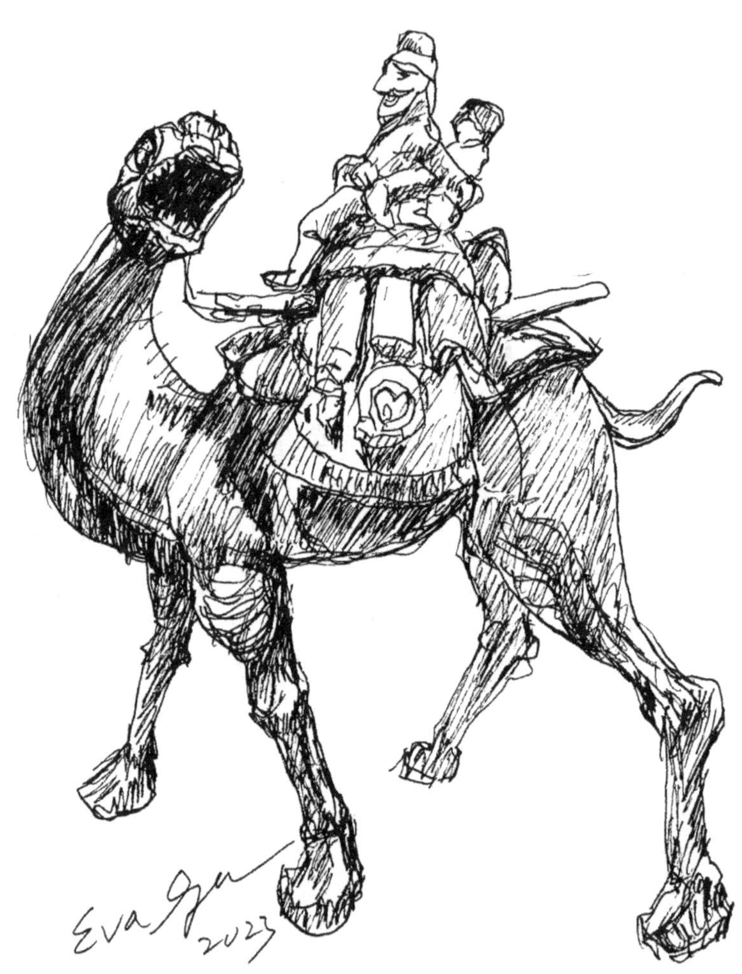

Eva Sgu
2023

飛蛾

失去理智的
到處自作多情
等於在尋天羅地網

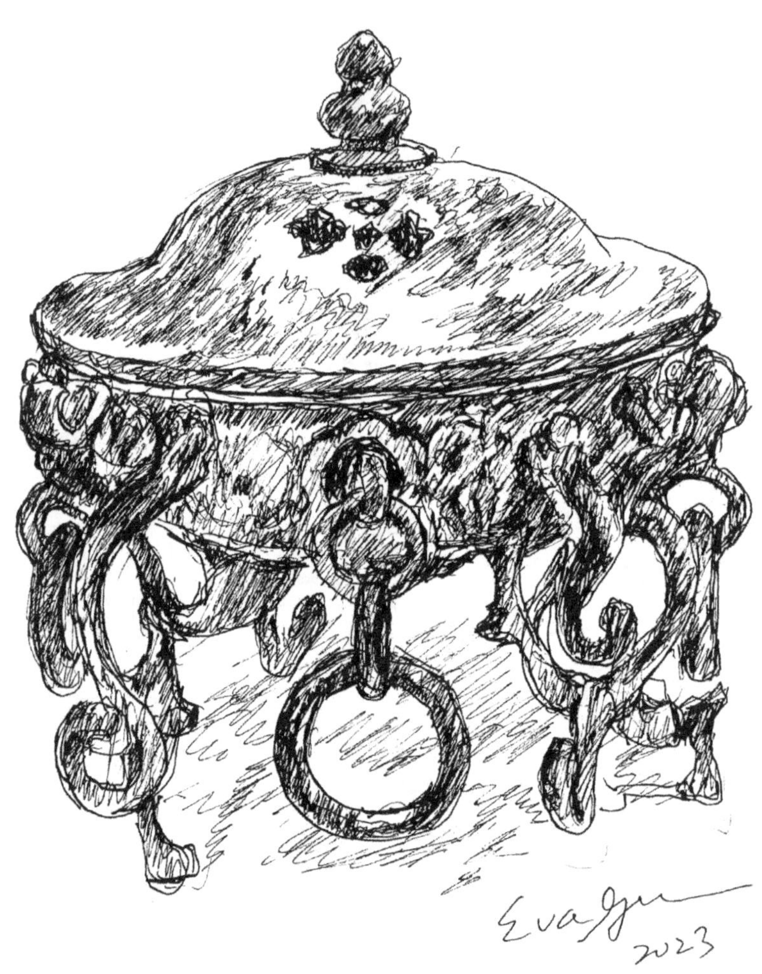

062 | 嫉妒

愛浸泡的毒汁

像定時炸彈爆炸前

那根弦

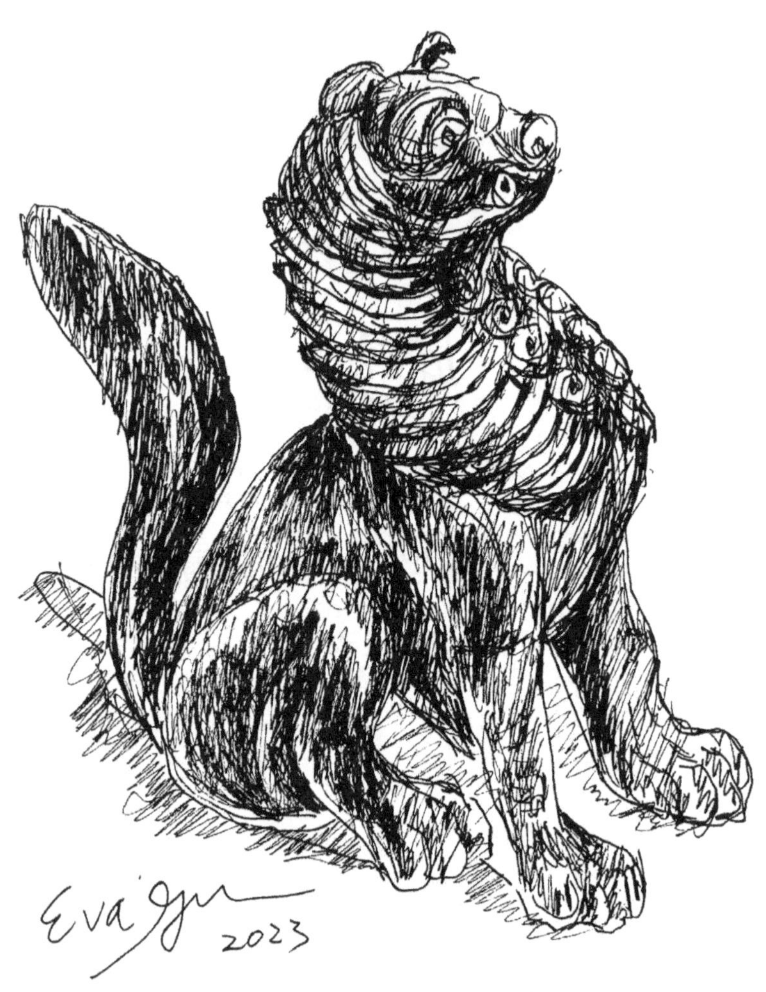

Eva Oyón
2023

火鍋

一場大屠殺在水與火廝殺中
把地獄的現象
香味中重現

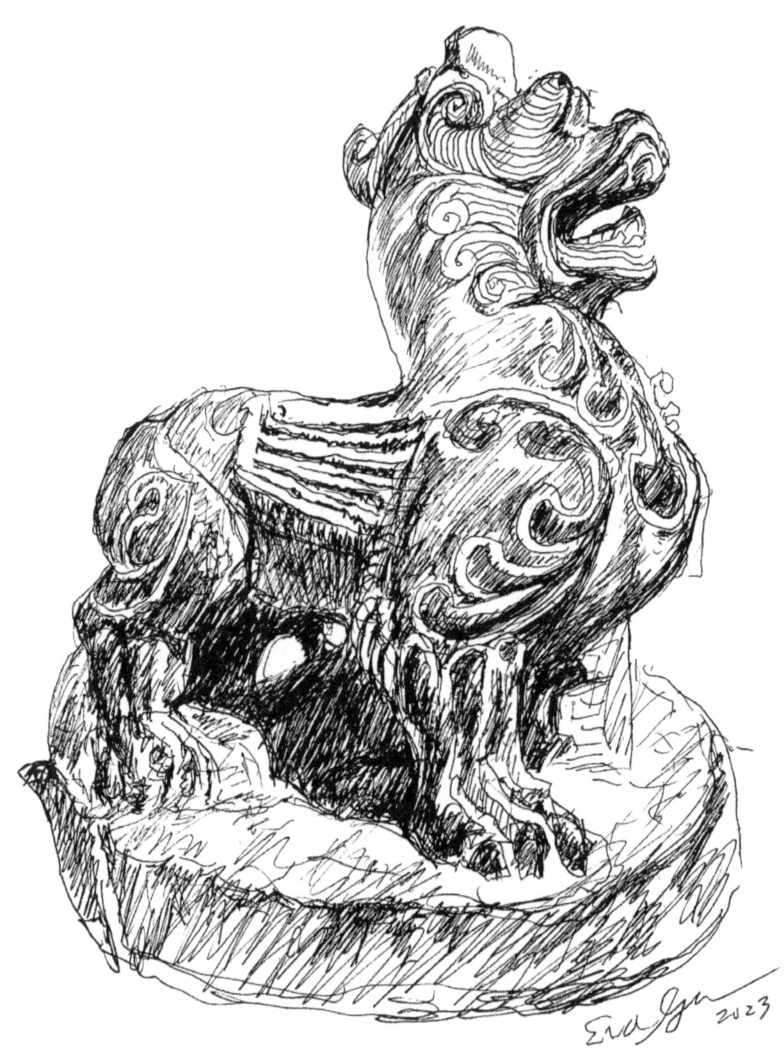

064 風箏

絕望

是眼看它

絕塵而去

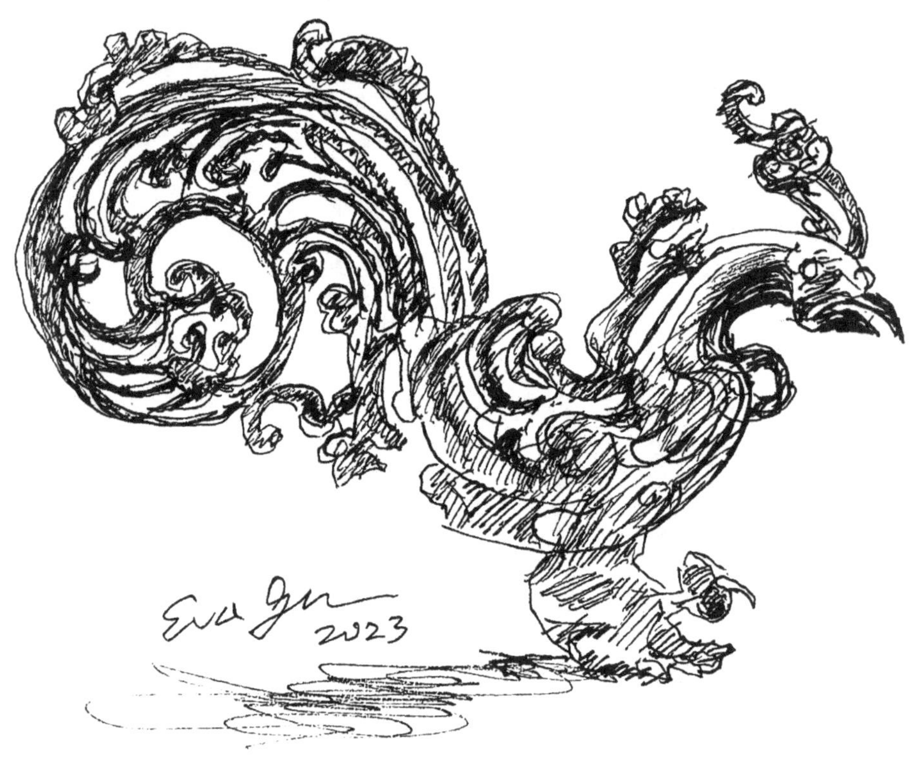

咳

咆哮嘶吼着
如心口受傷的
野獸

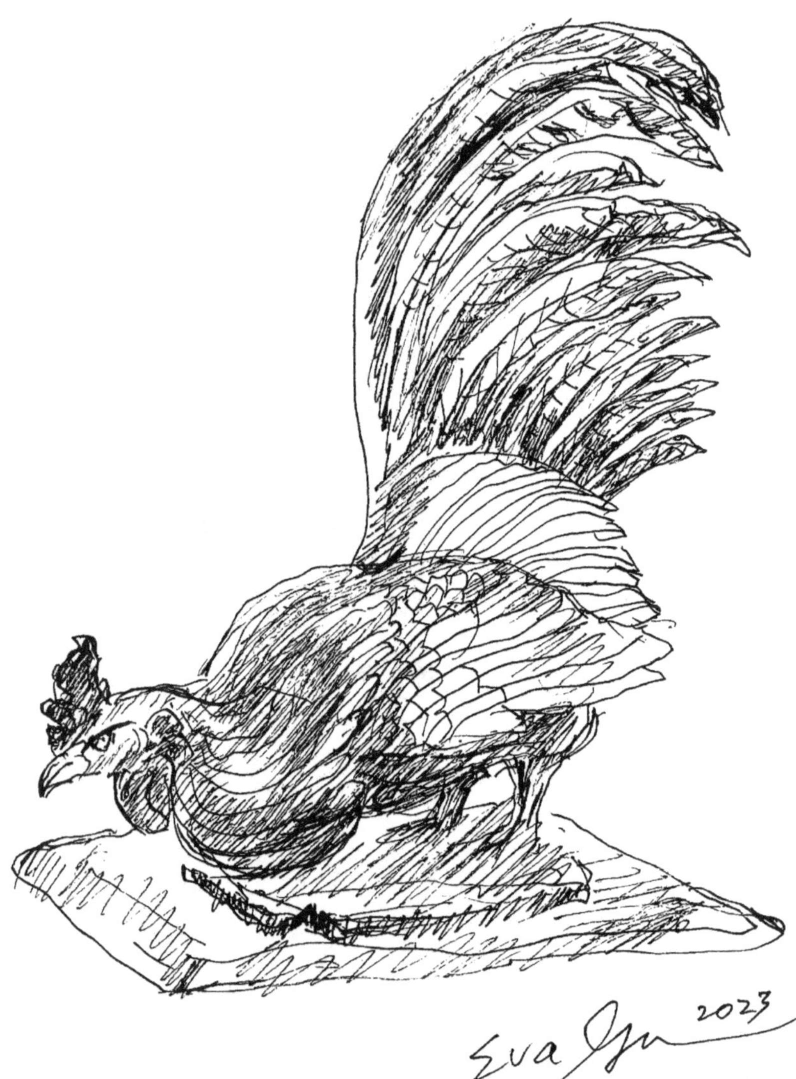

Eva Ji 2023

寶石

即使埋在塵埃

不失其

原來價值

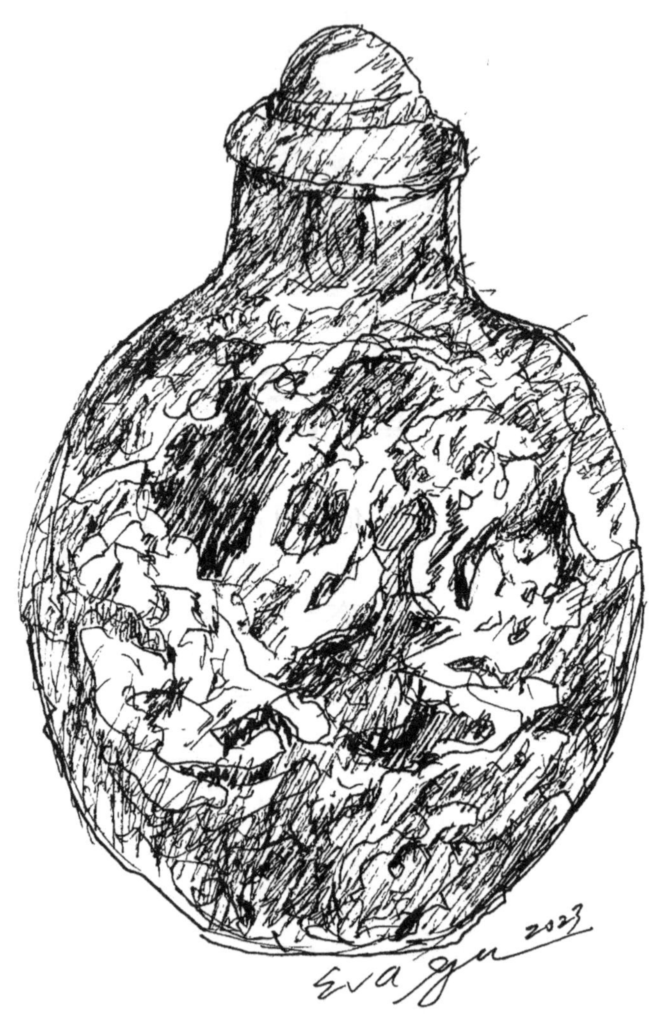

067 標本

美麗了一生

留下軀殼

未上天堂

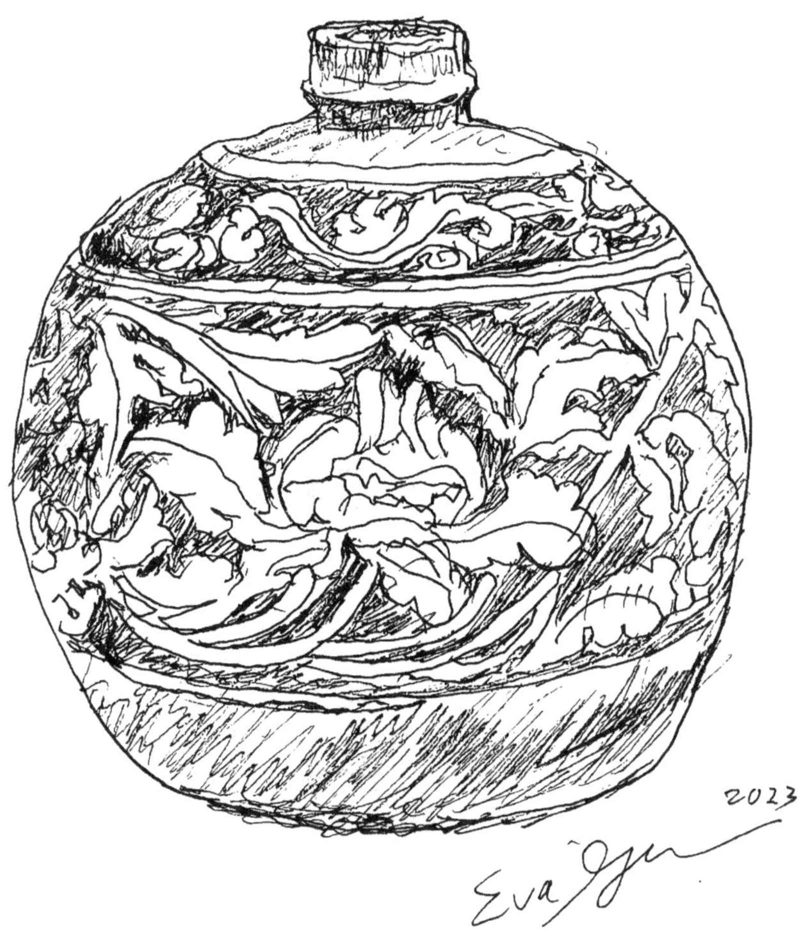

068 | 化石

億萬年的風化
換來人間回眸
你已不朽

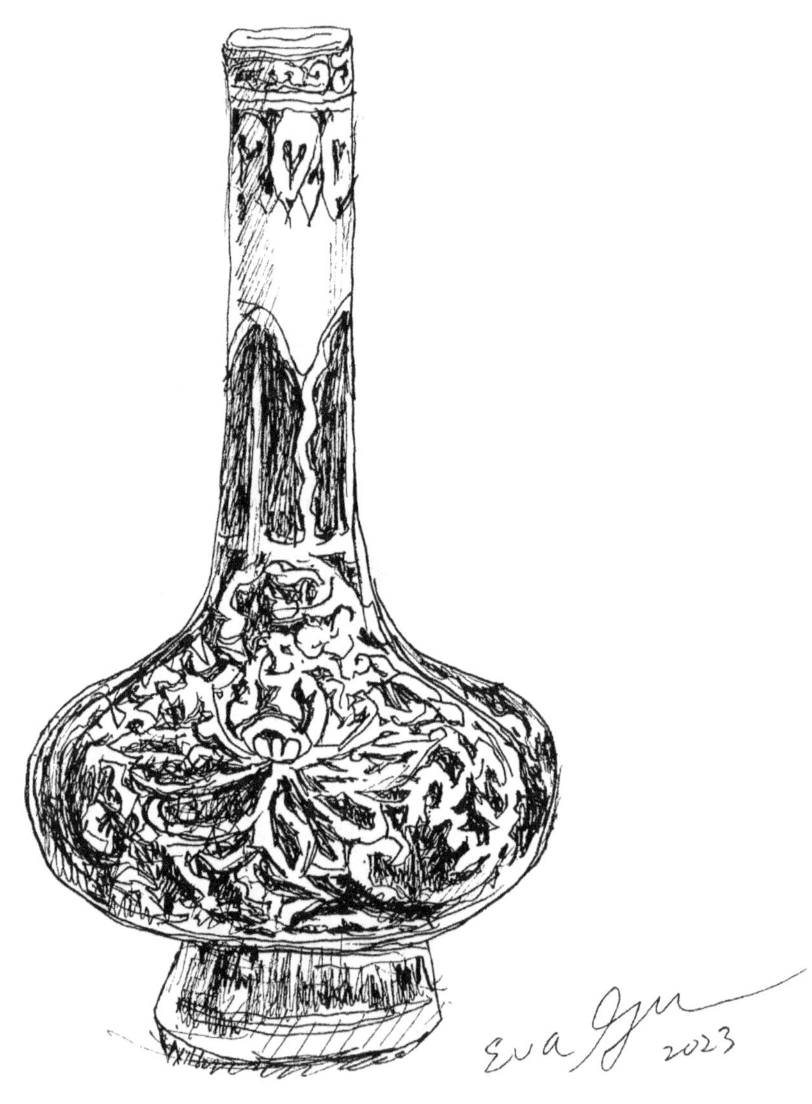

飯桌

歡喜地接受了
一道道甜酸苦辣
守着人去樓空的悲哀

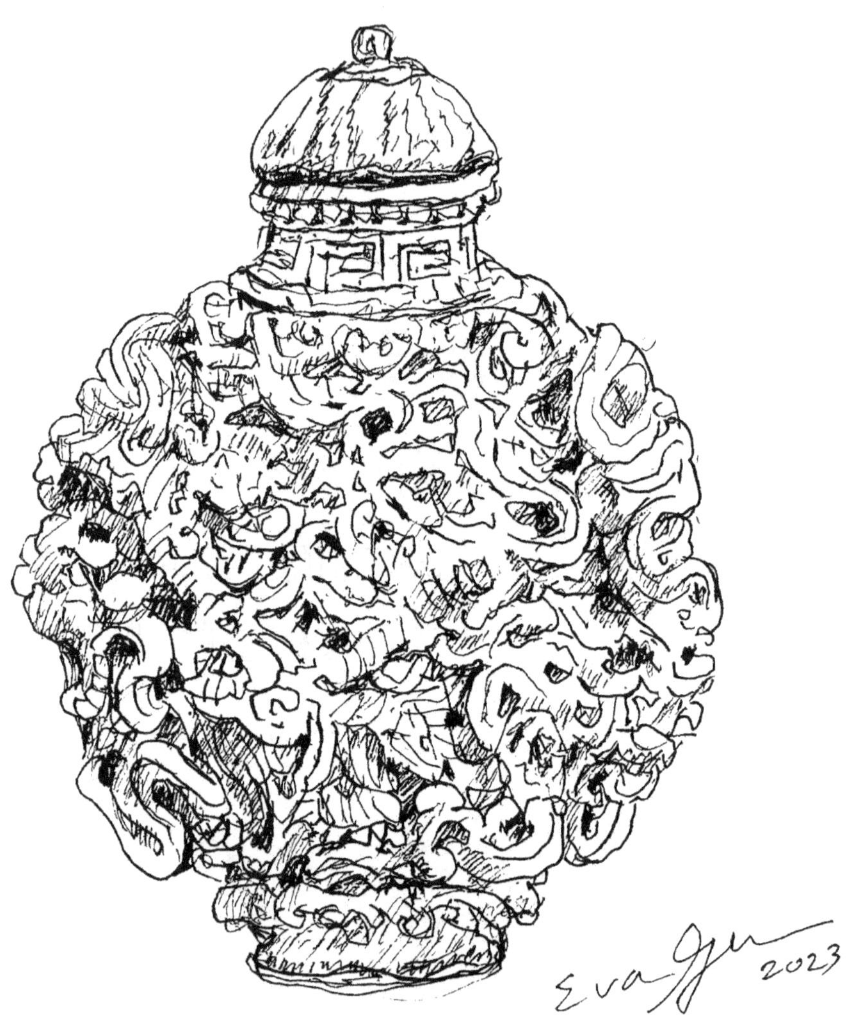

070 花

花蕊
是上帝的禮物
藏着仁慈的愛與果實

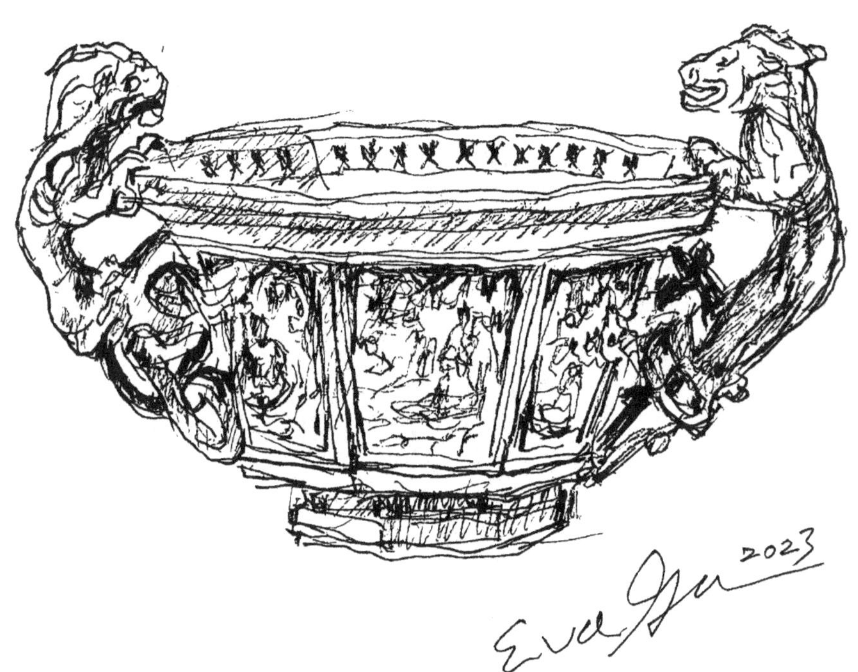

恩典

天使的行為

由善良衍生出來

救贖世界

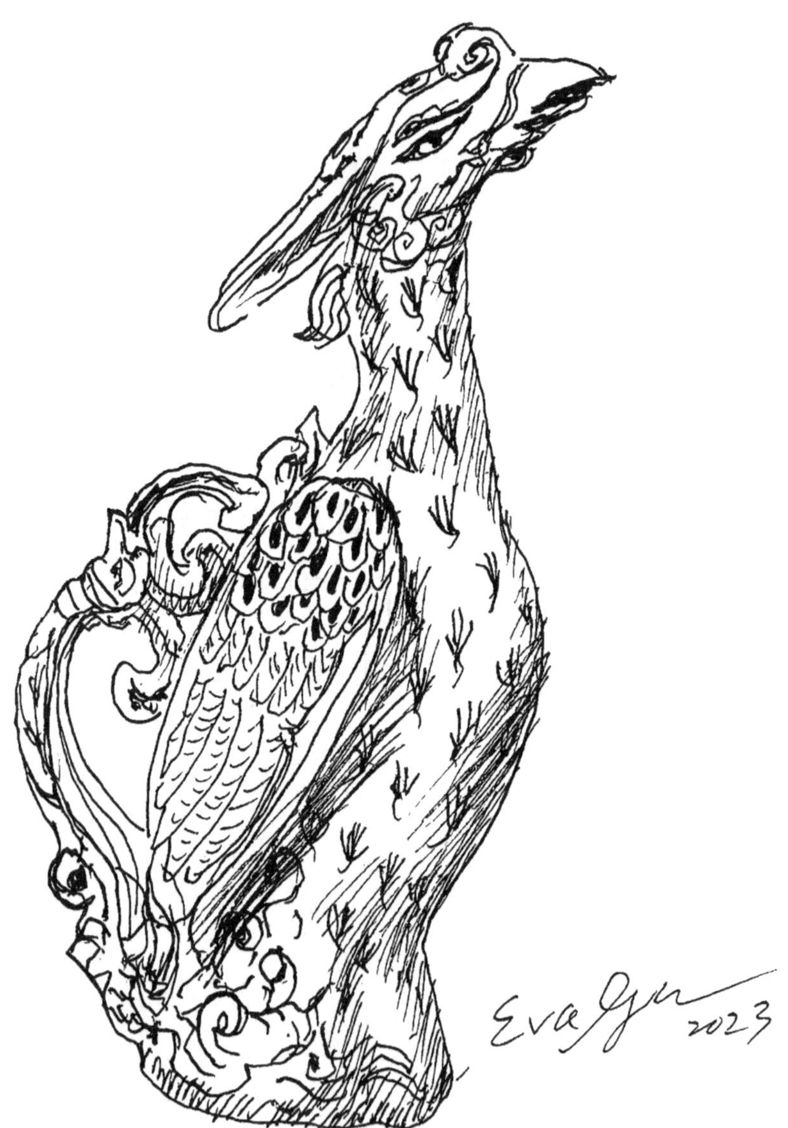

Eva Gyn
2023

072 | 柳絮

佯裝細言密語

絮絮叨叨

落在地上一堆爛渣

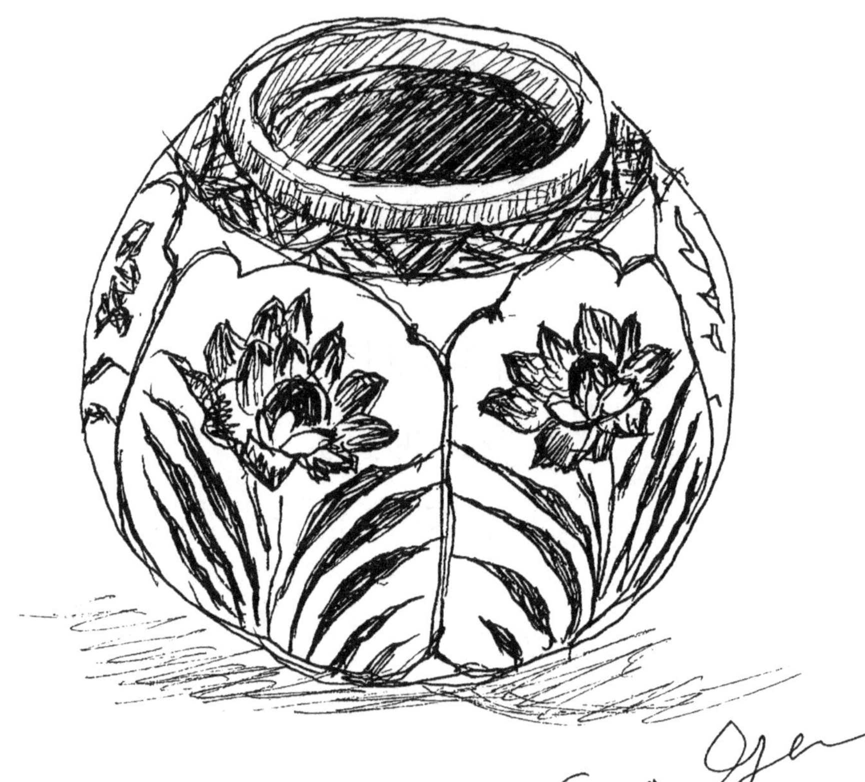

蛇

它是精靈
另一種神明
也許善良也許邪惡

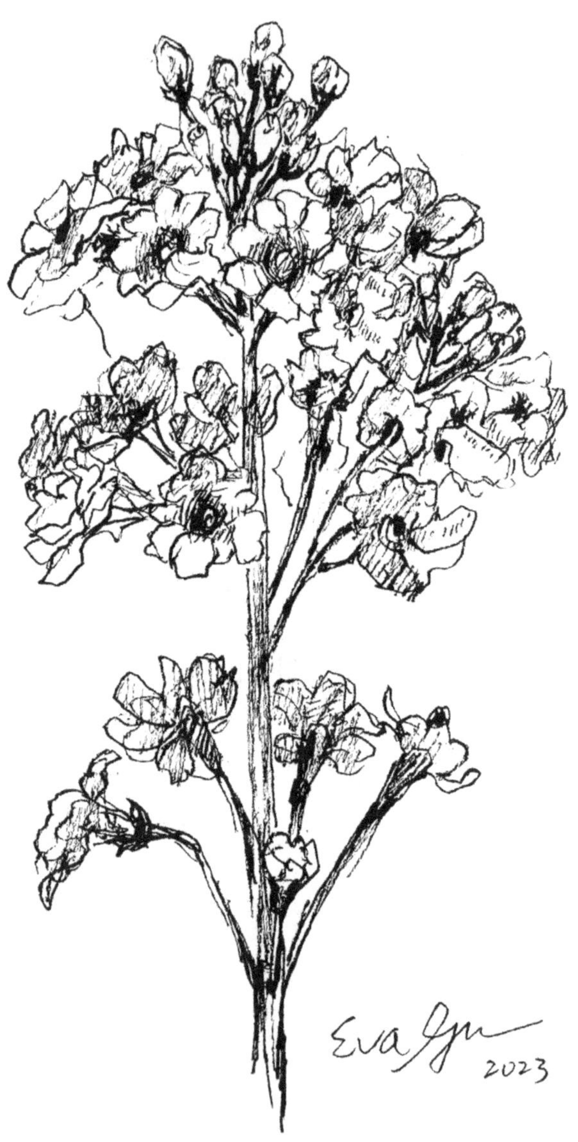

幸福

有一種奢侈的享受
被朦朦朧朧的愛
融化中

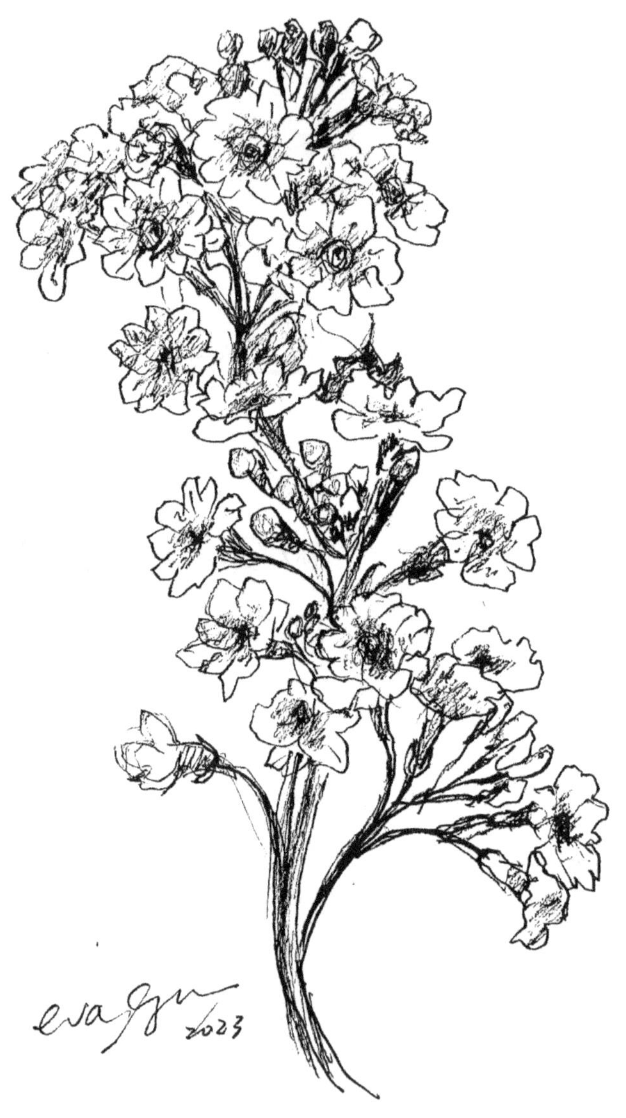

eva gr...
2023

075 ｜ 桂花

在團聚的中秋八月
芬芳引出一條
故鄉的路

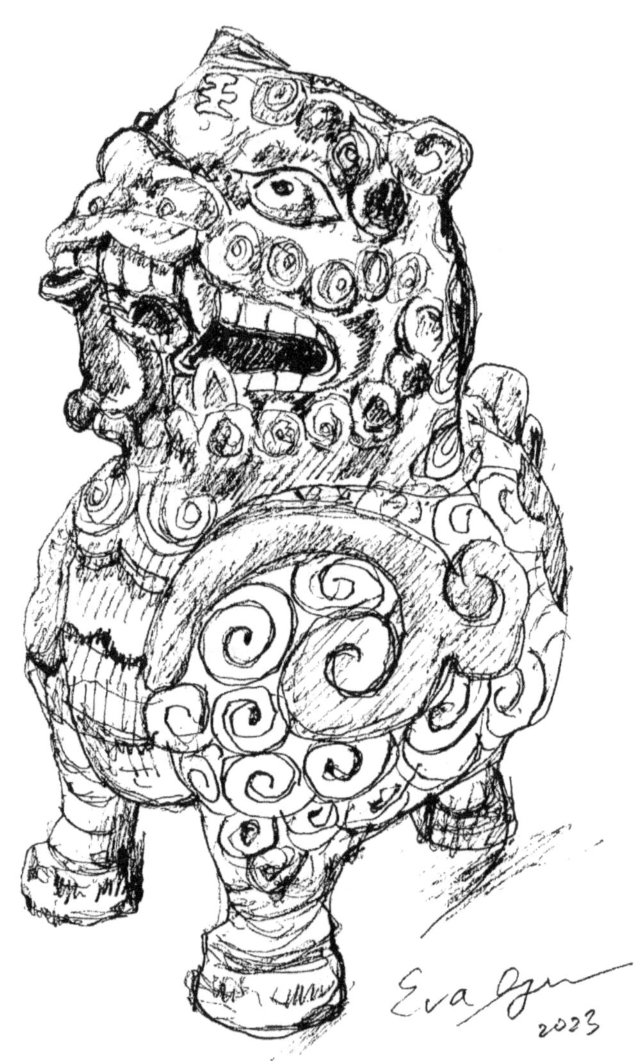

古董

帶着老去的歲月
吞咽了世世代代咶噪
坐成祖宗的祖宗

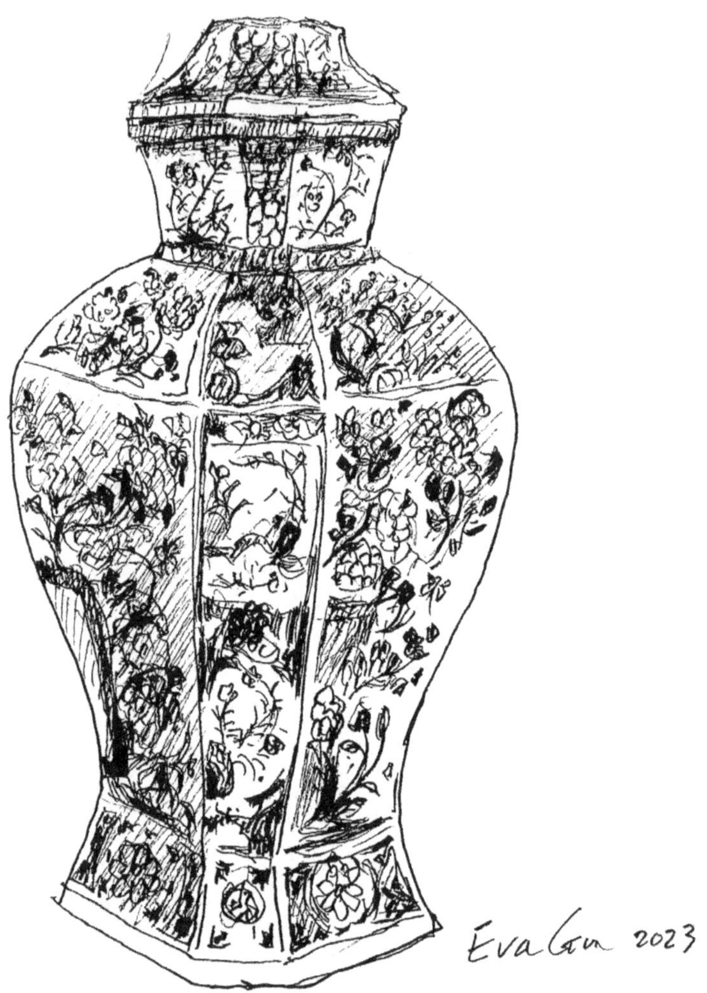

Eva Com 2023

同窗

不是同年同月生
卻是同年同月聚
同年同月同日散

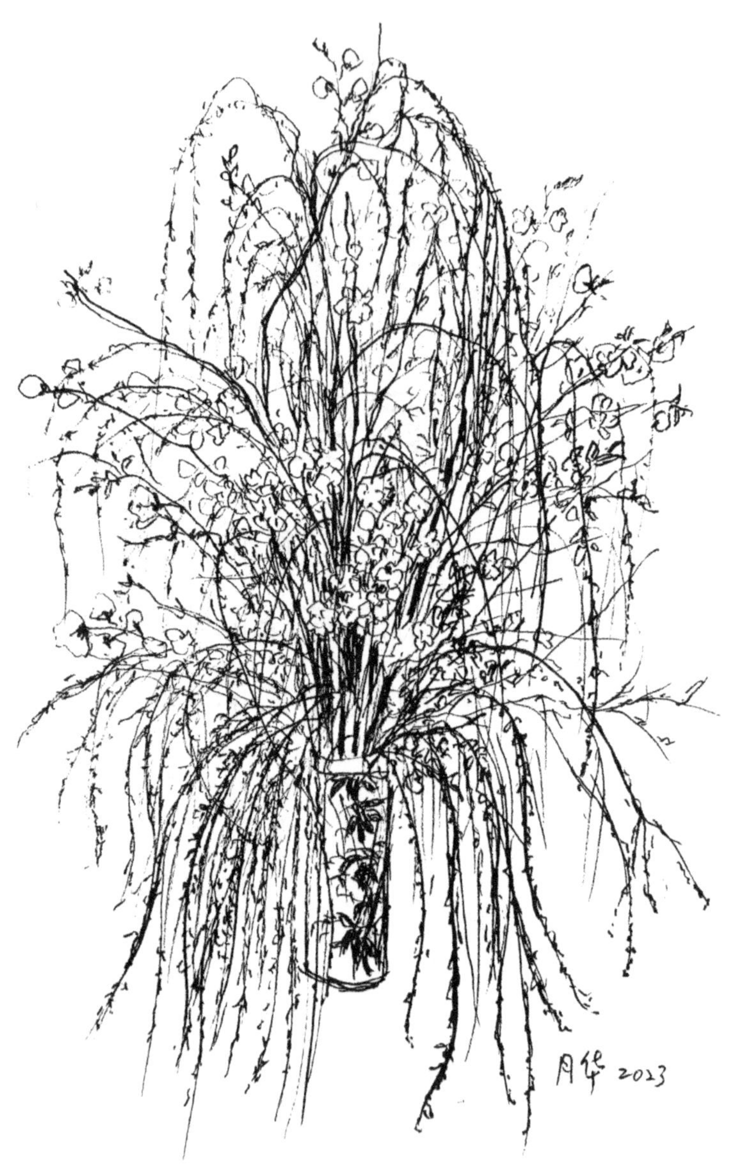

078 | 仙人掌

長出滿身武器自衛

凜然端坐

宛如淑女

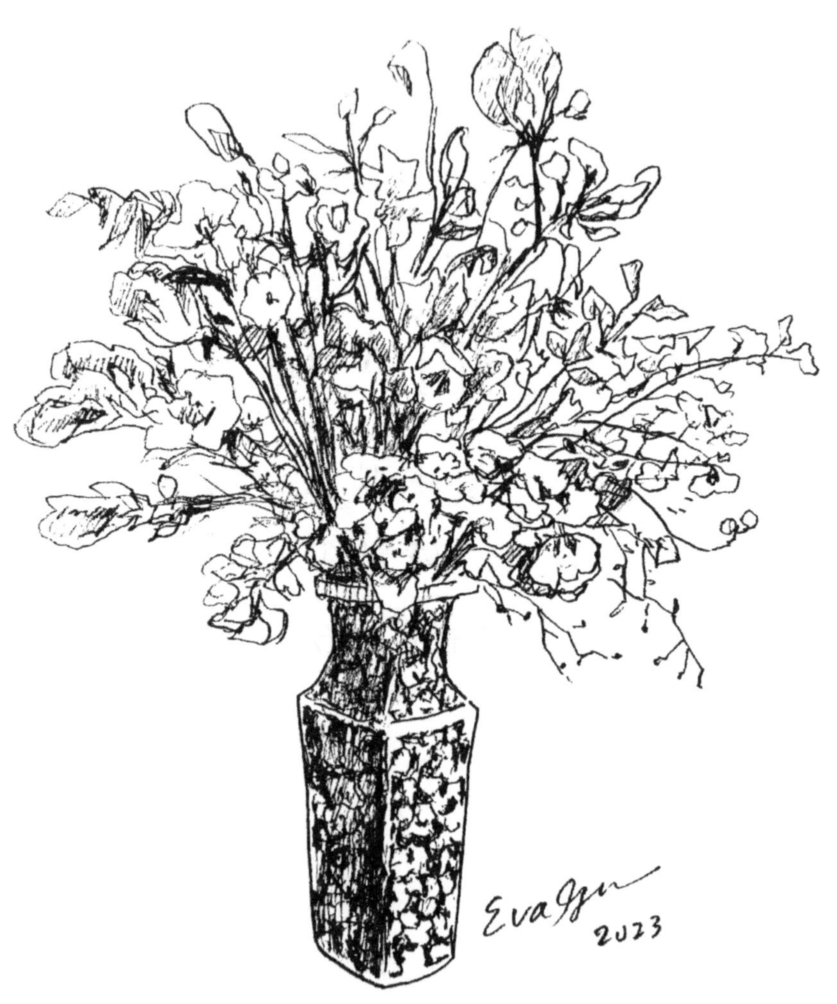

079 | 叛

被自己信任的
扶植起來的手
推倒

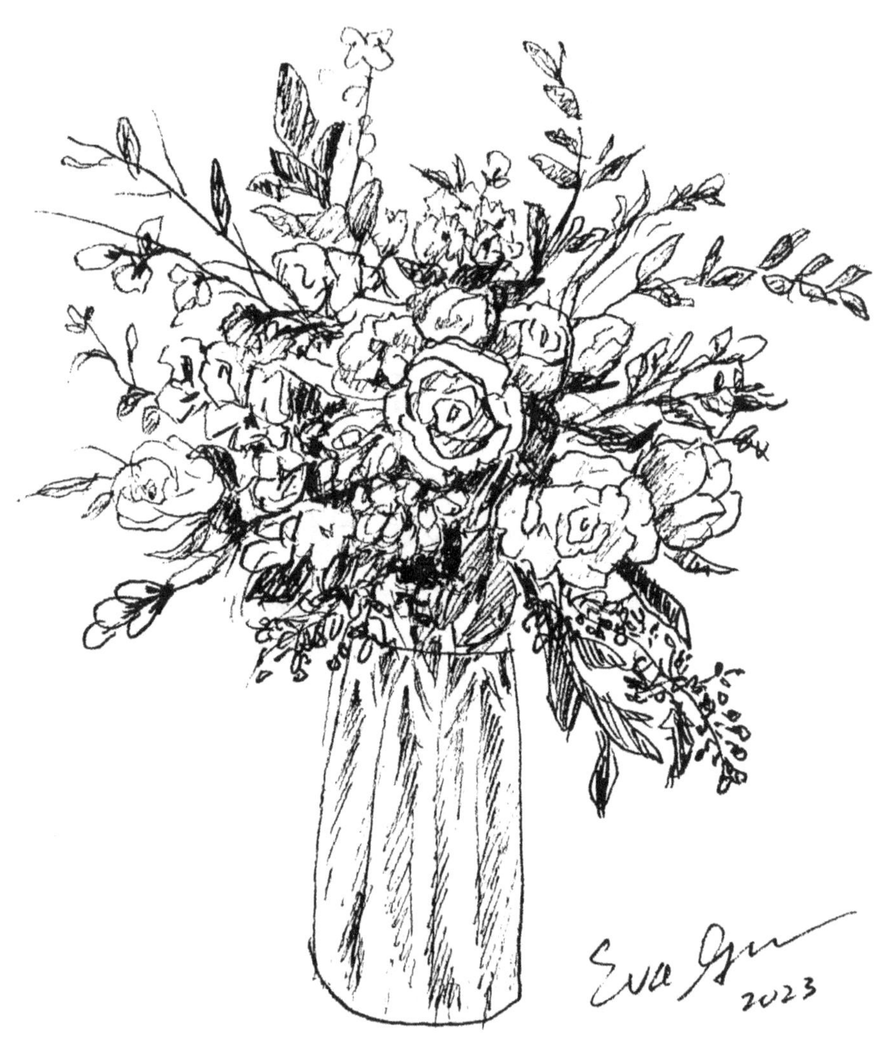

反光

忠誠地反射出
你無所遁形的狀態
輝煌或者萎蔫

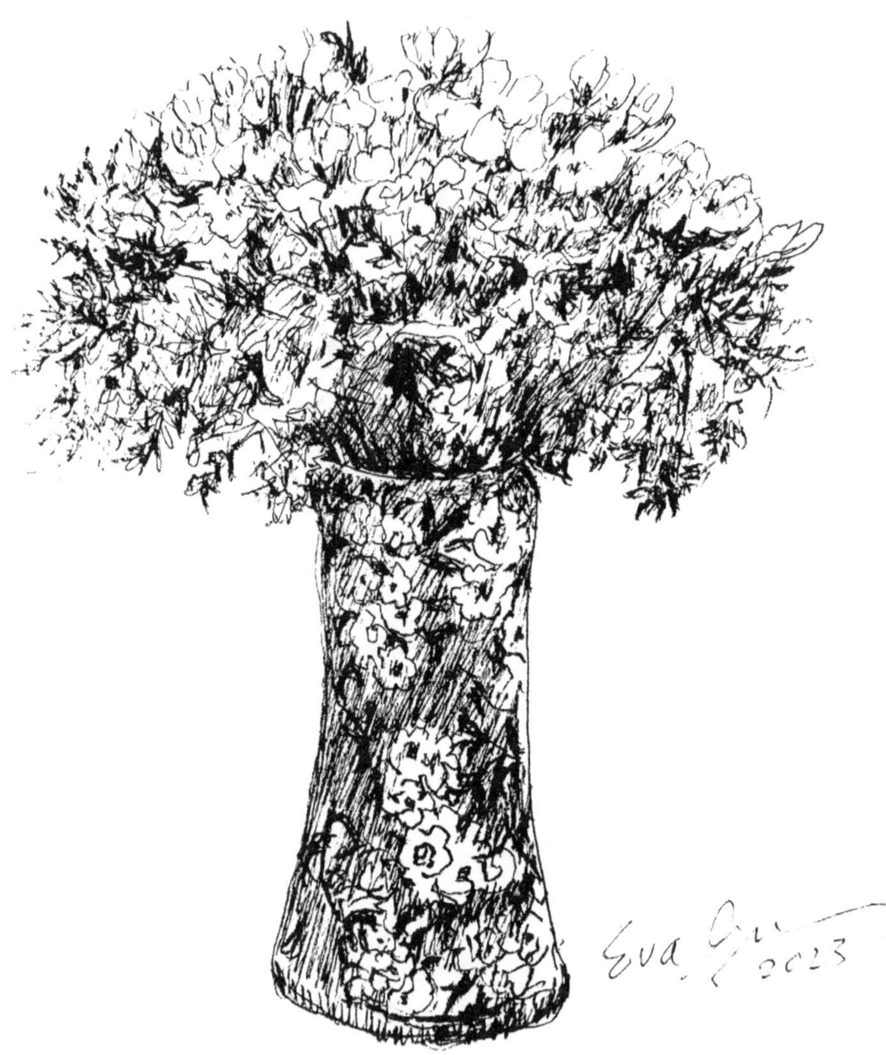

想你

是命運賞賜給我

最大的恩惠

沒有人可以阻止

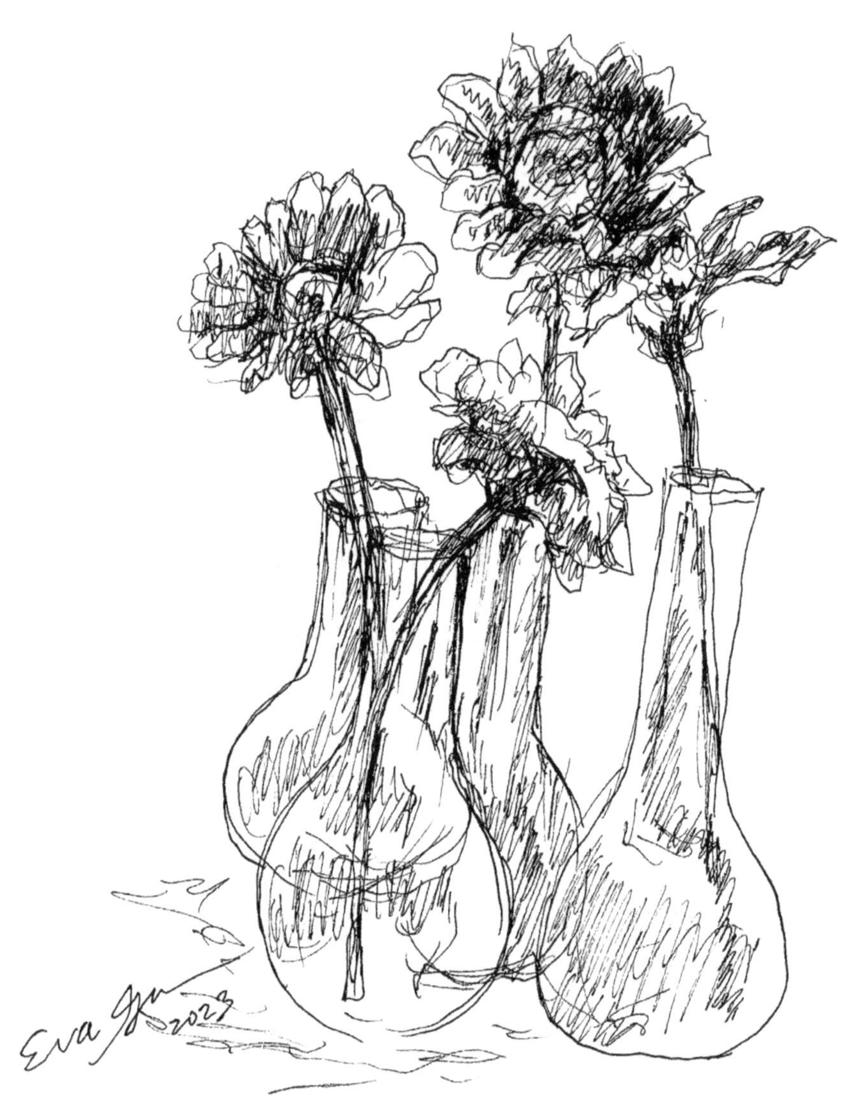

082 | 香水

神秘的芬芳

嫋嫋繞繞若即若離

如霧似影隨身

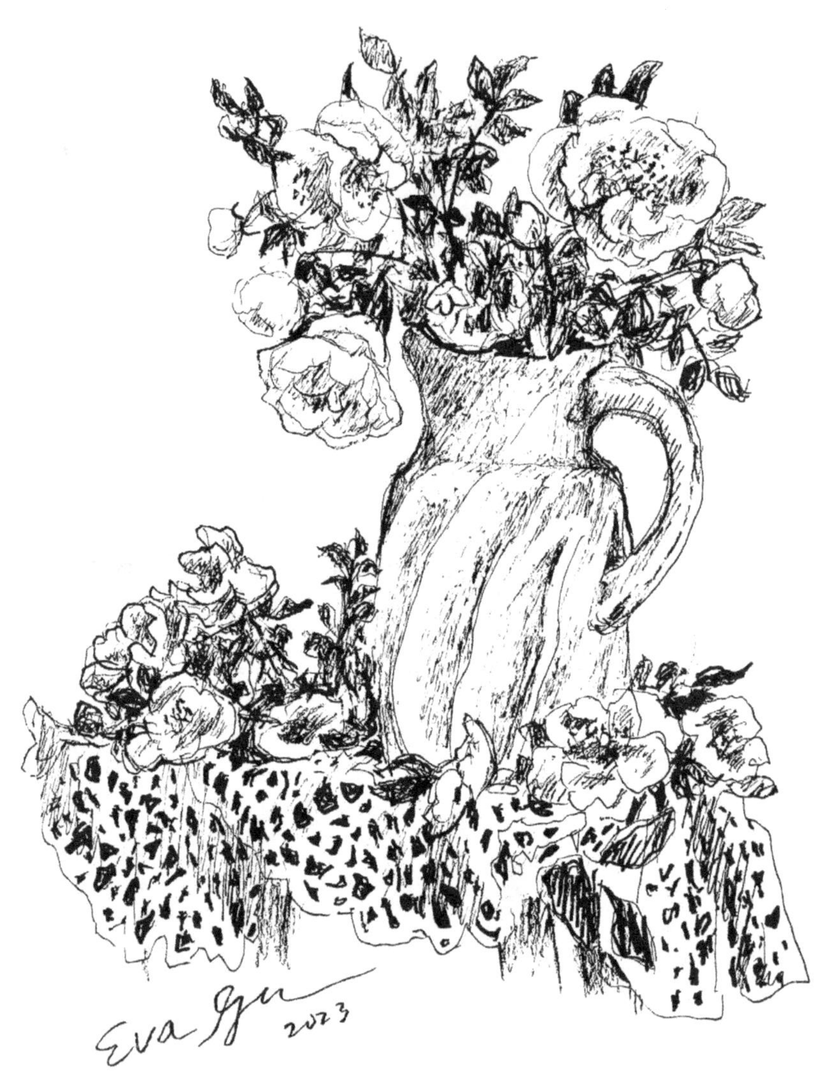

Eva Gyu
2023

083 朋友

無數風雲際會中
千百種相撞後
凝聚在自己的磁場中

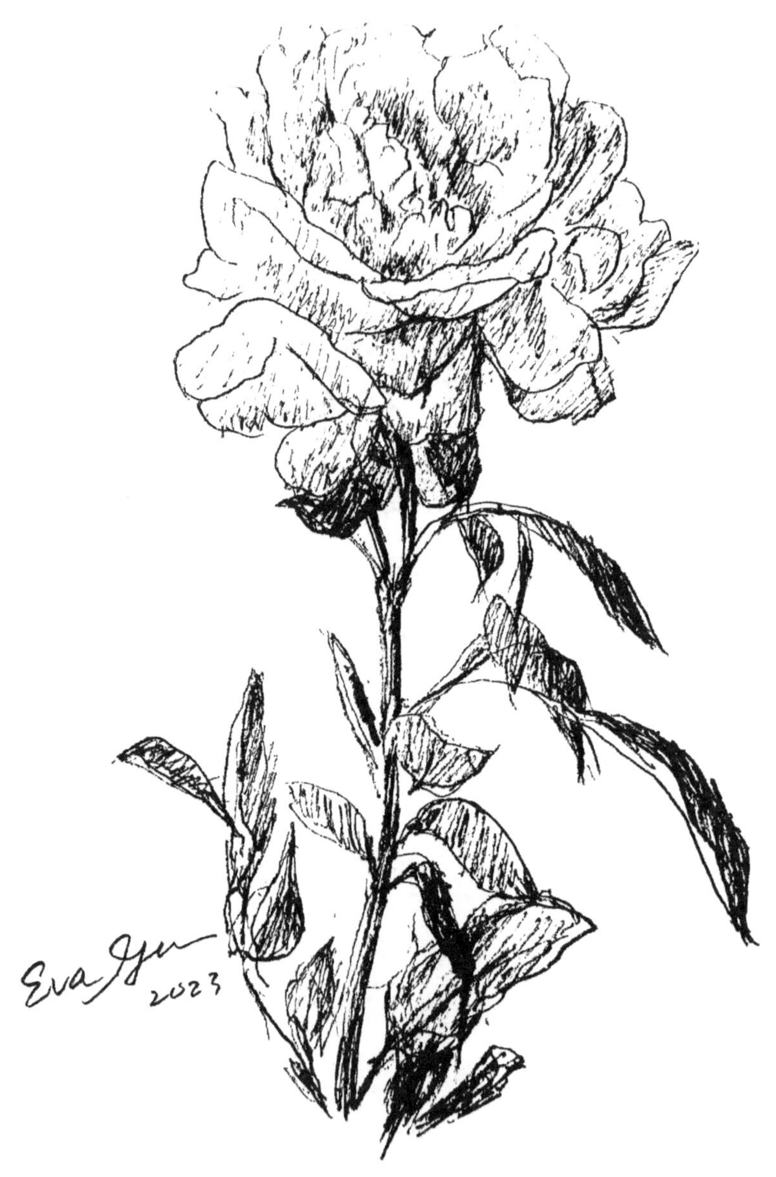

Eva Iyu
2023

084 策略

射出去
是筆直的箭
但弓是彎的

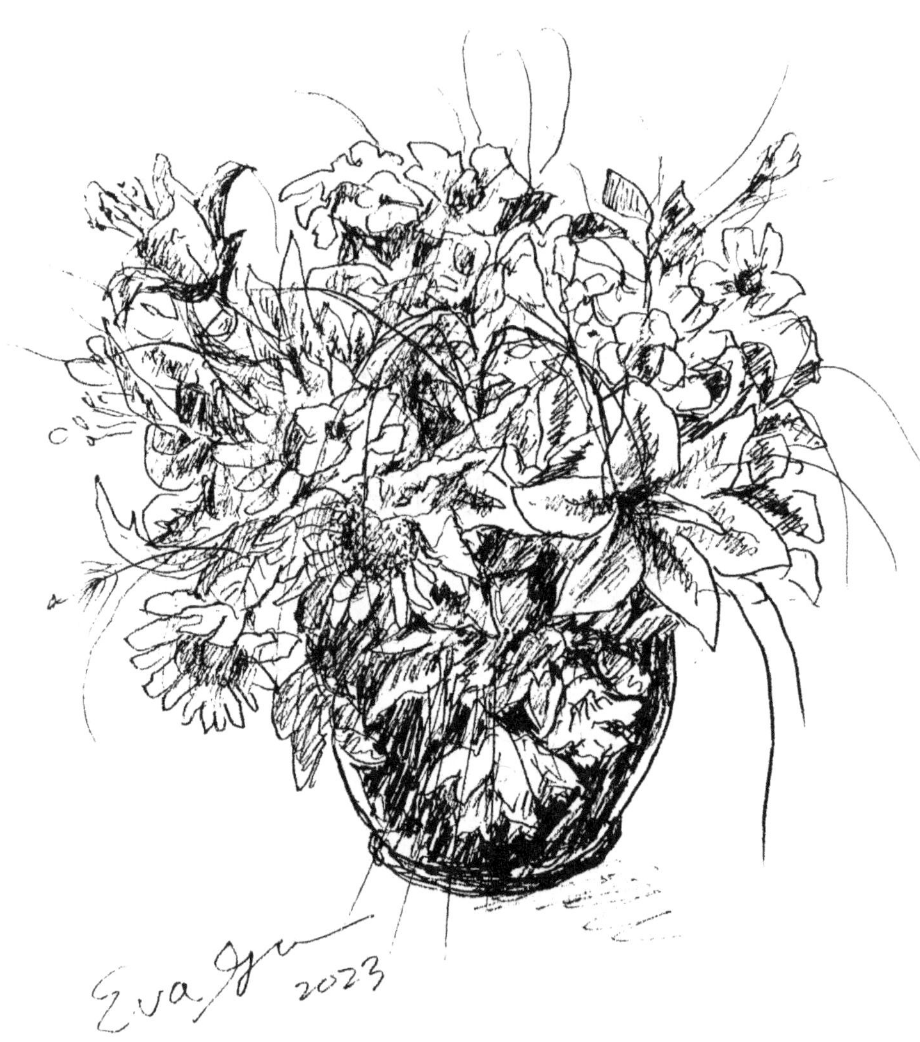

安

天下太平
只因為家裡坐着一個
好女人

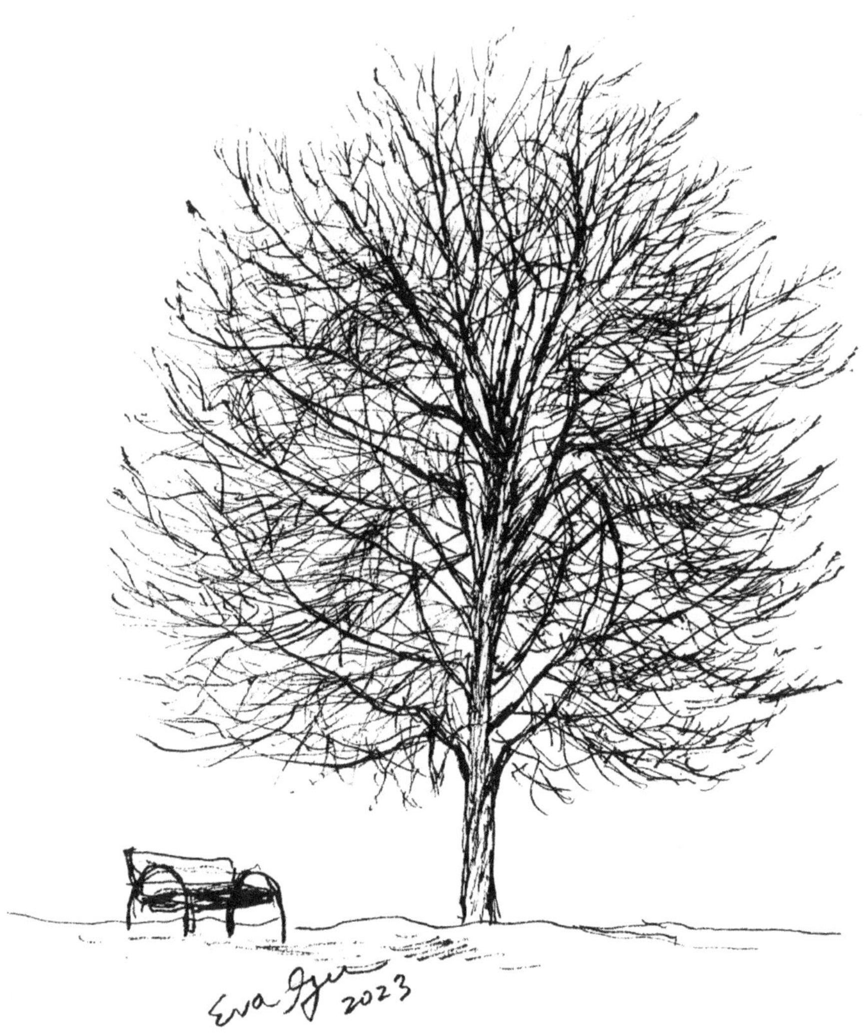

086 醒

經歷了黑暗渾沌
掙脫光怪陸離夢幻後
明察秋毫

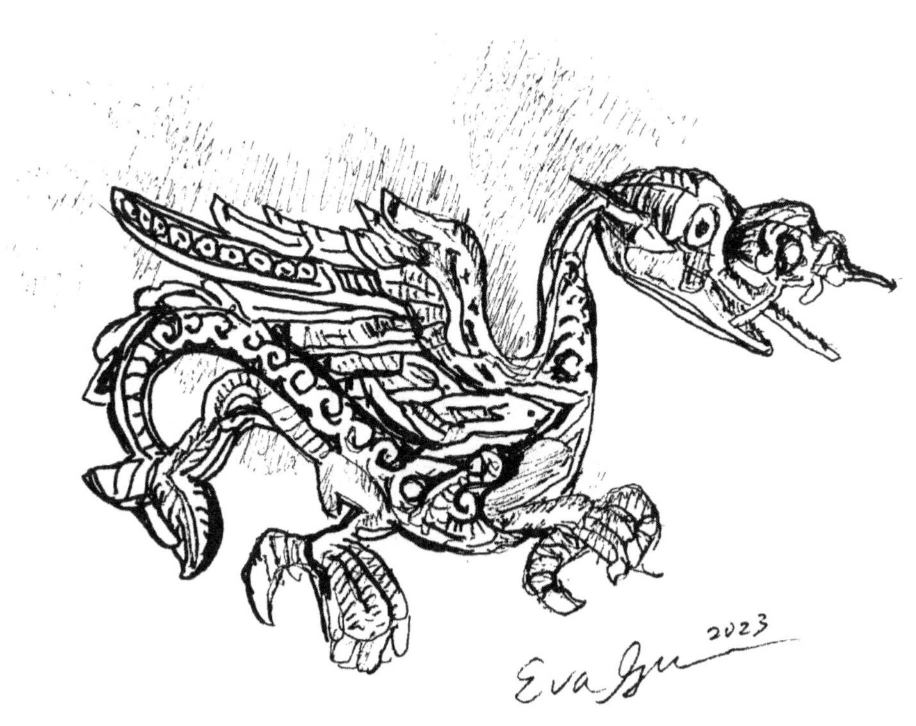

2023
Eva

預兆

預兆警示
或心裡的臆想
在另一個真實的世界裡

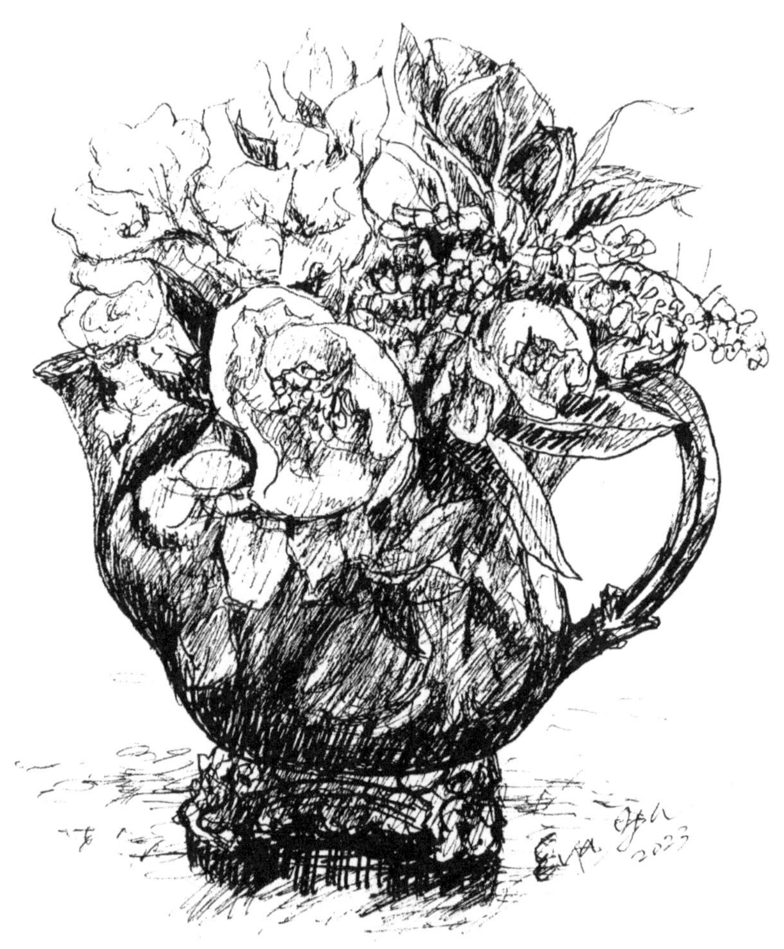

寫作

爬格子
世上最高的樓
永遠不會到頂

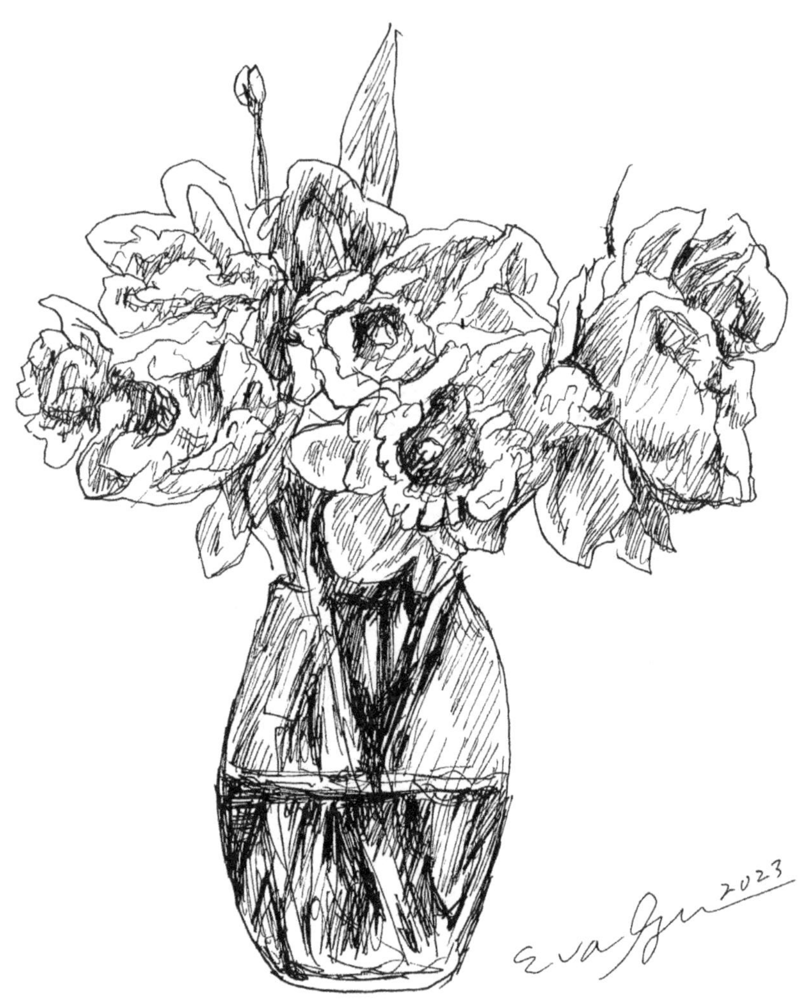

等待

一種公平交換
總有果實
就在前面的枝頭

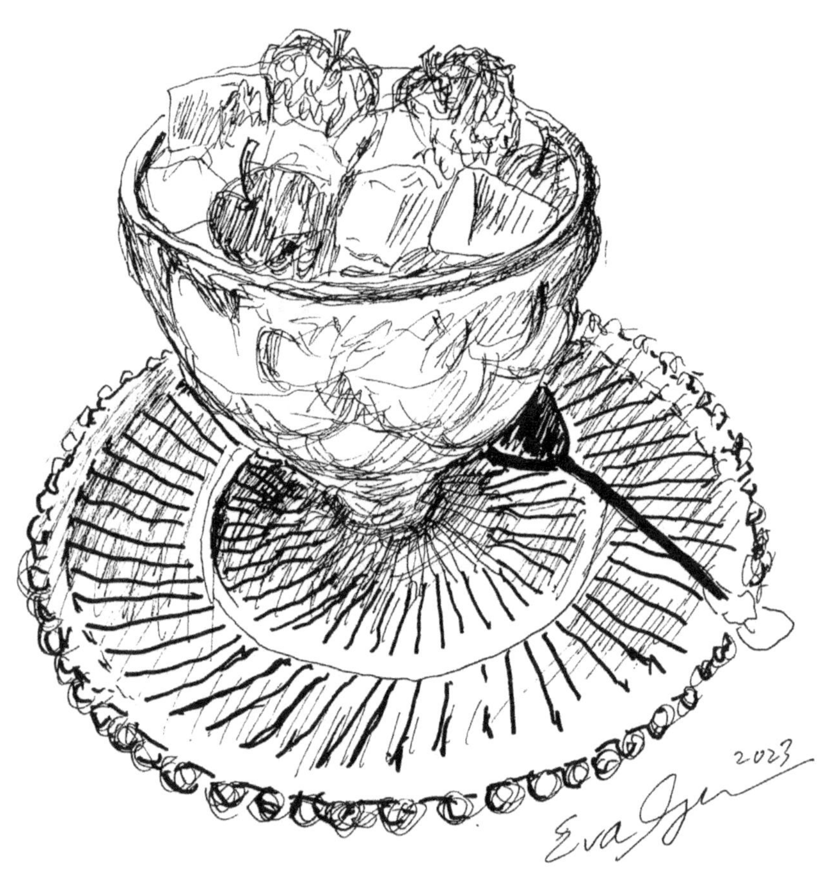

足球

既然世界充滿

掠奪格鬥

這是最精彩的短兵相接

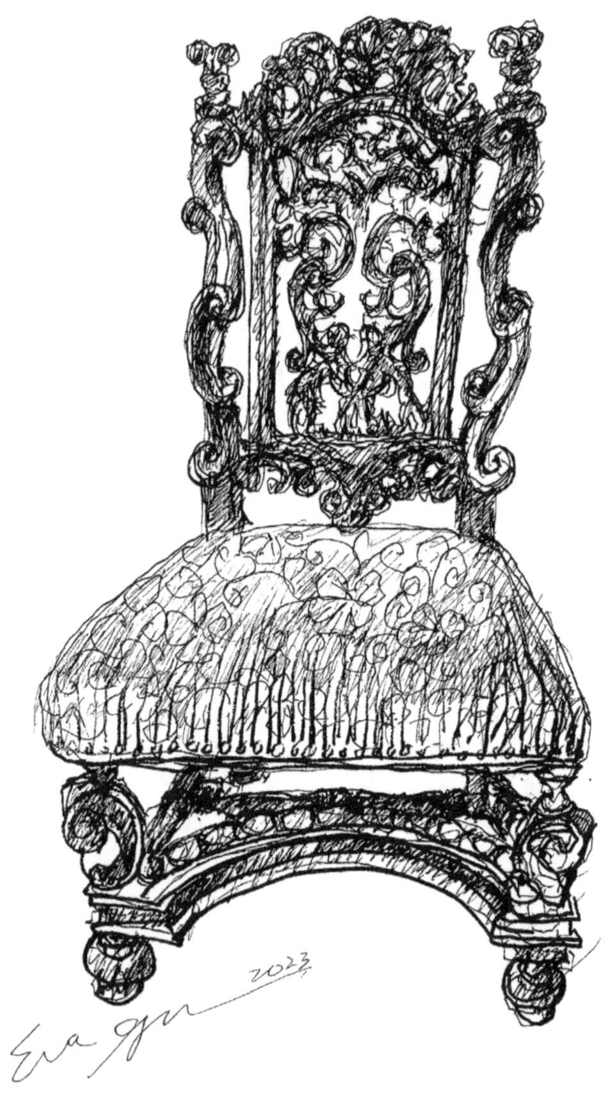

暴雨

天想哭了

可以如此

縱情

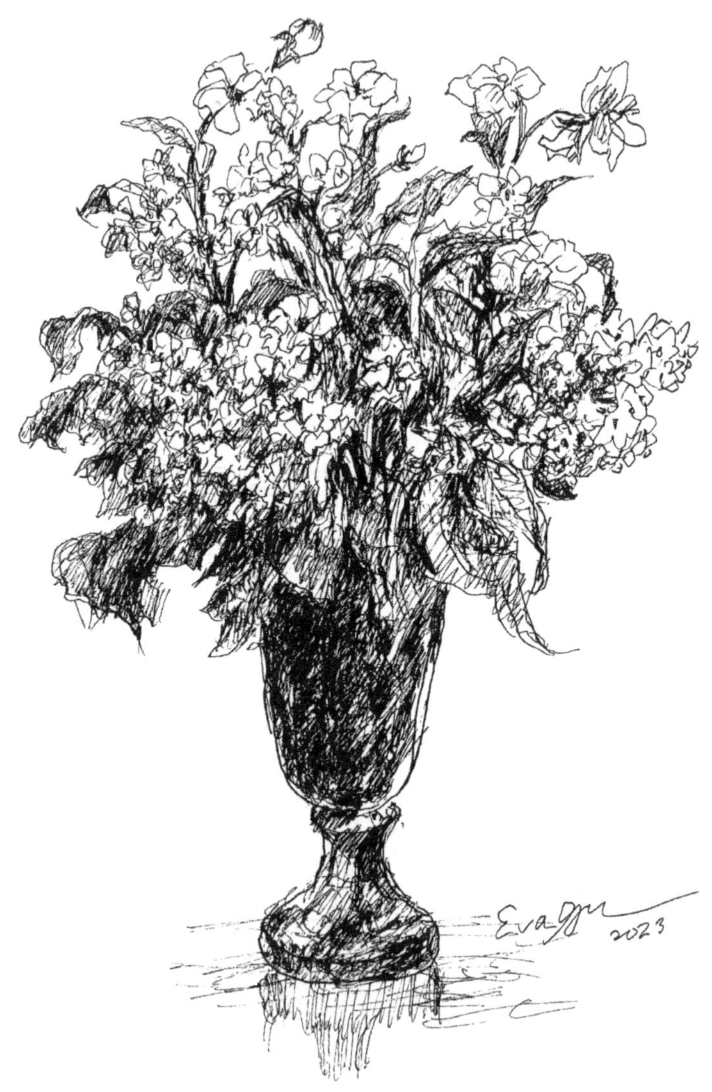

影子

何必鍥而不捨
永世追隨
那虛假的不離不棄

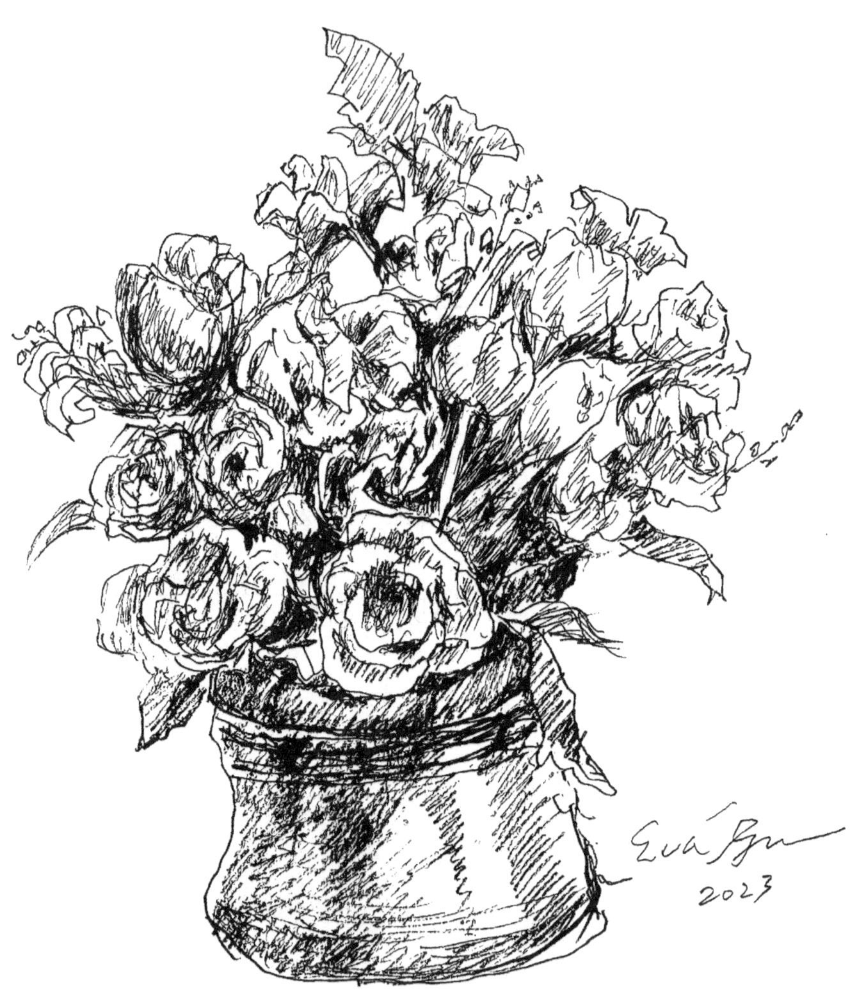

筆

它一路搖晃着向前
征服空靈的蒼生
滲透人的心靈

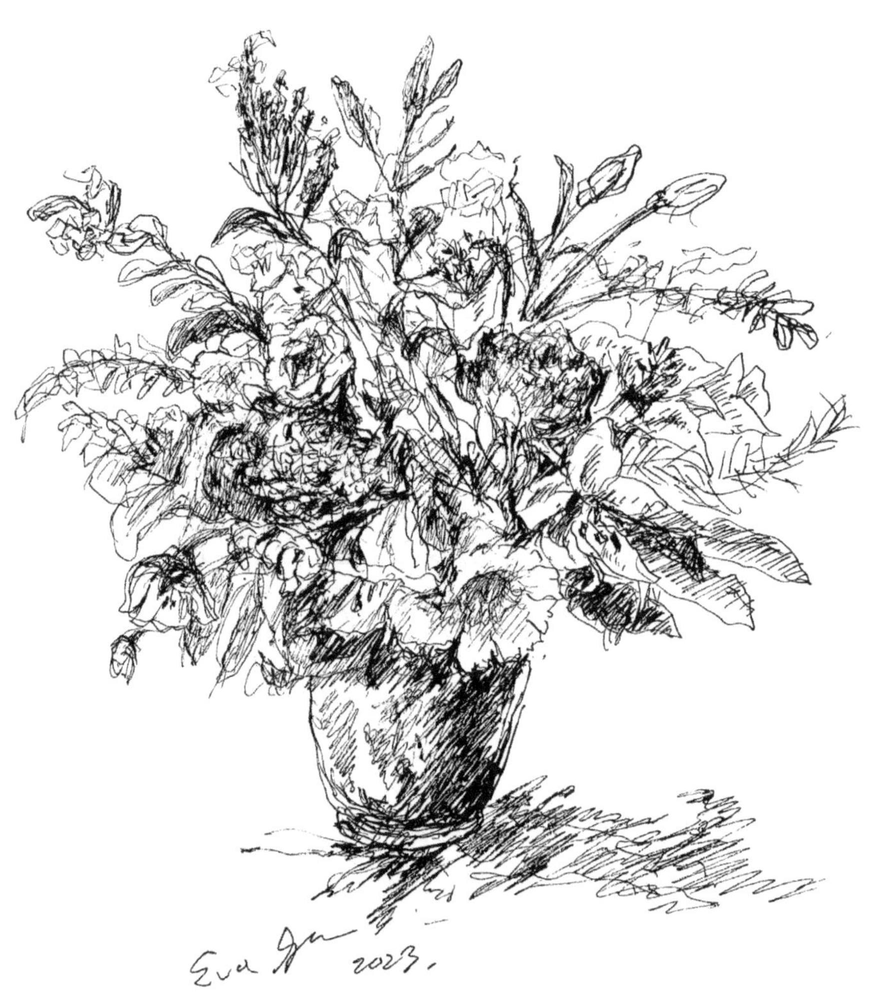

Eva J... 2023.

094　悔

清醒的代價
剩下狼藉後的
自責

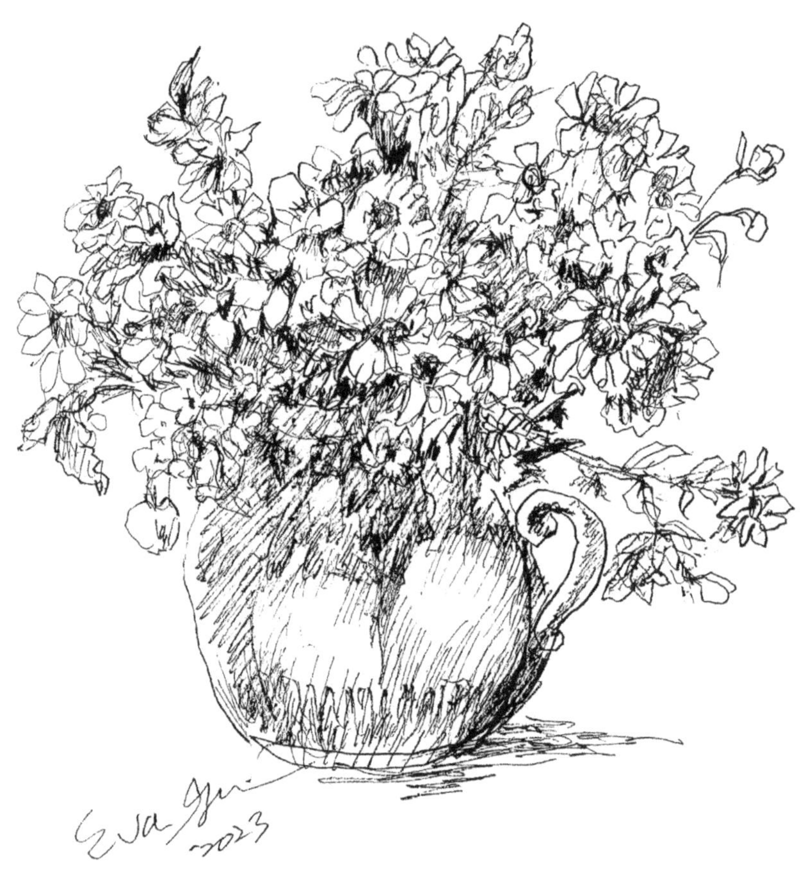

咳嗽

也是人間一種
海枯石爛的
不離不棄

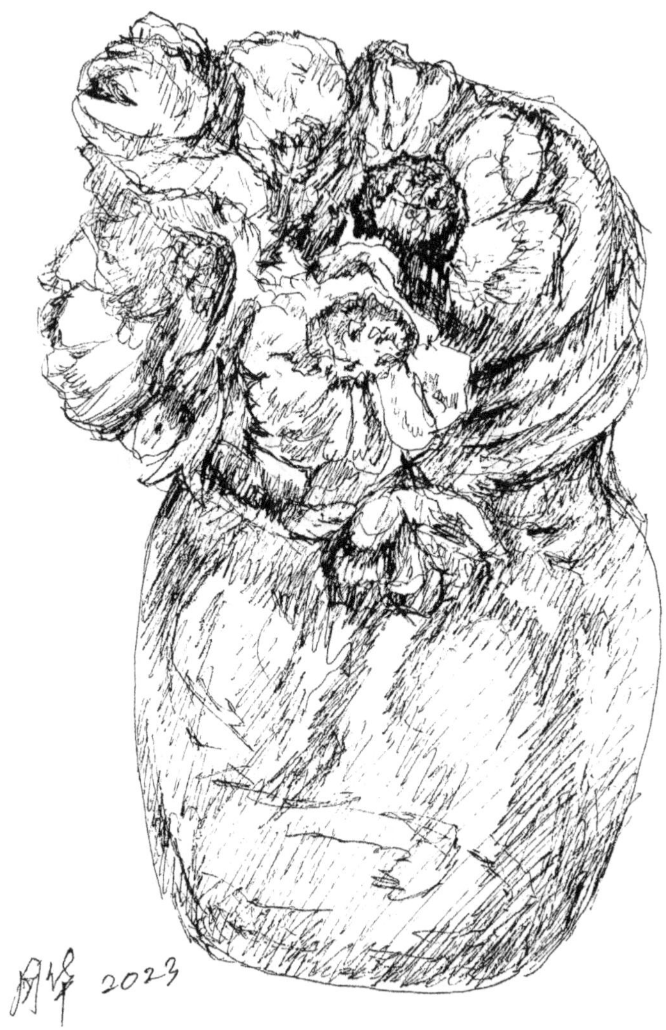

故鄉的雲

灰濛濛的臉色

被許多層面具覆蓋

剝出最純淨那片燦爛

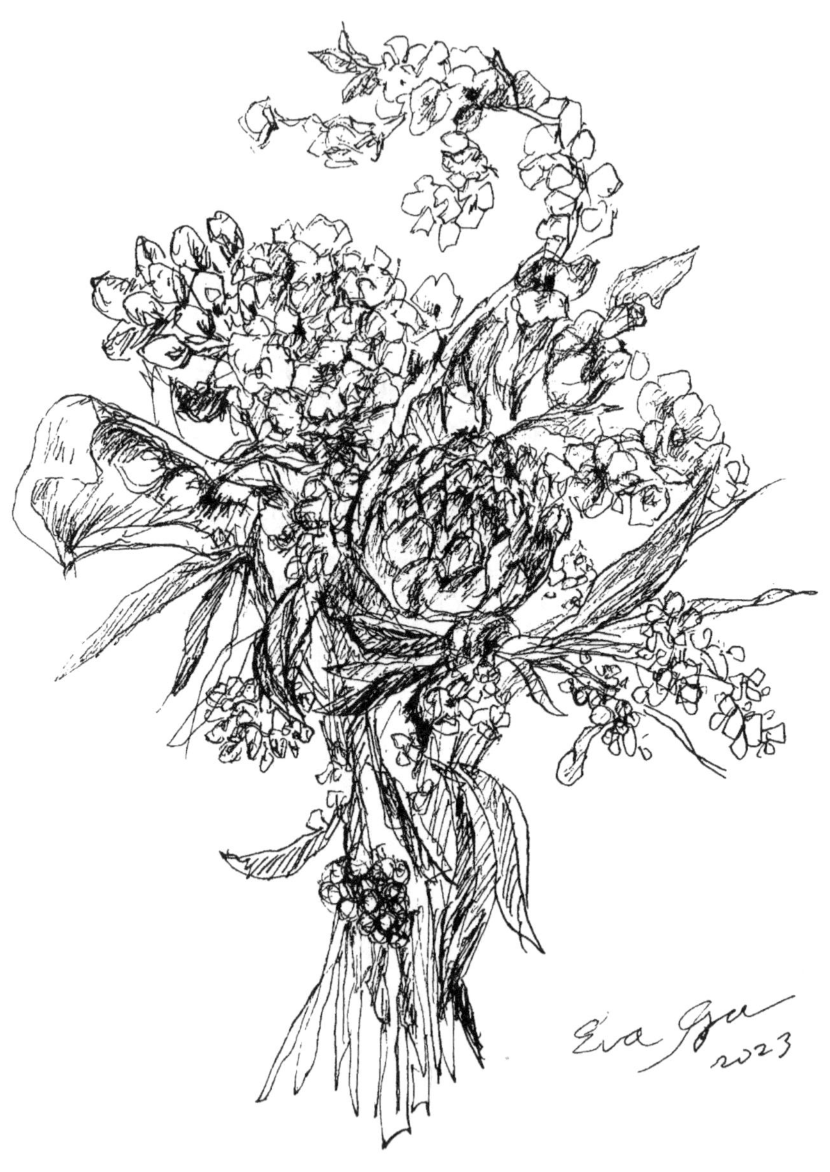

097 餞行

盛滿美味的盤盞

擺滿了桌子

盛不下我的沉默

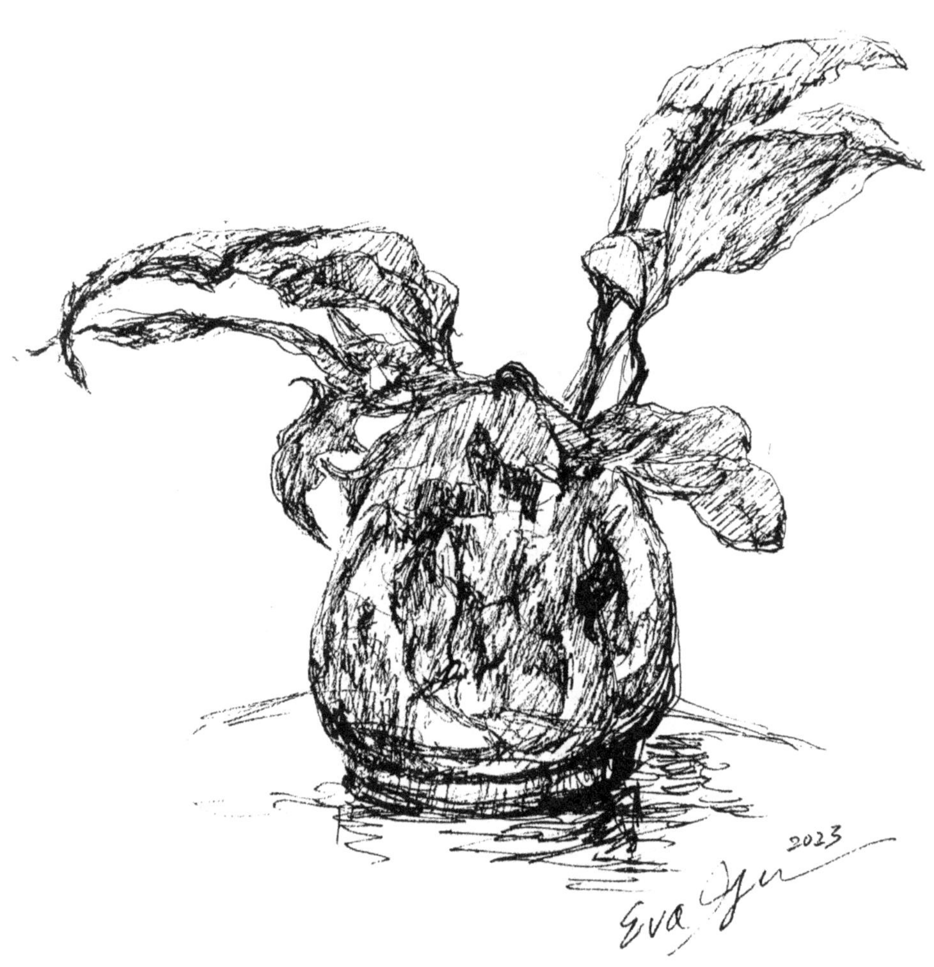

098 冰磚

如果是光明牌
許你滿嘴芬芳
半世的溫馨歲月

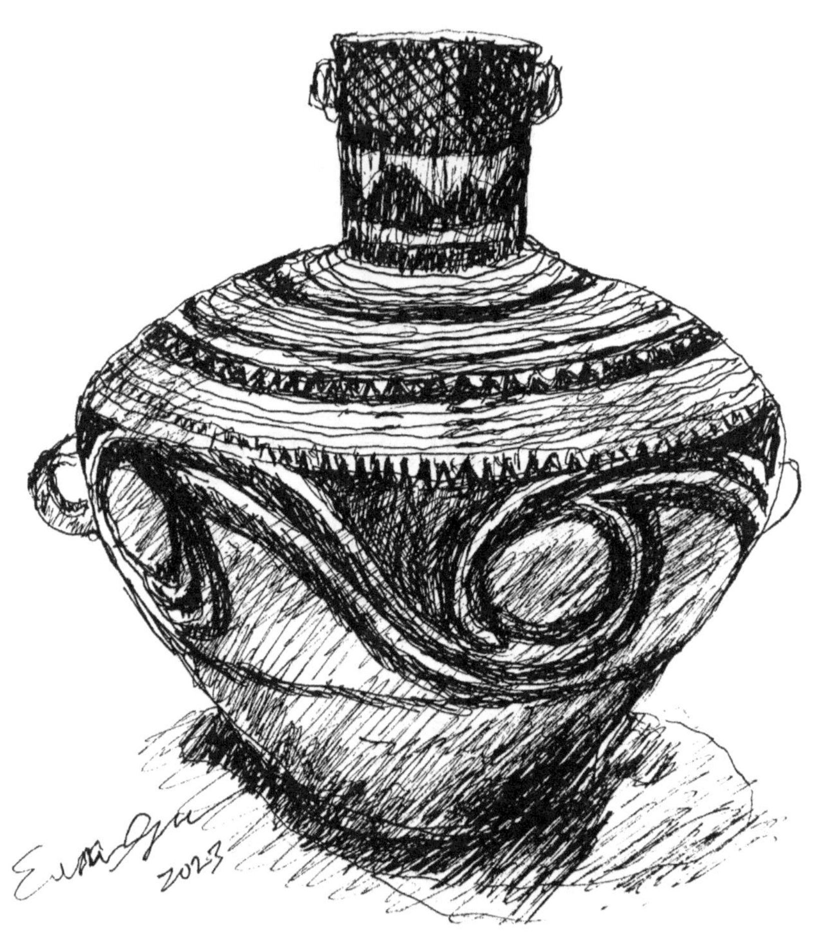

愿諒

放下，不追
把手裡的鞭子
換成一杯美酒

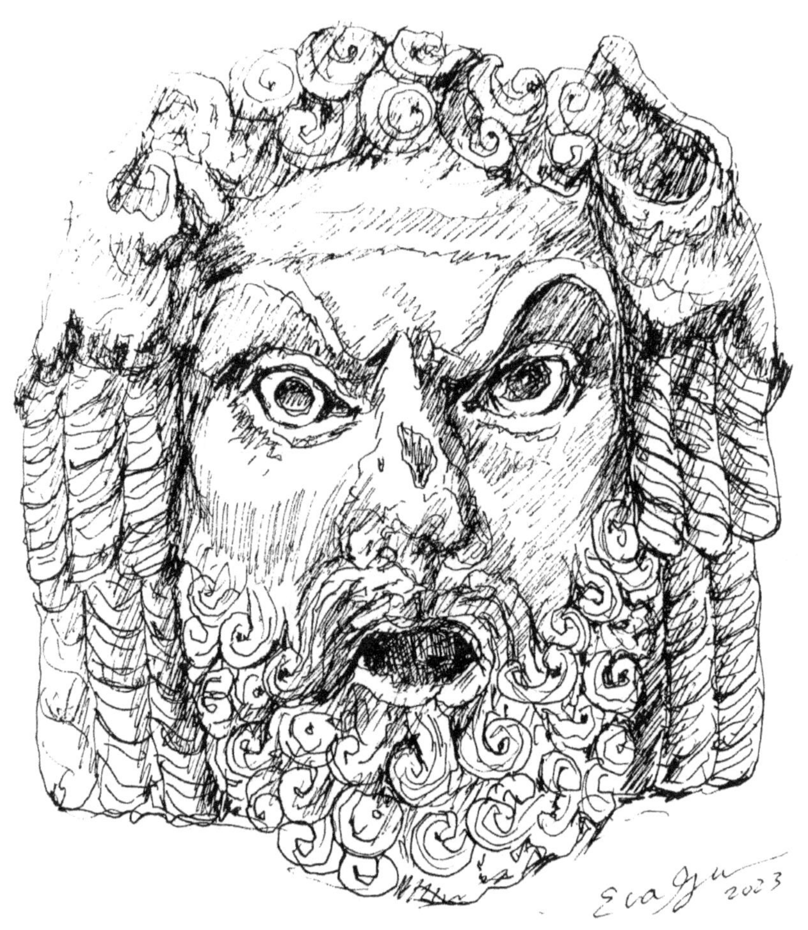

100 邂逅

如撞見了
格魯吉亞情人
穿插而過

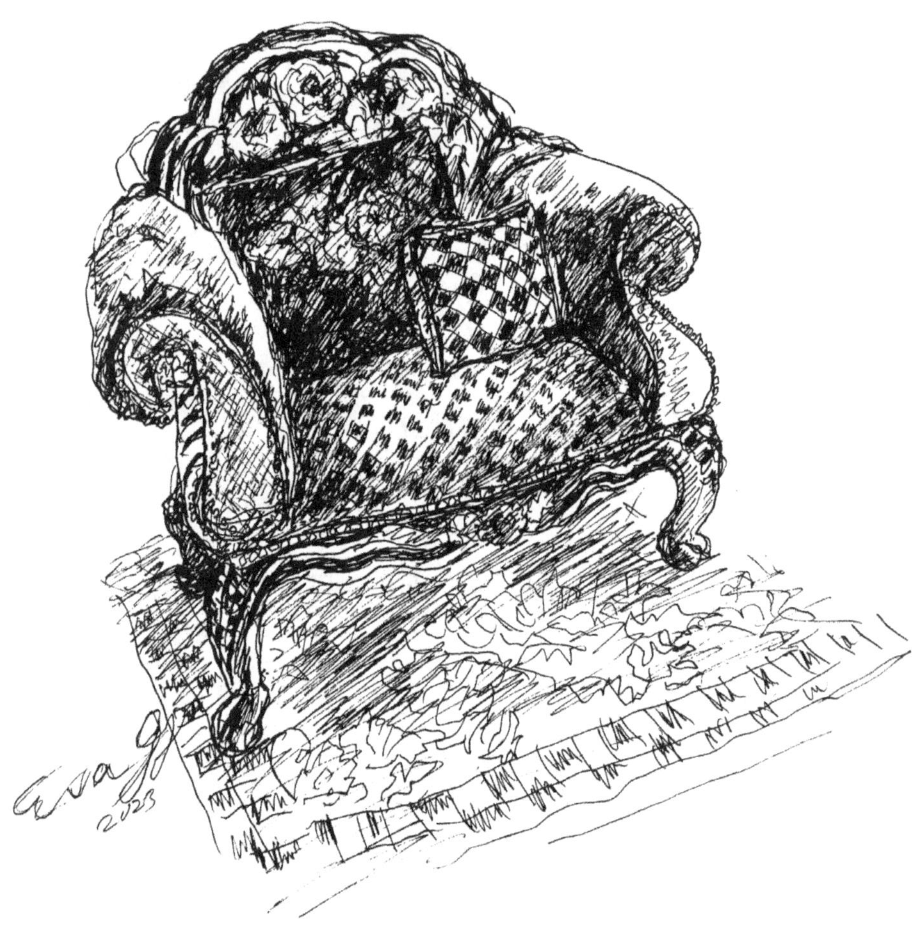

101 | 決裂

寸寸光陰
似箭
斷腸

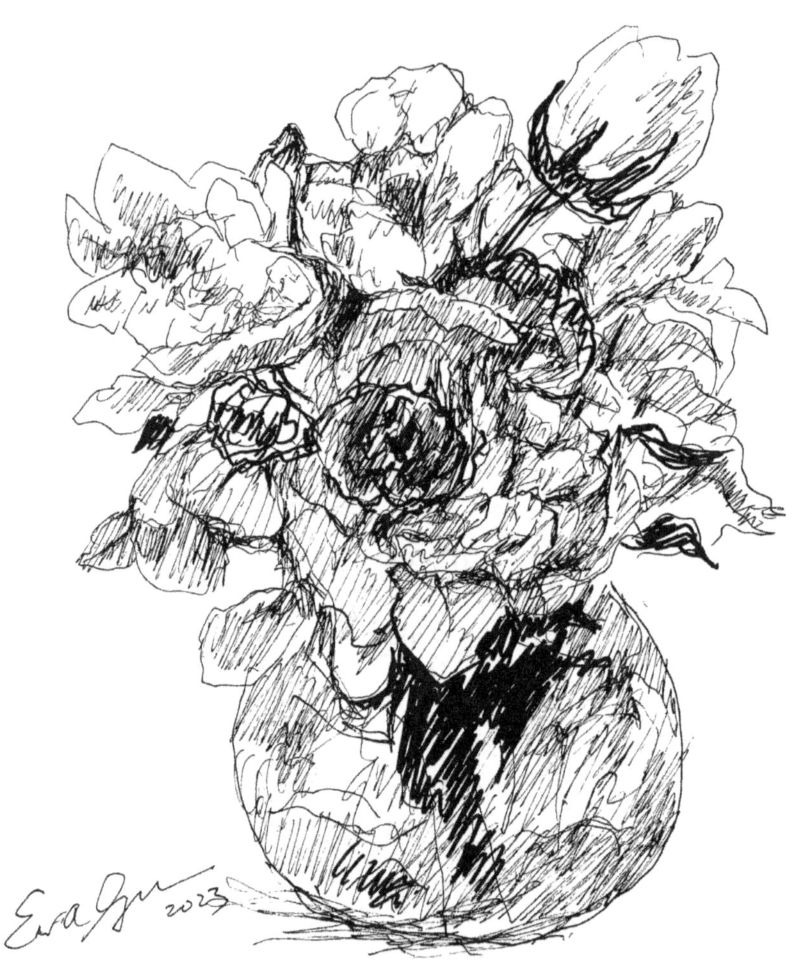

酒

促膝相聚

笑臉相對

酒杯相碰相傾

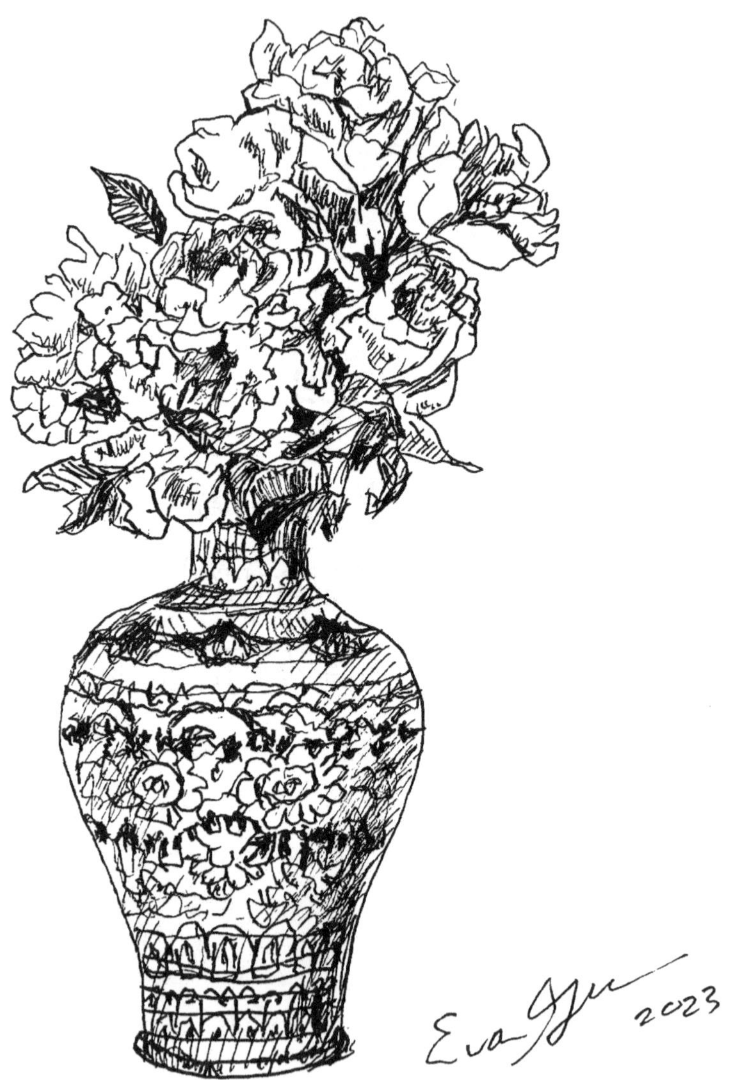

103 | 口紅

女為悅己

你們是

第一排衛士

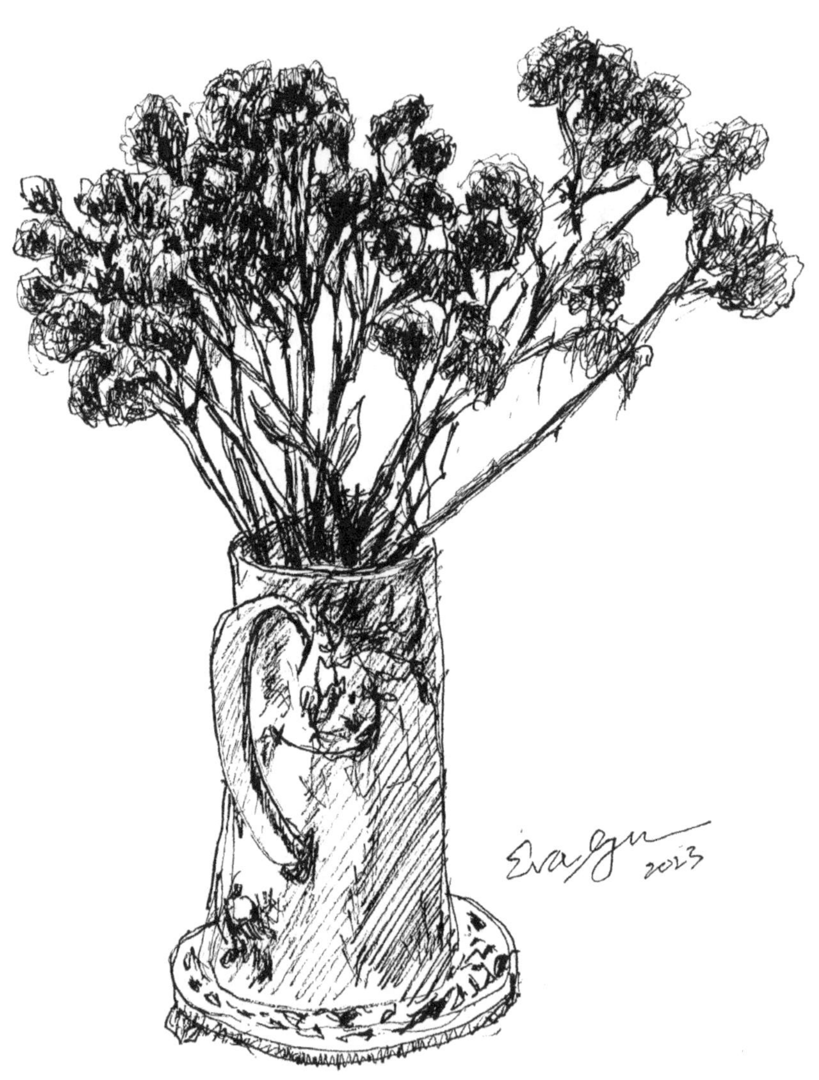

104 | 望鄉

帶着香奈兒 5 號的身體

從天而降

與故鄉賴床的靈魂會合

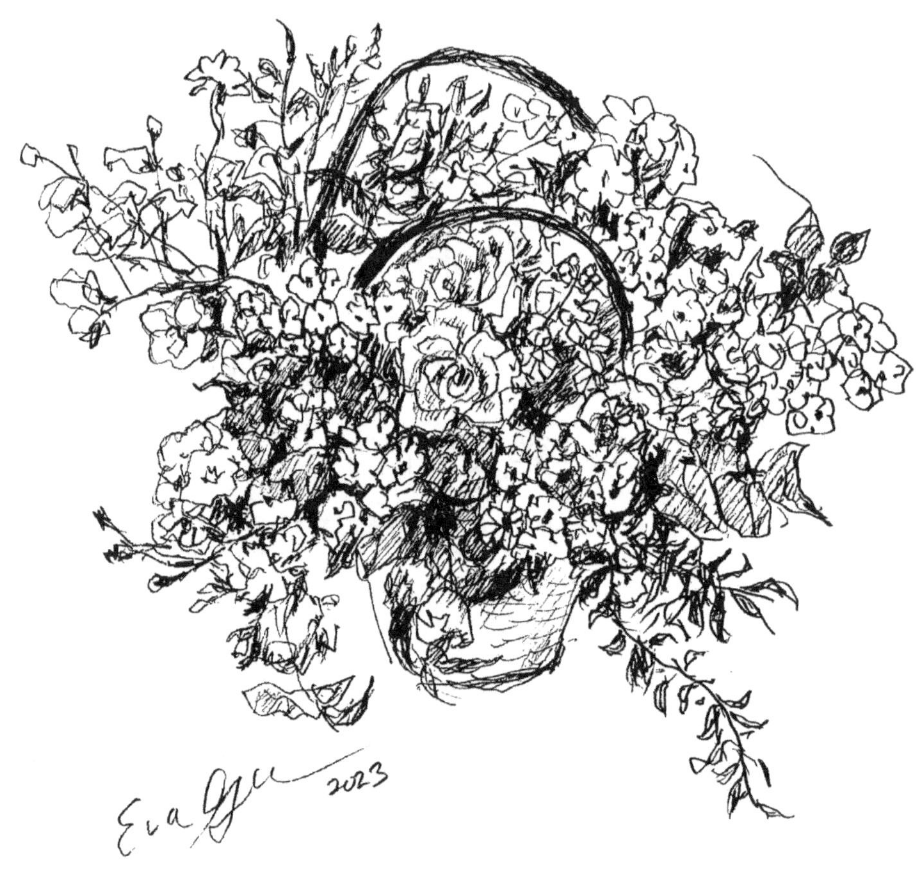

Eva G... 2023

105 | 無聊

浪費光陰中
最大的奢侈
用生命的代價廢置

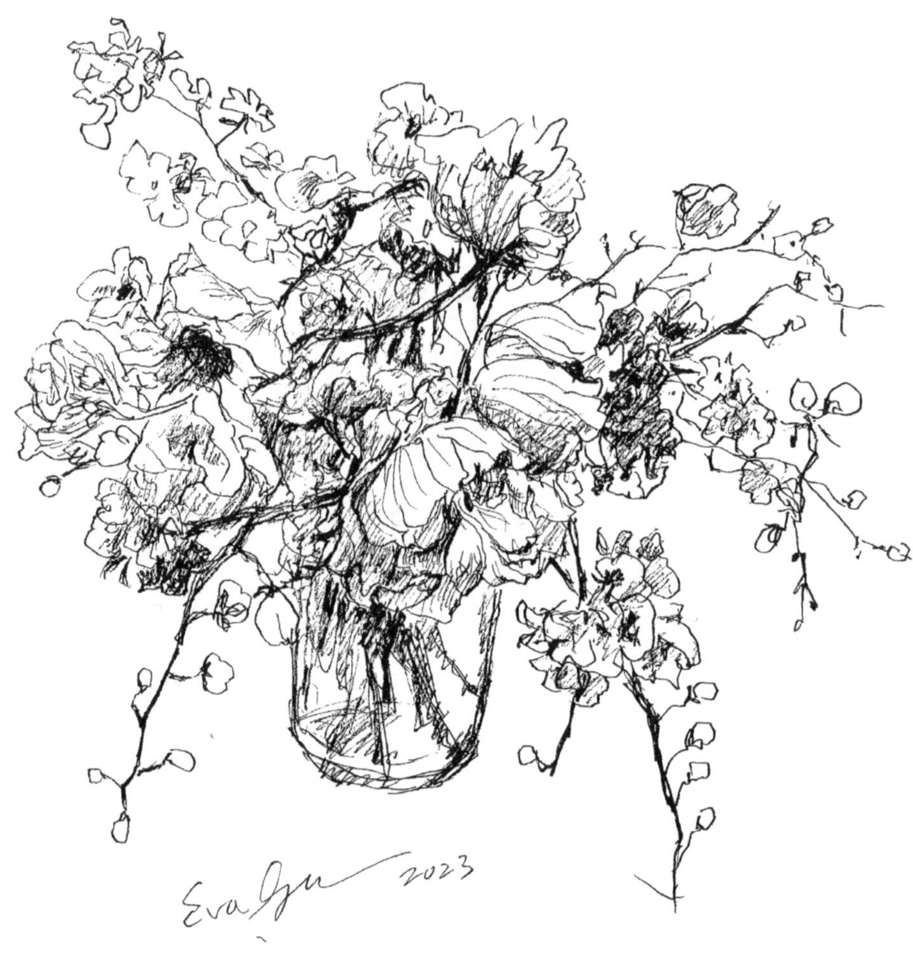

106 絲巾

我用三環金扣將你鎖住
你是我永世情人
擁吻我的脖頸

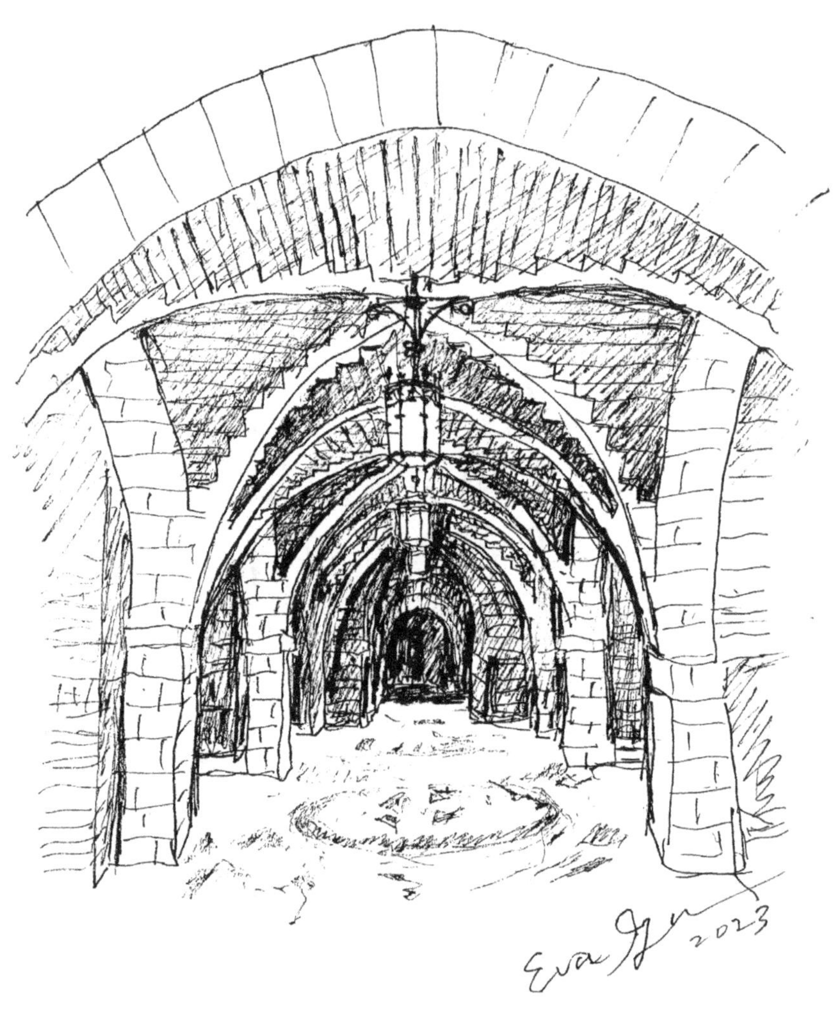

107 書桌

安放身心

坐擁天下

一個人的宇宙

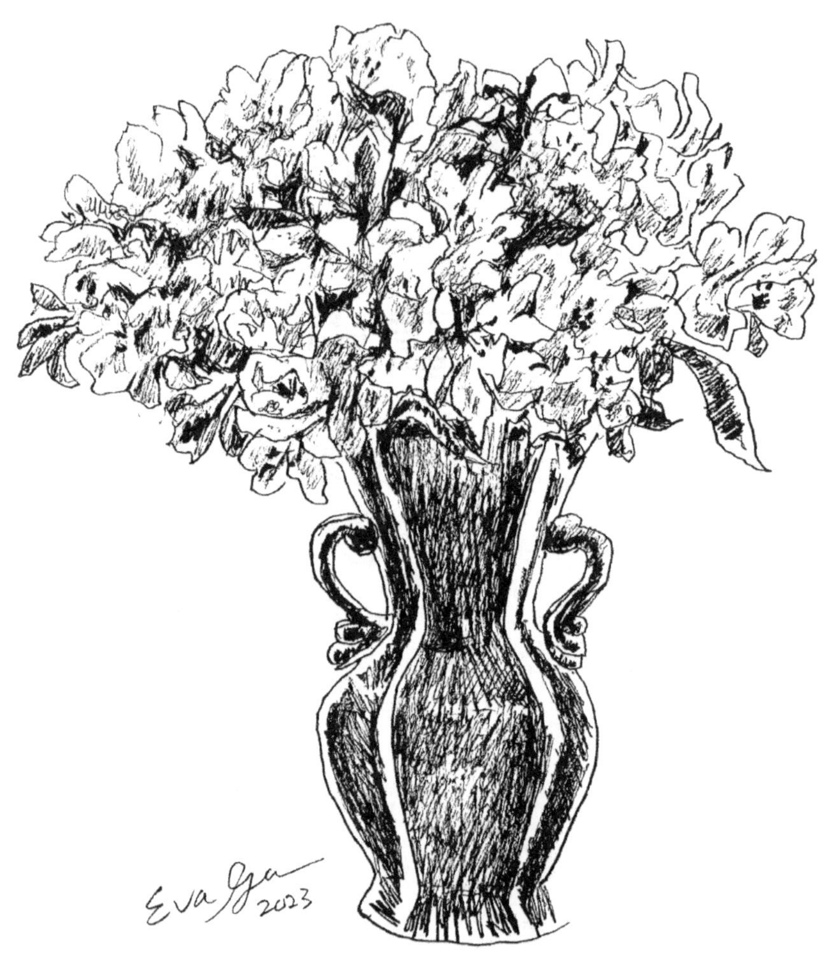

默契

注視着那一方空間

在空白中

都讀懂了彼此

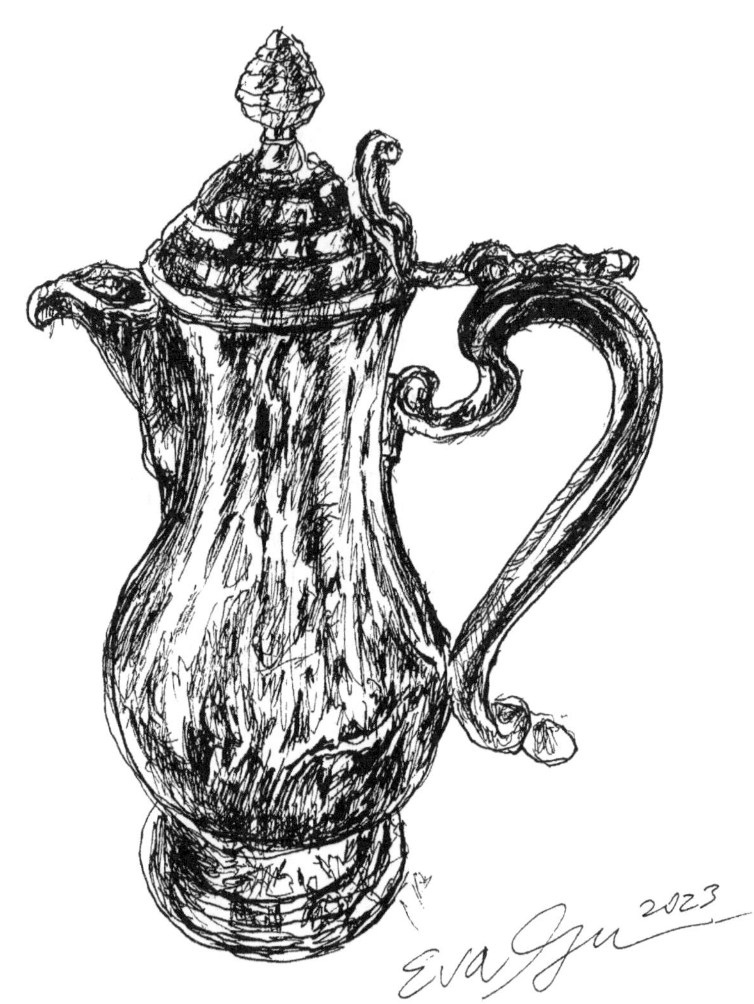

109 甜點

沒有藥可以治
唯有一道哄人的甜蜜
沖談人生的苦澀

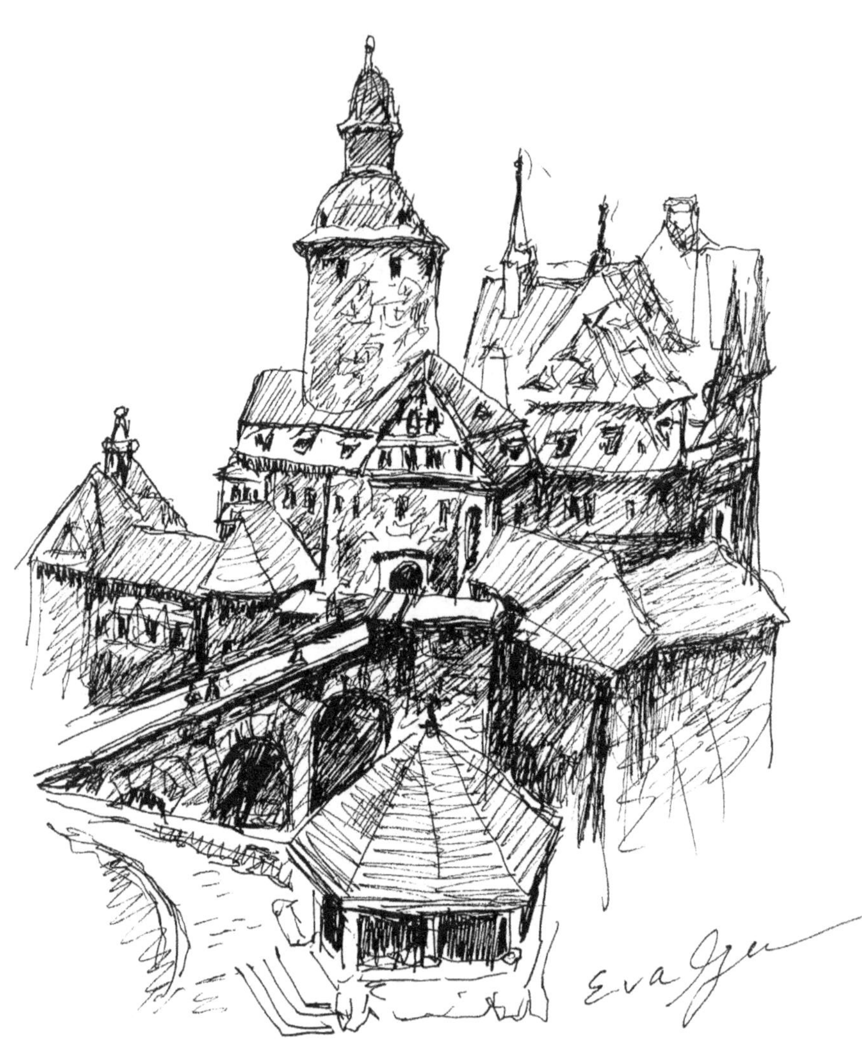

110 手鐲

那一抹濃淡相宜的綠

綠得

醉在女人的手腕

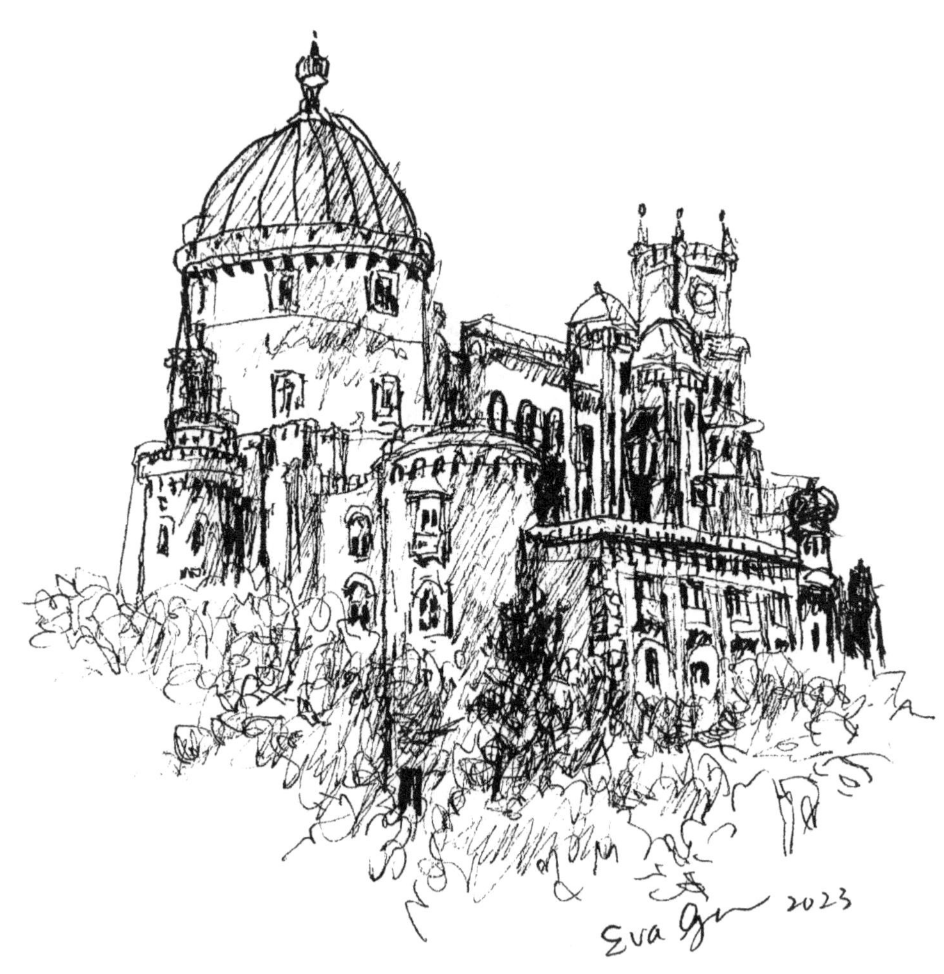
Eva G— 2023

111 櫥窗

它們無聲地吶喊
用七色變成音符
令你駐足

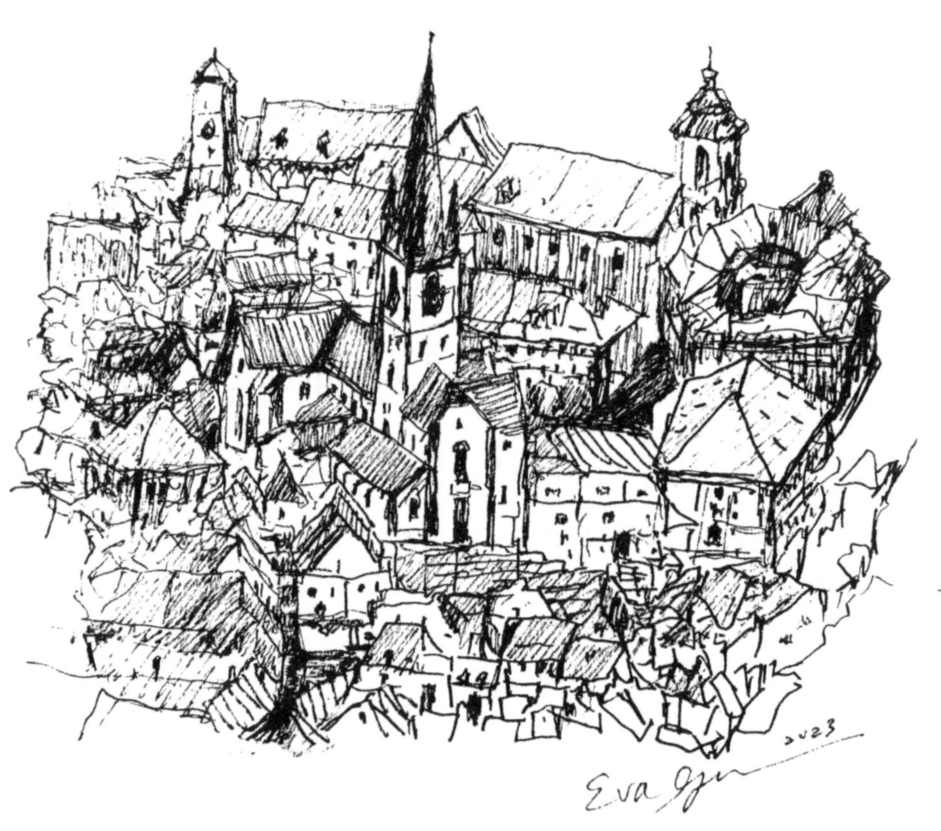

微信

天羅地網

一網打盡

芸芸眾生

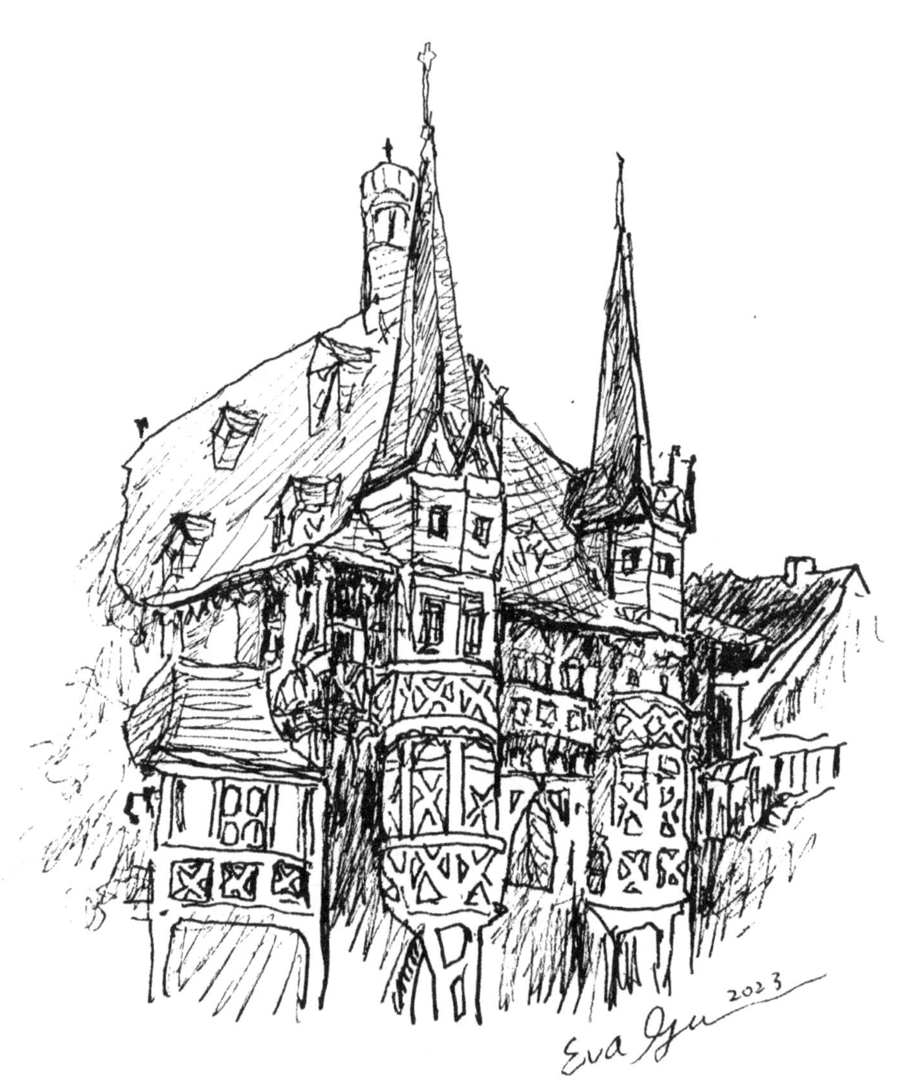

113 逛街

且行且看

予需予取

如女王巡行

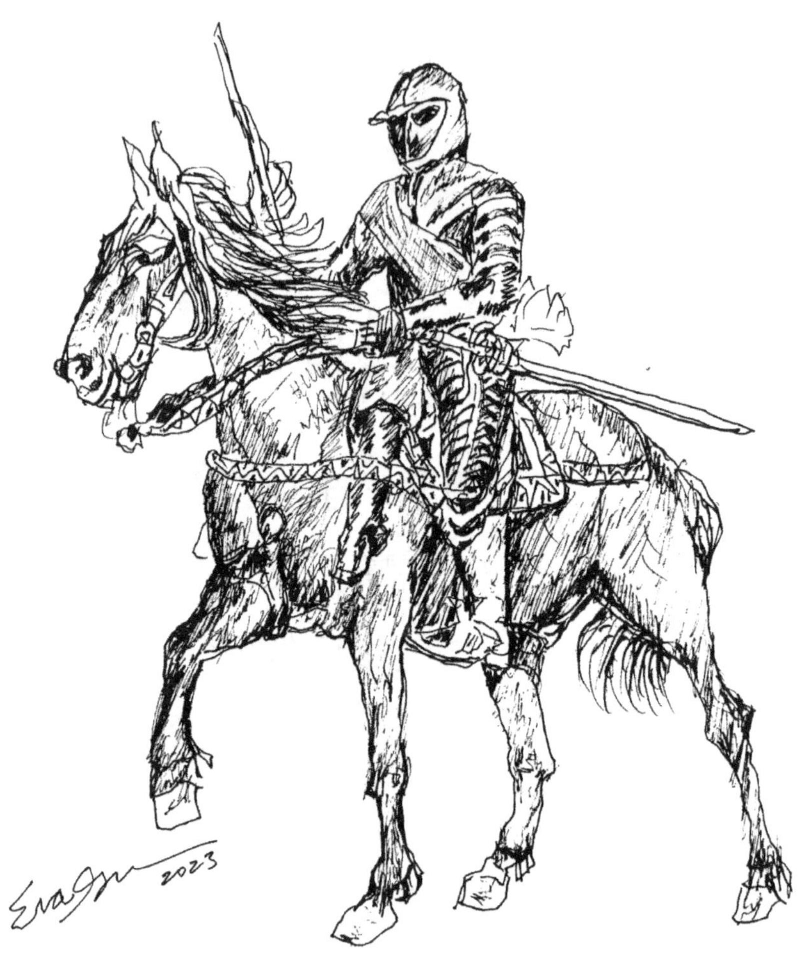

114 無言

知

矢口

無言

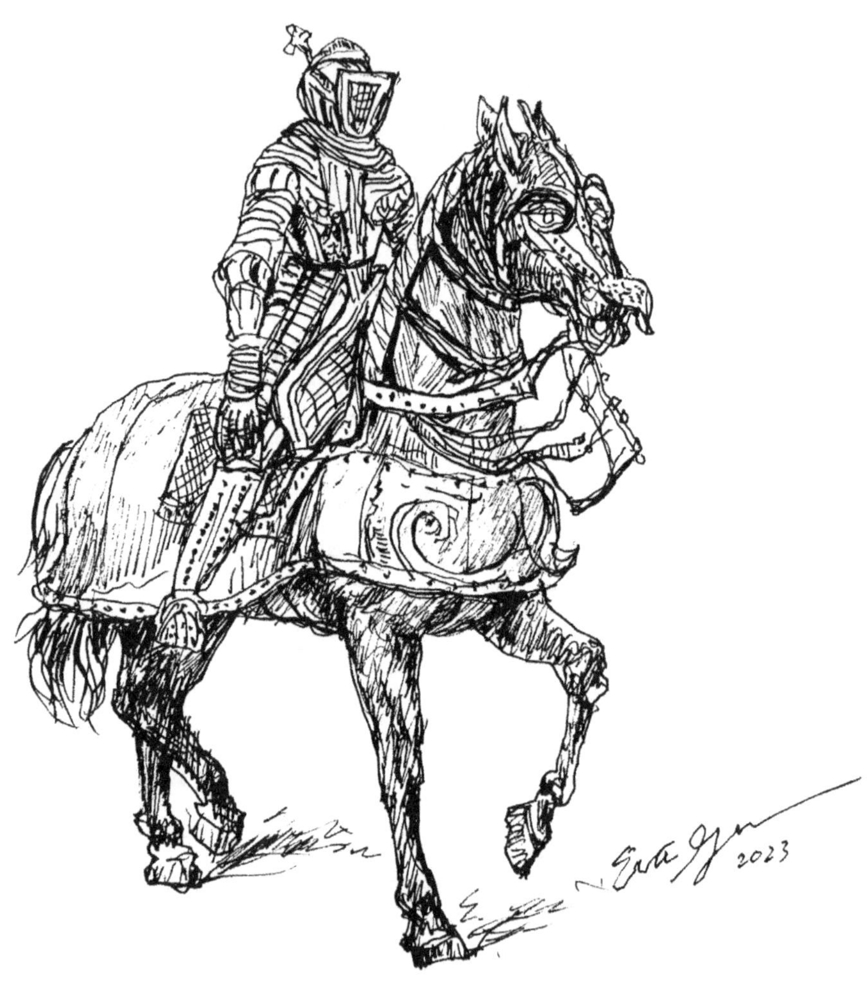

115 初戀

成熟前的心
吹一隻七彩肥皂泡
飛入夢中

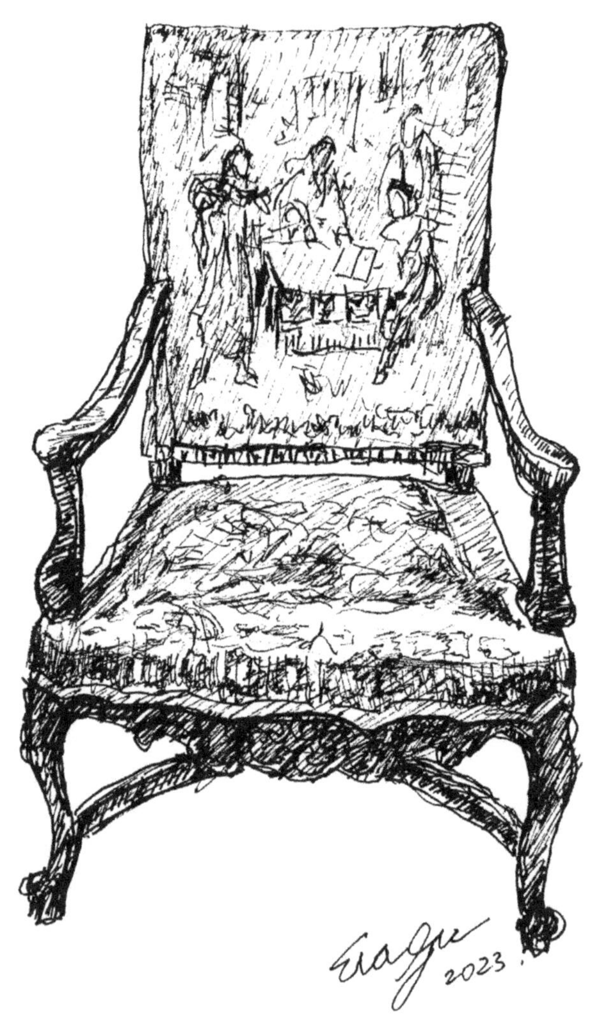

116　家

其實是一個氣場
與厚實的牆無關
與愛的堅實度有關

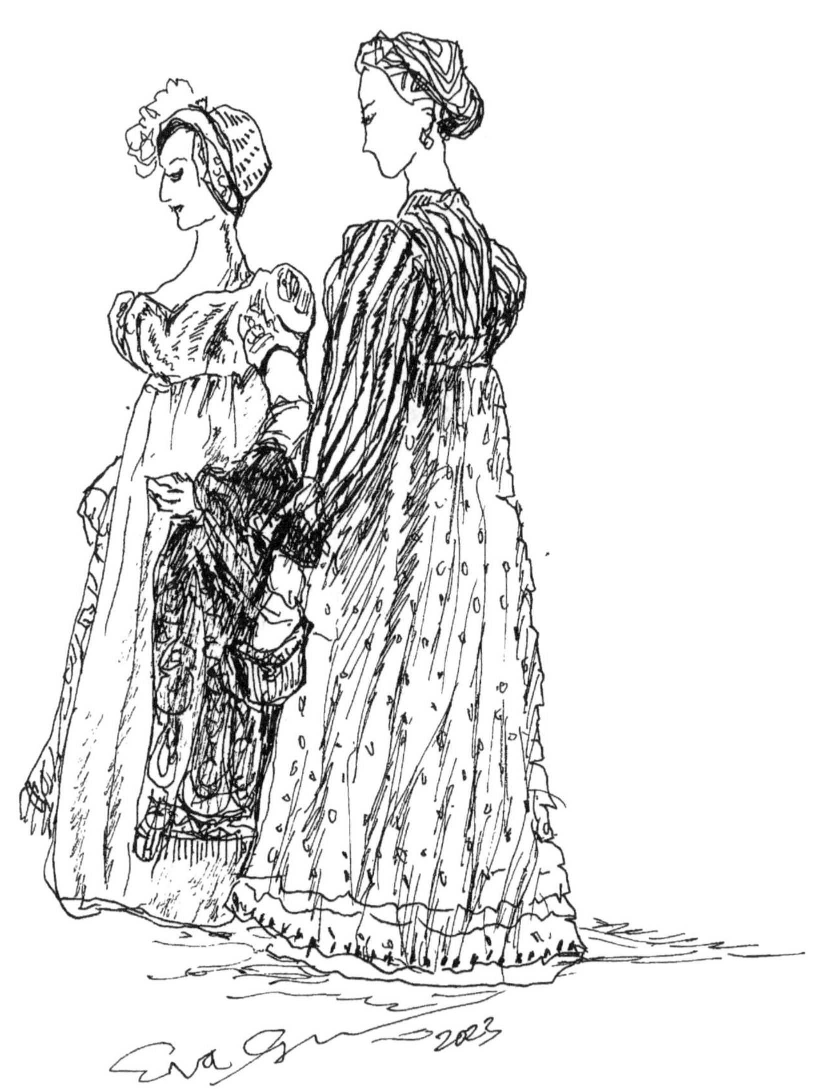

117 | 愛情

真實純潔樸素的心

沒有鮮花的滋潤

最終石化成鑽石

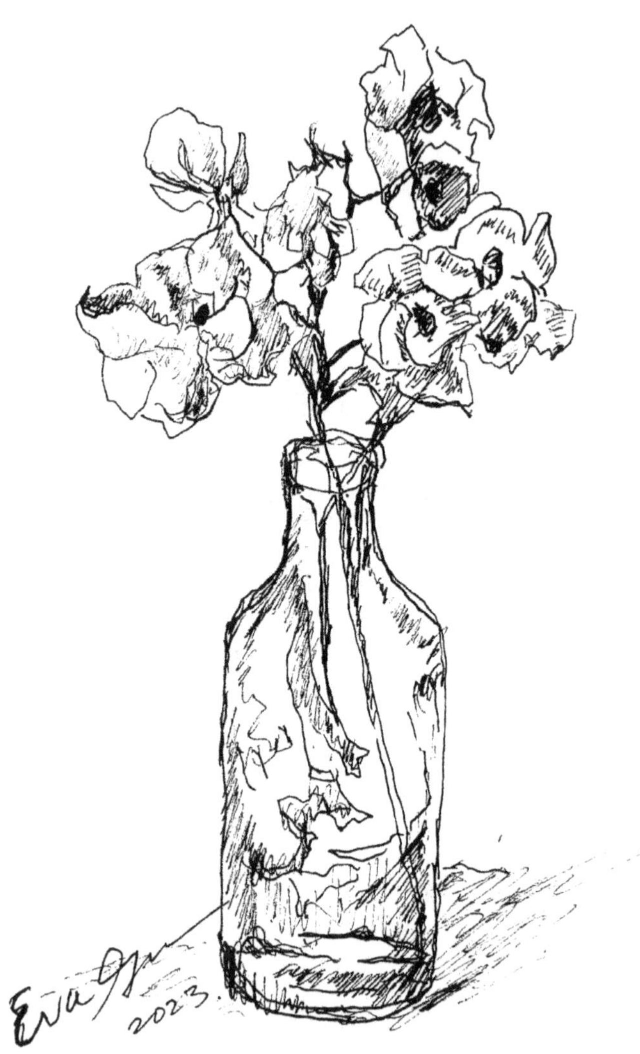

Eva
2023.

118 | # 婚姻

滿世界張開天羅地網
貪婪的手只能抓到
世上最易碎的一紙契約

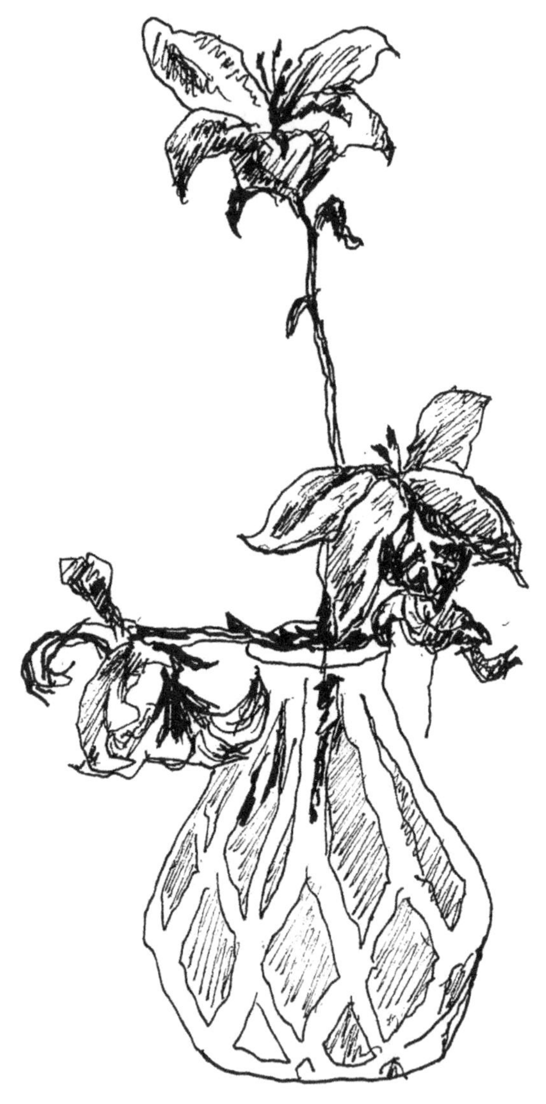

119 | 土豪

奢侈地炫耀出

一千種粗俗

與高貴絕緣

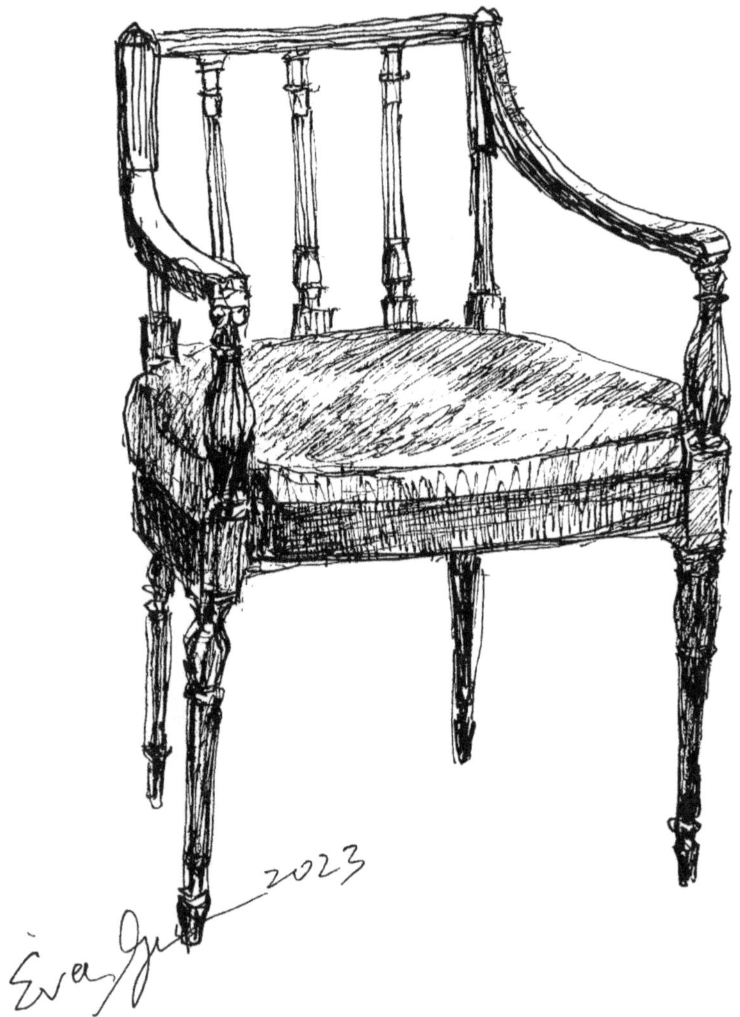

天使

解除別人的痛苦
用自己靈魂的血肉
贖他人之罪

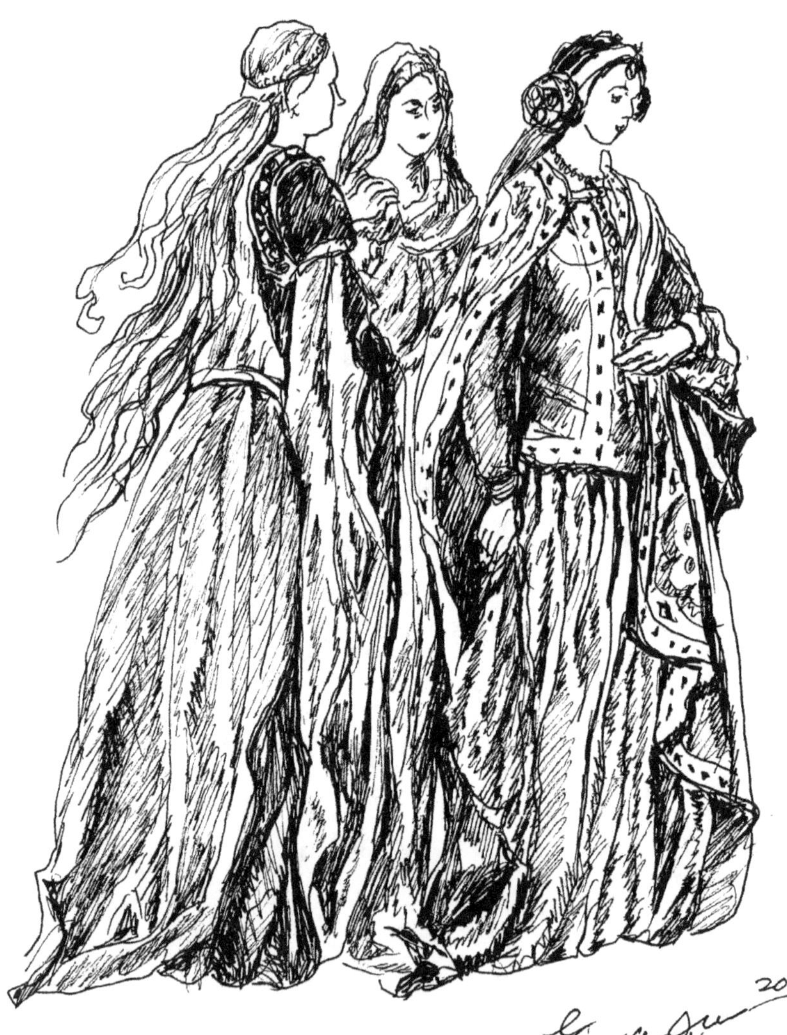

121 閑坐

且掩了書卷

凝息靜聽北昆鏗鏘

王昭君一陣陣輕把淚彈

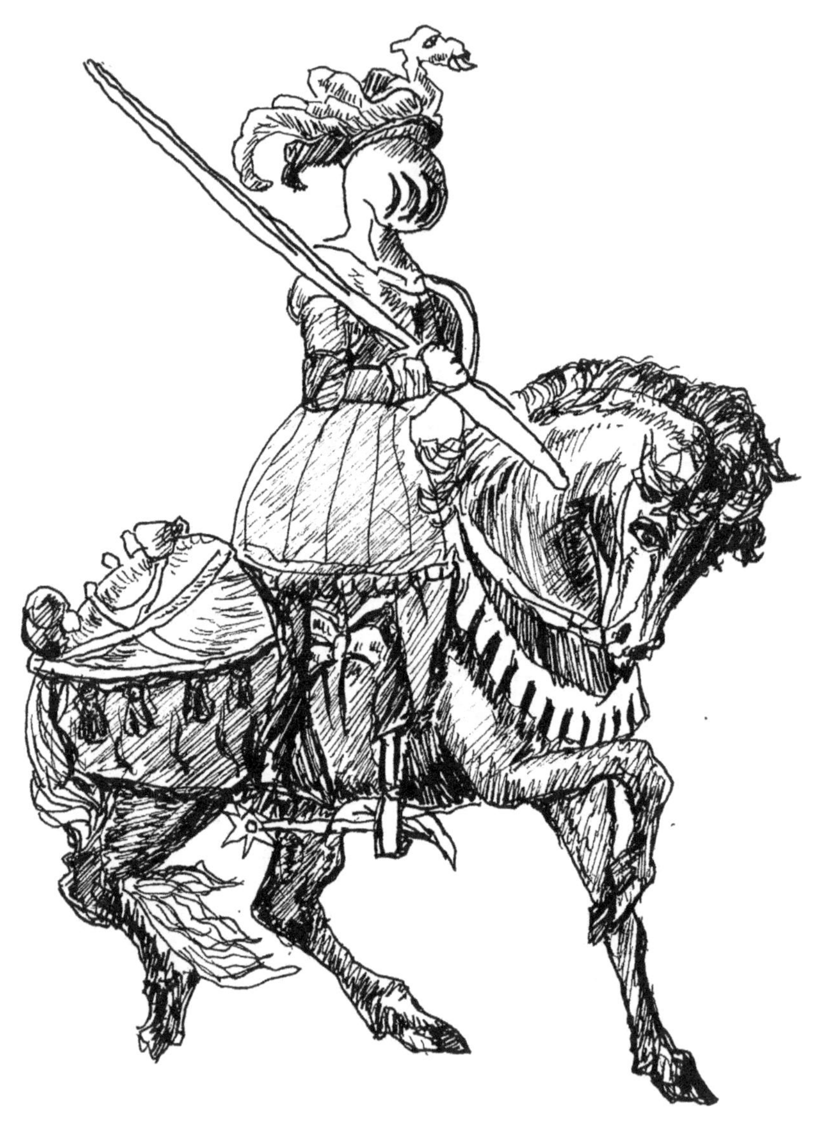

122 電視劇

把民族的醜惡殺戮

世代的人性邪毒

慢慢地給後人細說端詳

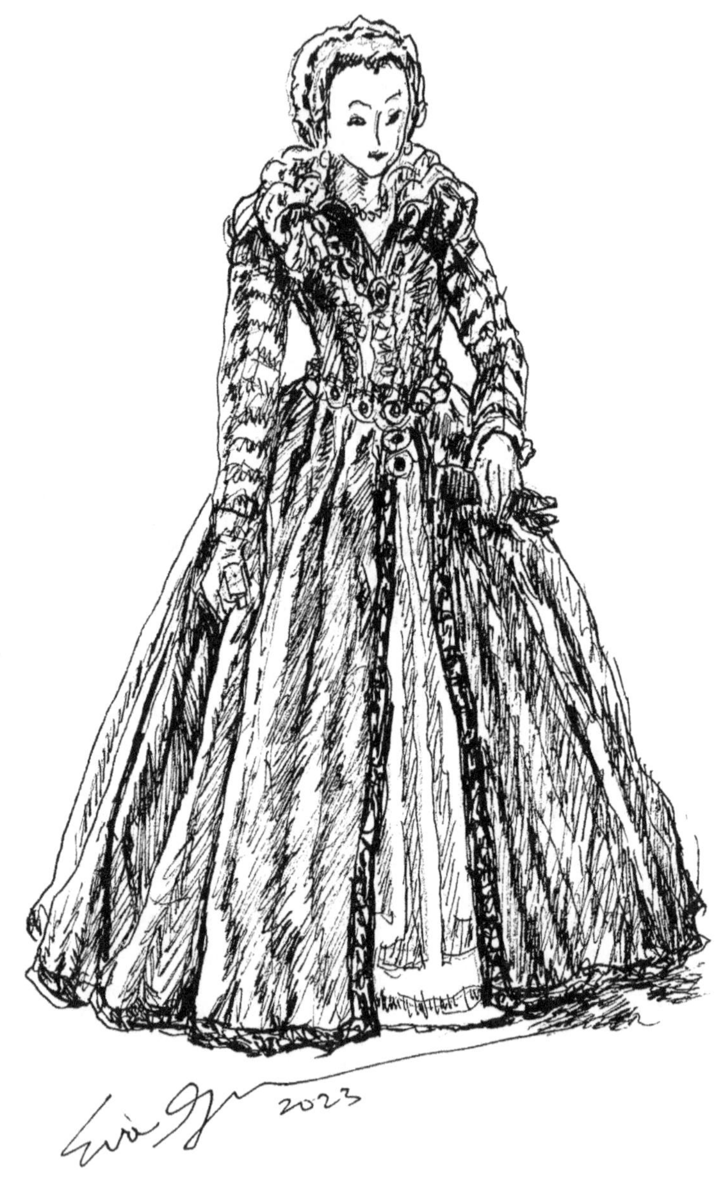

123 枕頭

你托住我夜裡的夢囈
看着我的青絲一根根
遺落在你懷裡

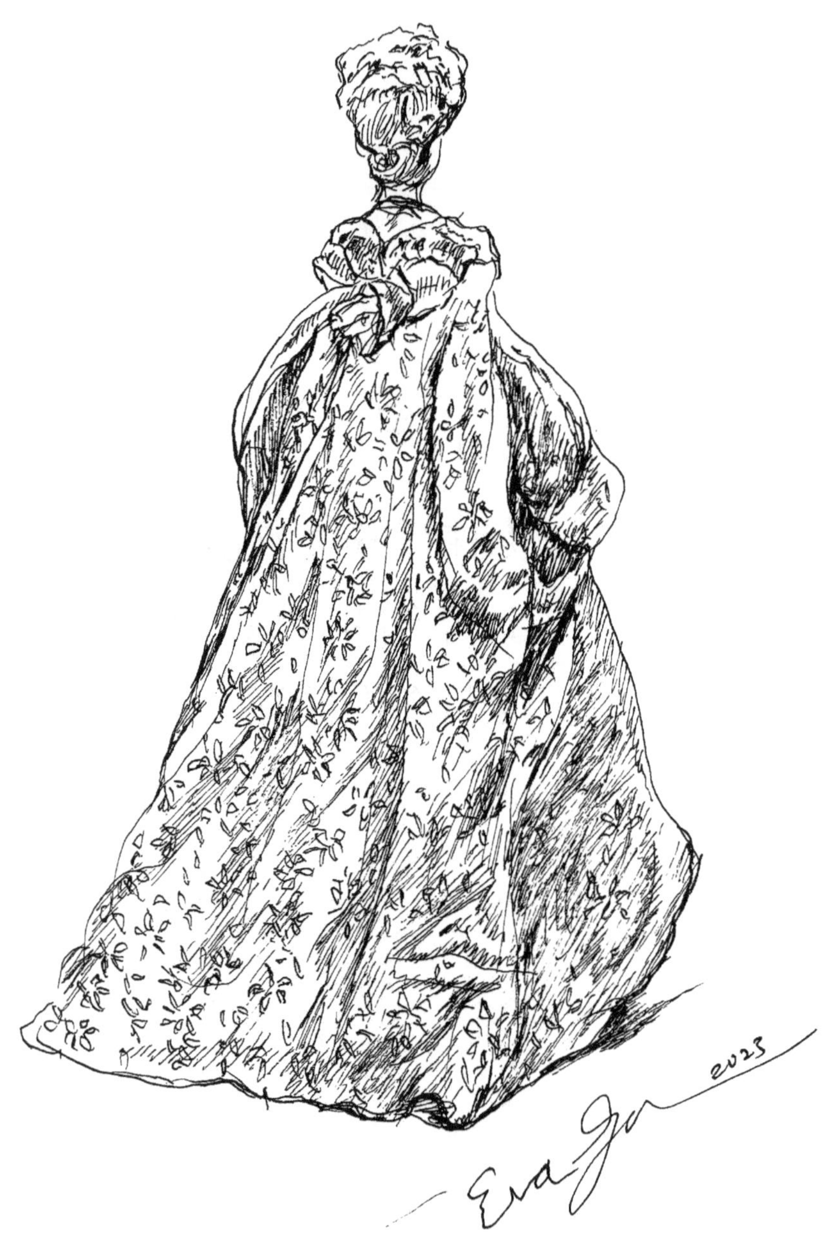

124 黑色

一汪無際的夜色
沉靜地裹在身上
請將我掩藏

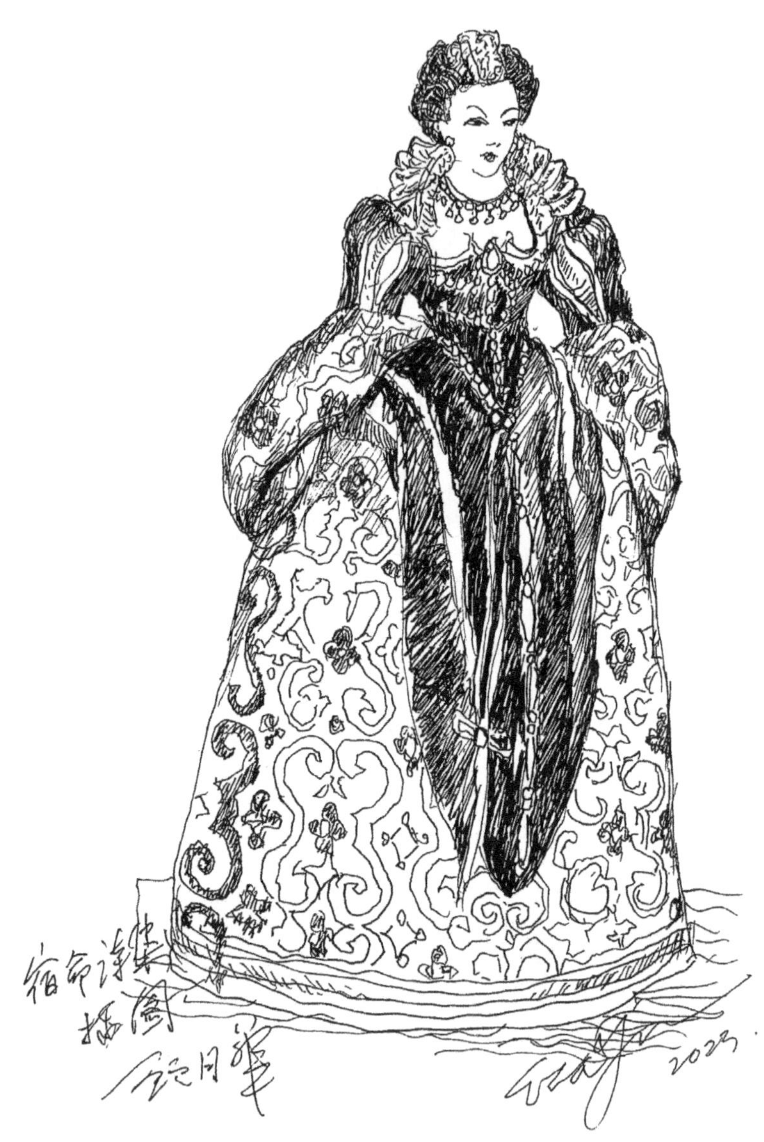

125 崩潰

原來海會枯石可爛

天不長地不久

生命會瞬間消失

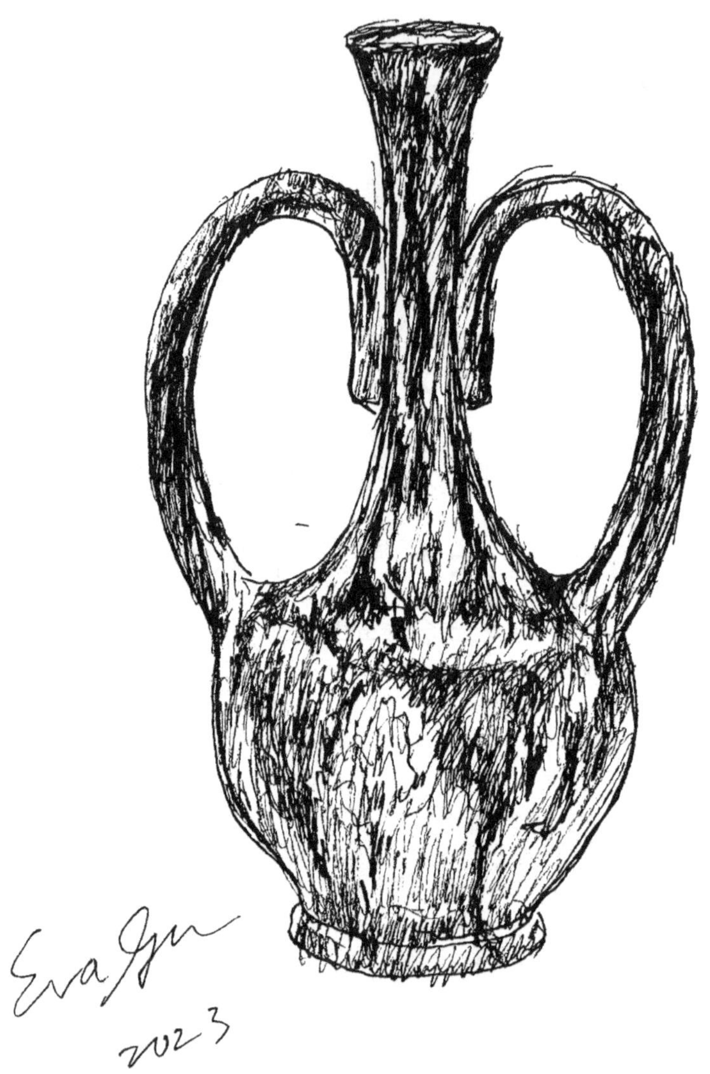

126 | 圓

用一生的修行
磨去棱角
自成世界天地

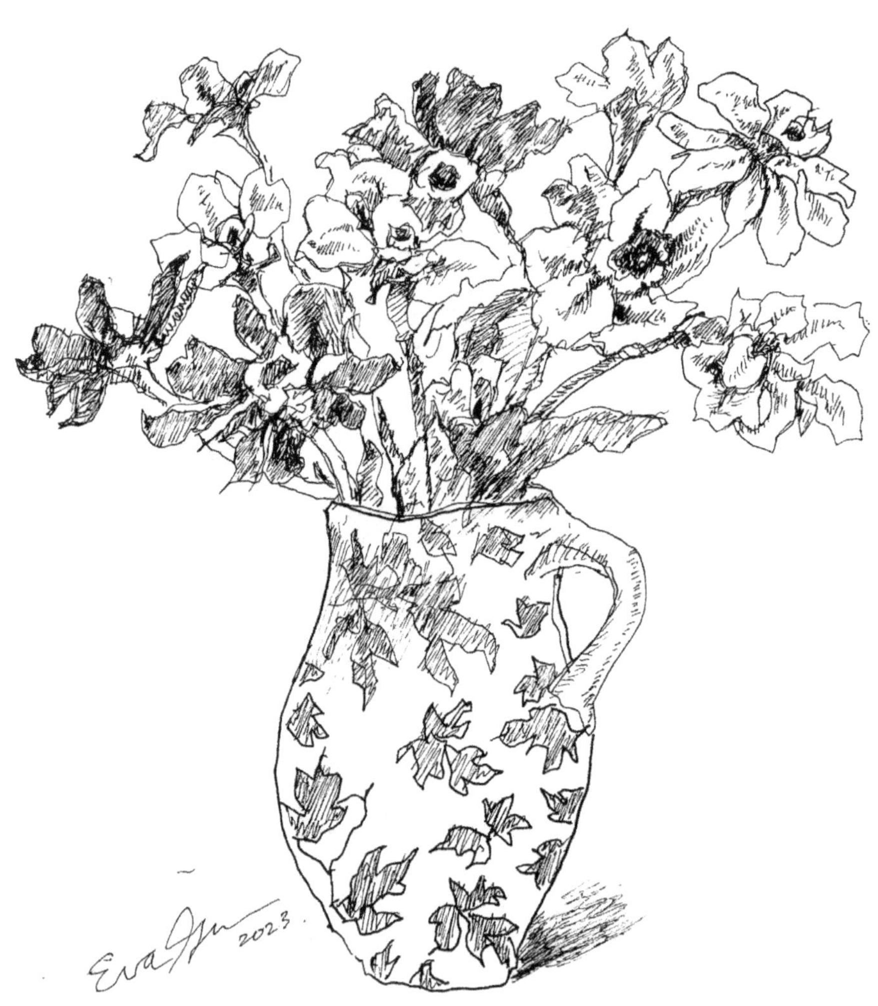

127

梅花

你寂寞孤獨

傲立寒冬

兀自散發芬芳

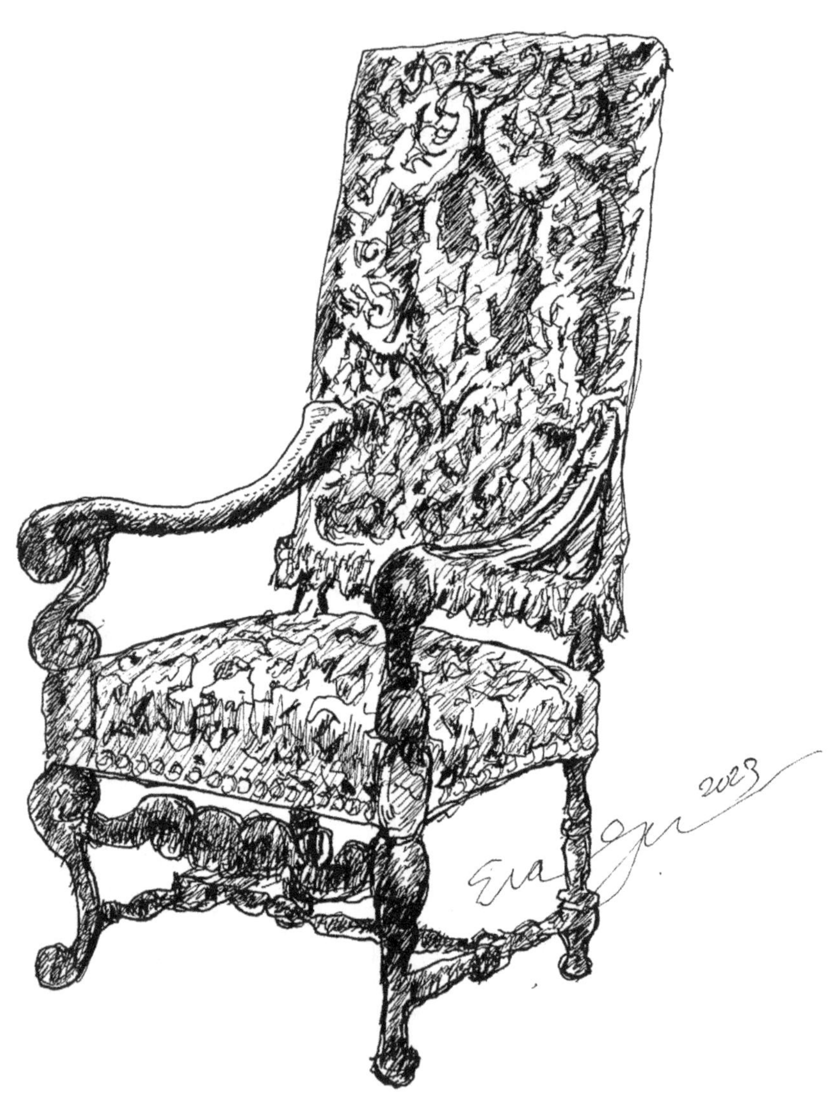

128

舊情

無聲地風化在歲月中
擠在心的角落裡
終於長成一個瘤

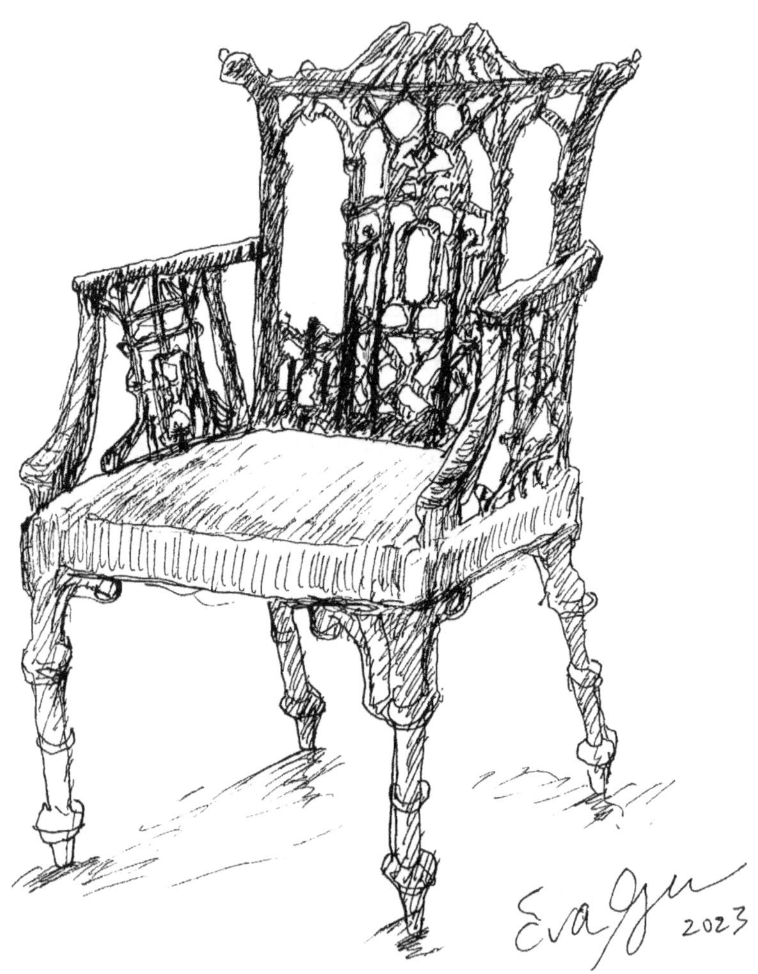

129 | 女伴

相伴老去
呼應着回眸中
向青春告別

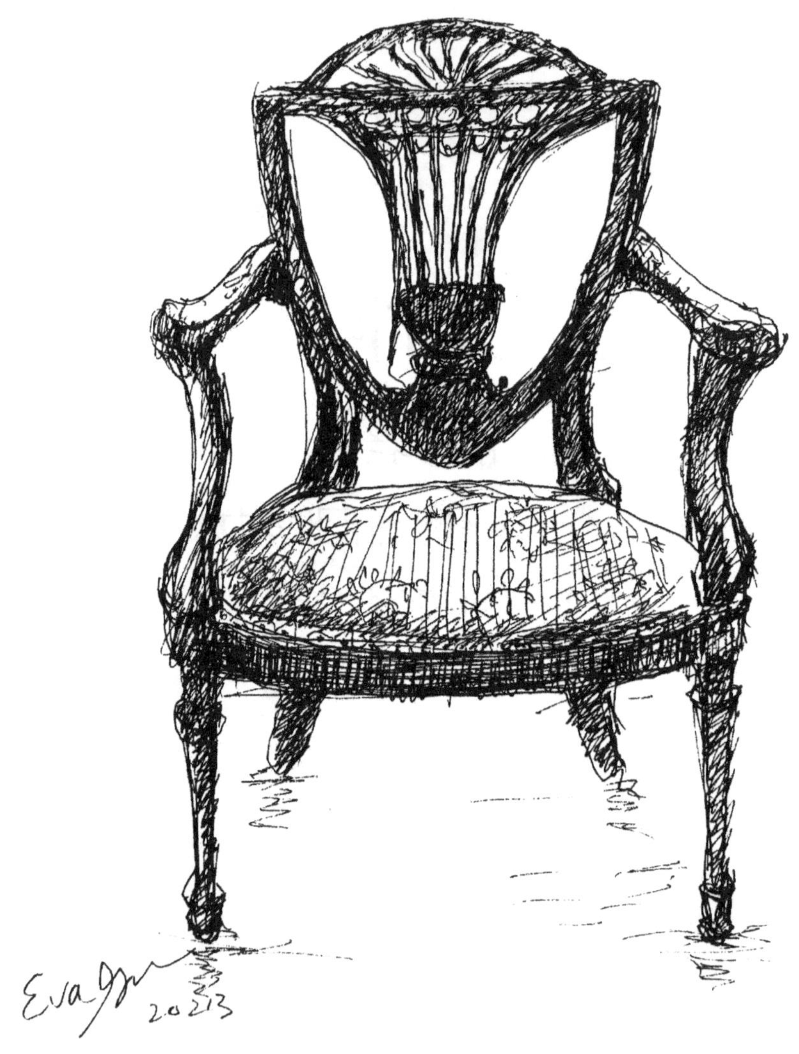

130 | 雷雨

老天爺聲淚俱下
雷鳴電閃
天庭又震怒

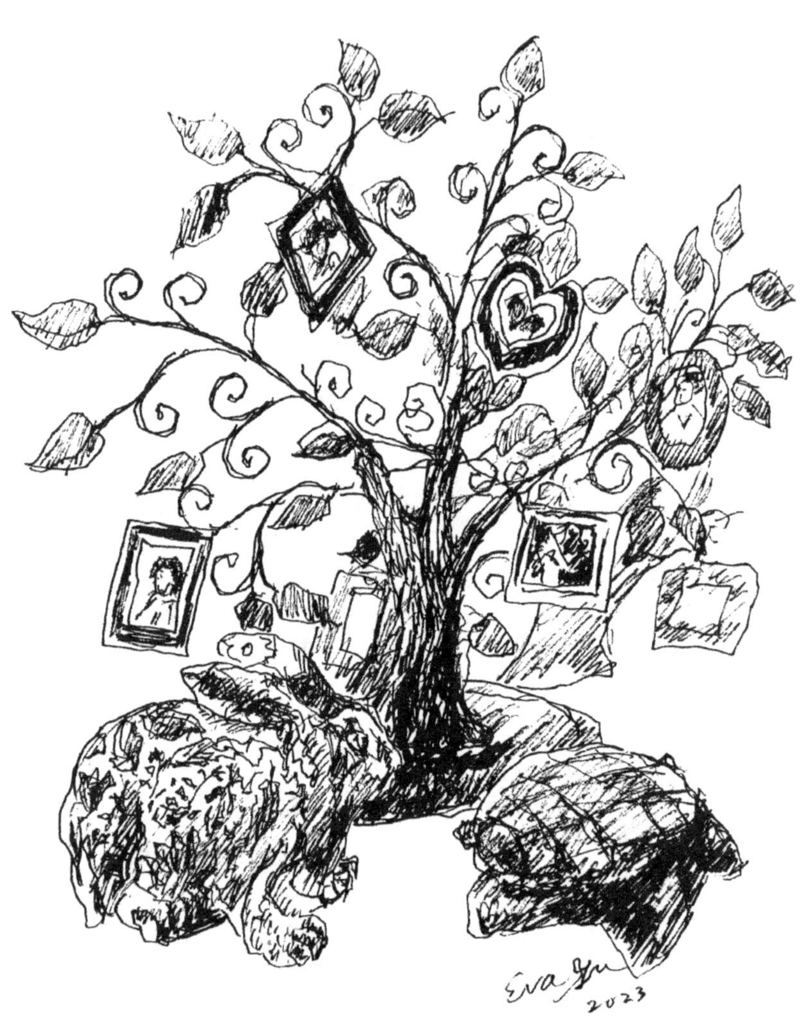

Eva Yu
2023

131 佛

一切的善行
都鋪成一條路
去與它和合

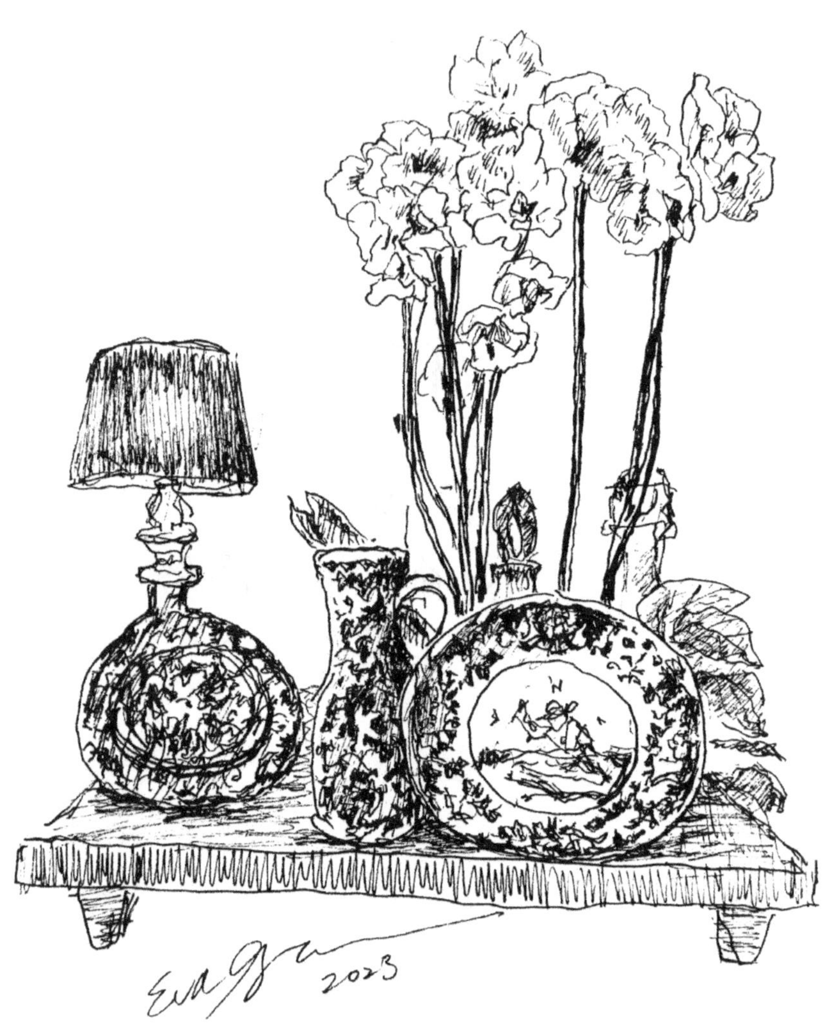

132 麵條

用盡人間心計去調排

甜酸苦辣

掩蓋那本真的赤條條

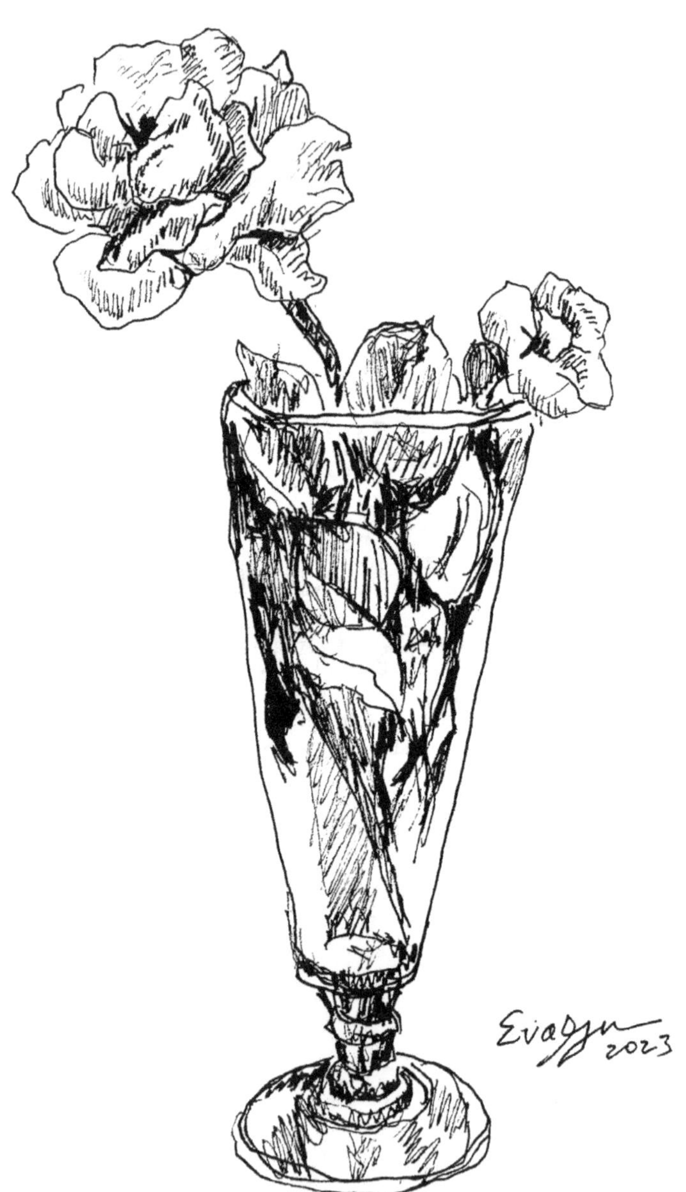

133

安寧

歸來靜坐
擁着一堆新書
和桂花紅茶的清香

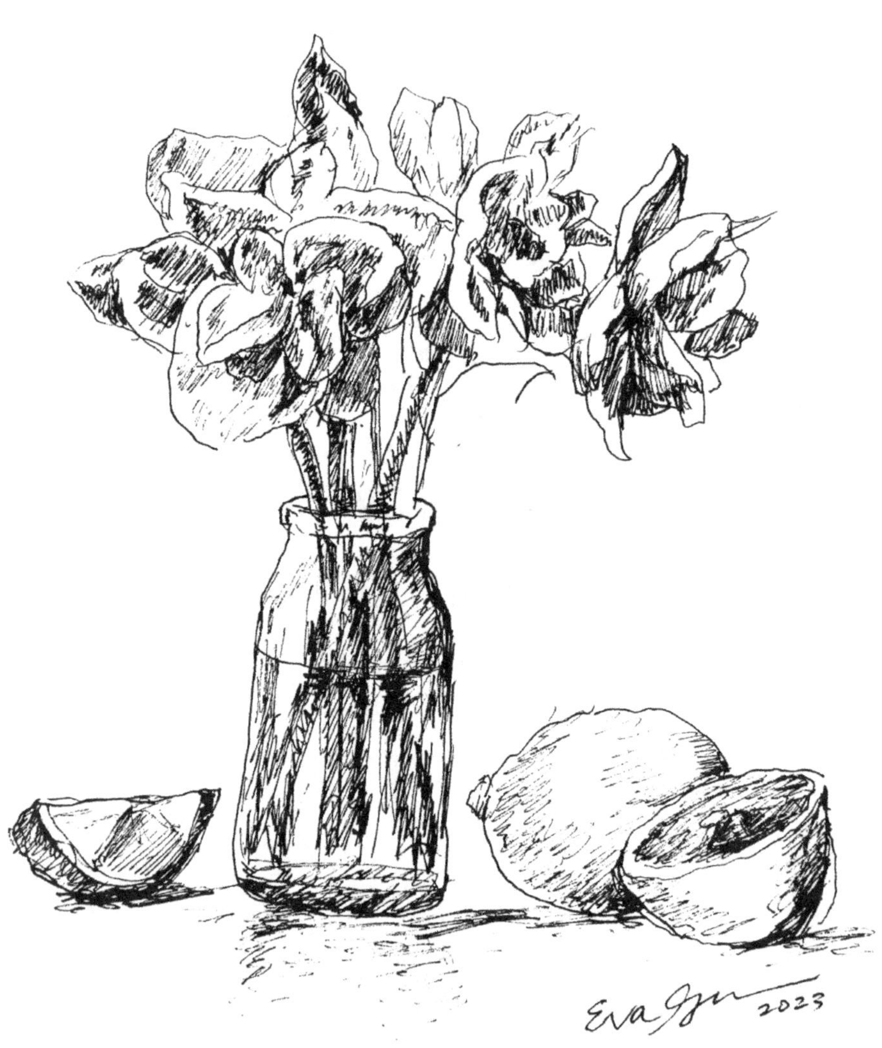

134 狀元餅

芝麻覆蓋層層油酥

裹着肉鬆蛋黃和乳酪

朕批了你是餅中之狀元

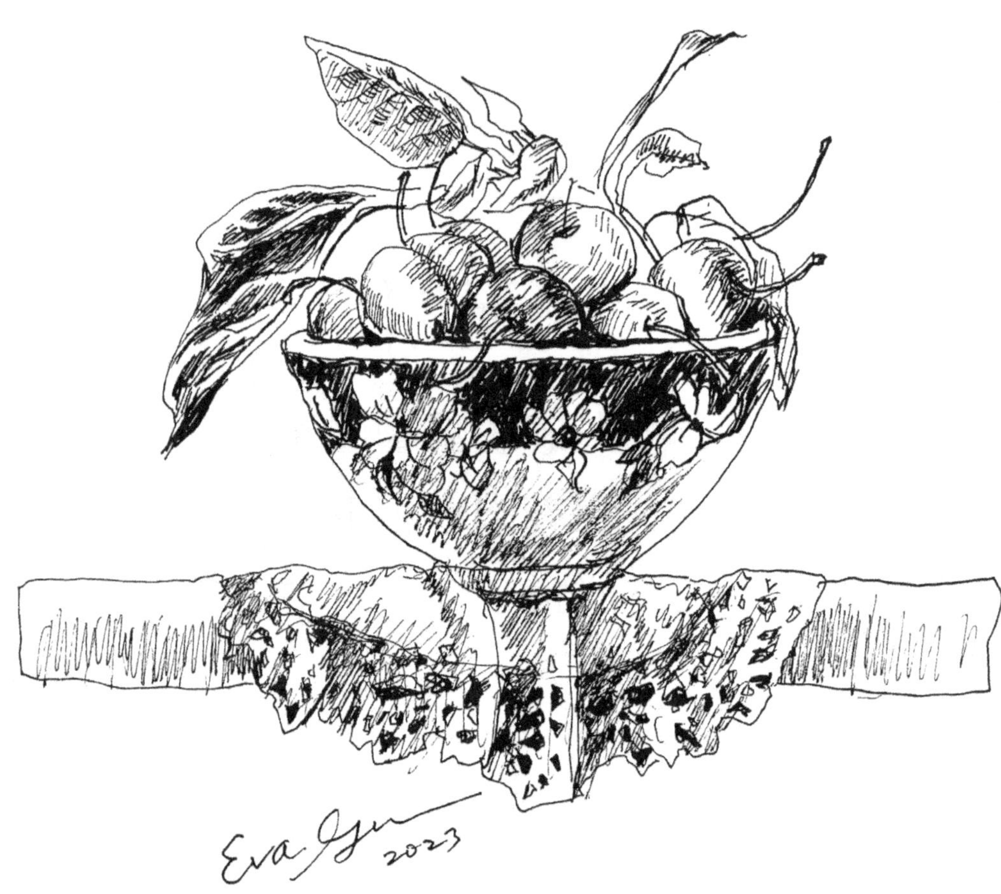

Eva G...
2023

135 雪花餅

誰讓你肌白肉嫩體香

輕咬一口吾已癡醉

趕緊再定你十個姐妹進我宮鑾

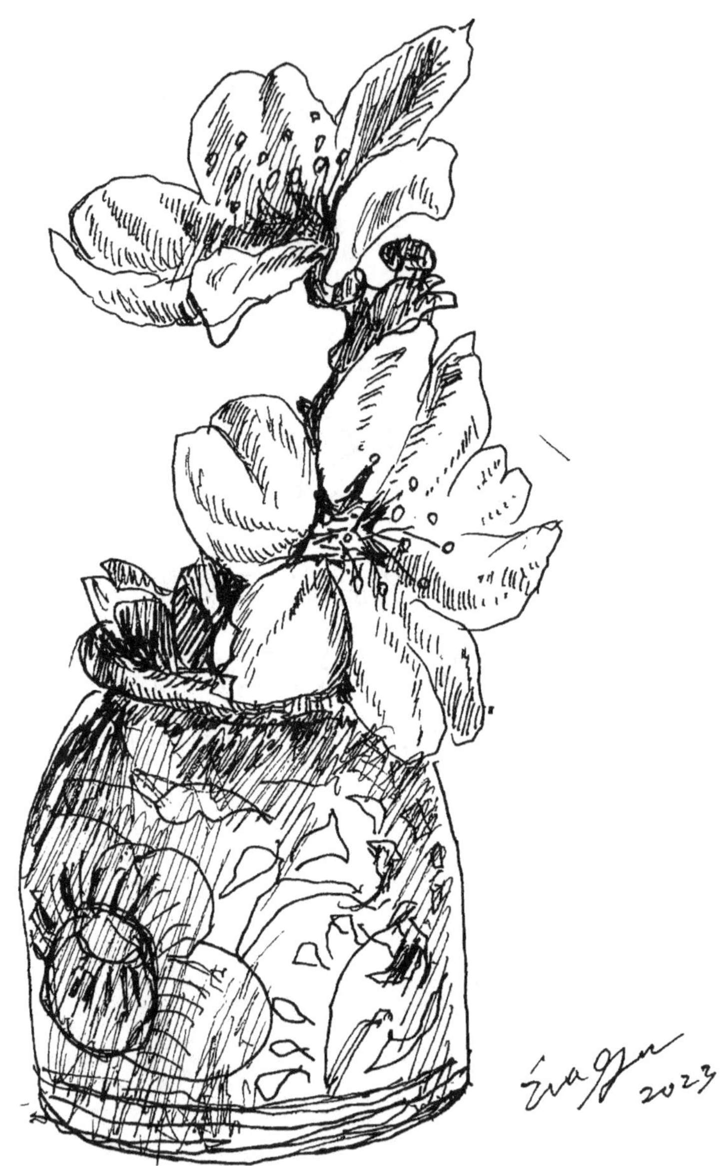

136 | 早餐

萬變不離其宗

一天美好的開始

在斑斕色彩中開始

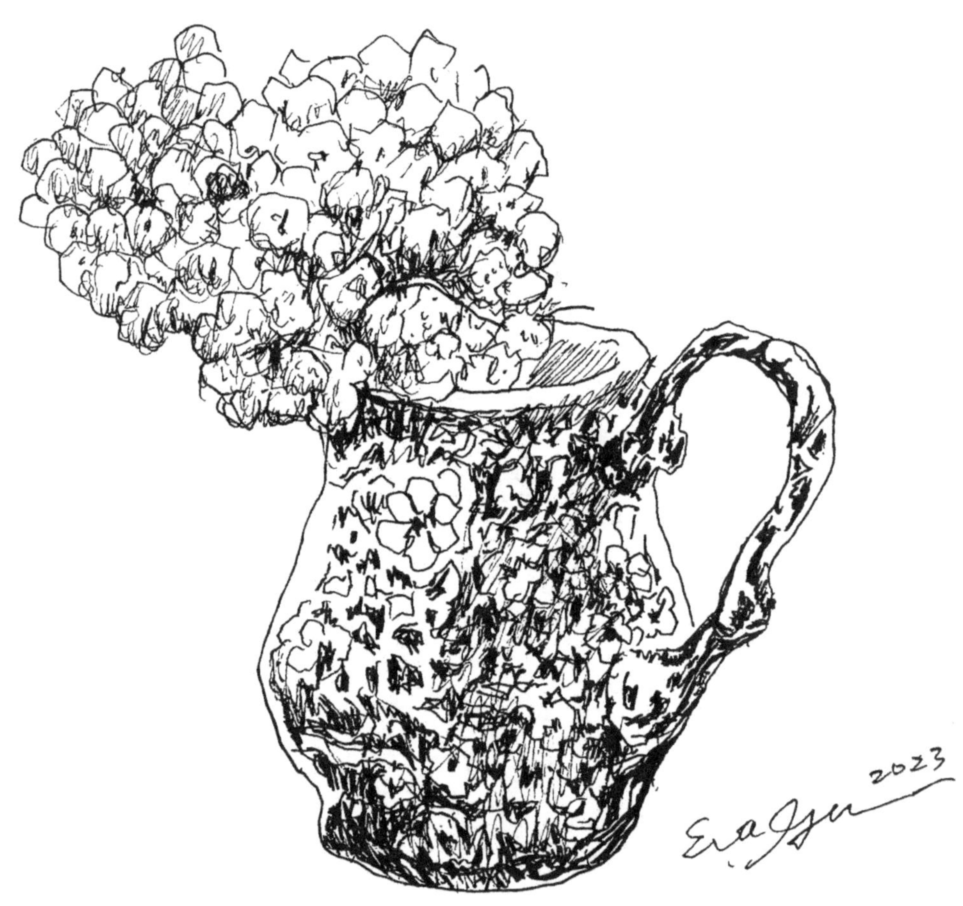

惜別

最昂貴的自由散漫

恣意揮灑

擁別後再約來年

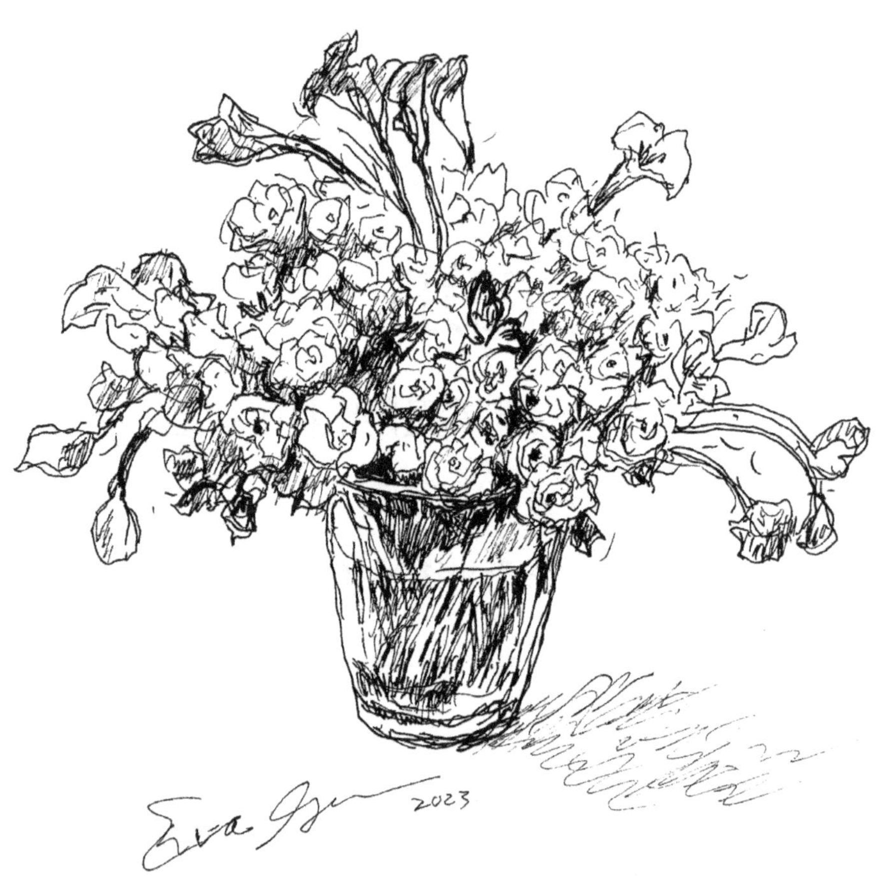

湯

晚餐桌上的瓊漿

用心熬出香味

裂變成挺立的骨髓精華

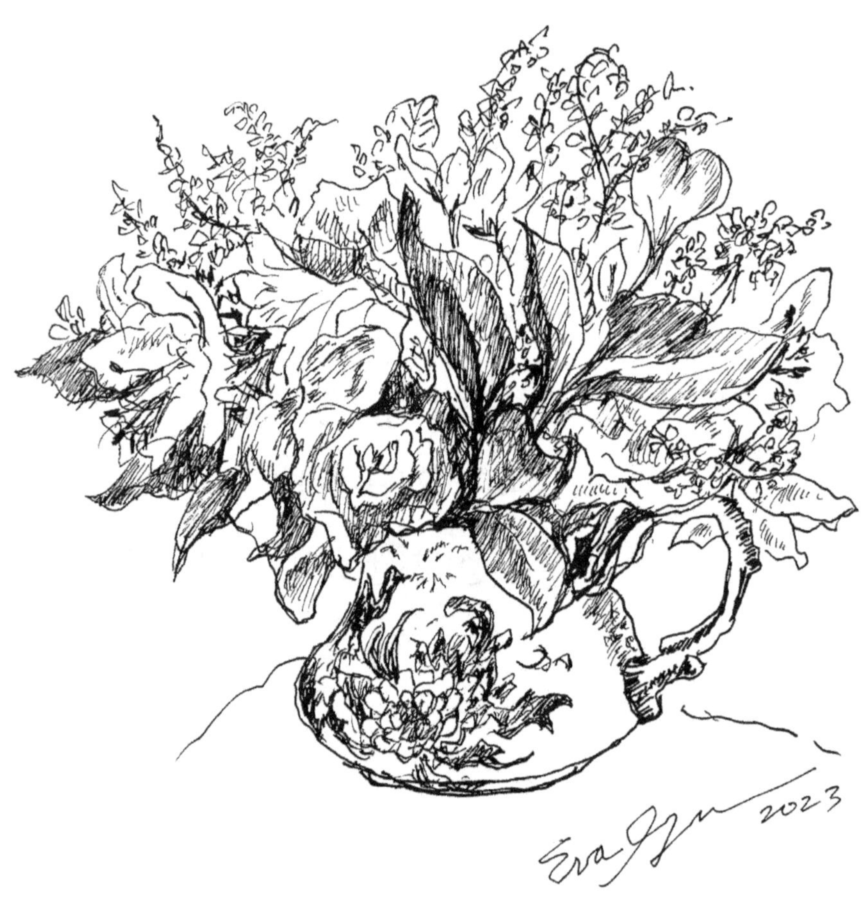

139 婚約

一個貴族需要六個人侍候

如果你簽約為人妻

那六個終身職業完美歸你

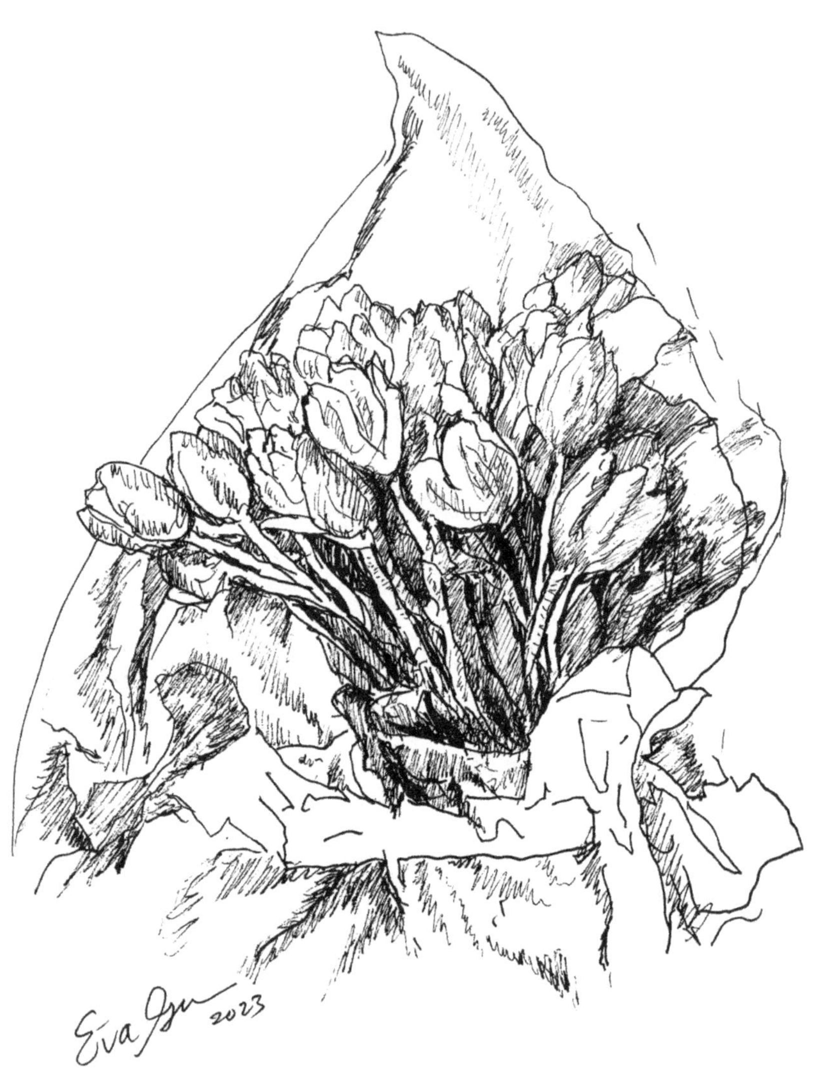

140 | 讀

這美妙的閱讀光陰
陷身被窩坐成一尊菩薩
無關浪漫的風月

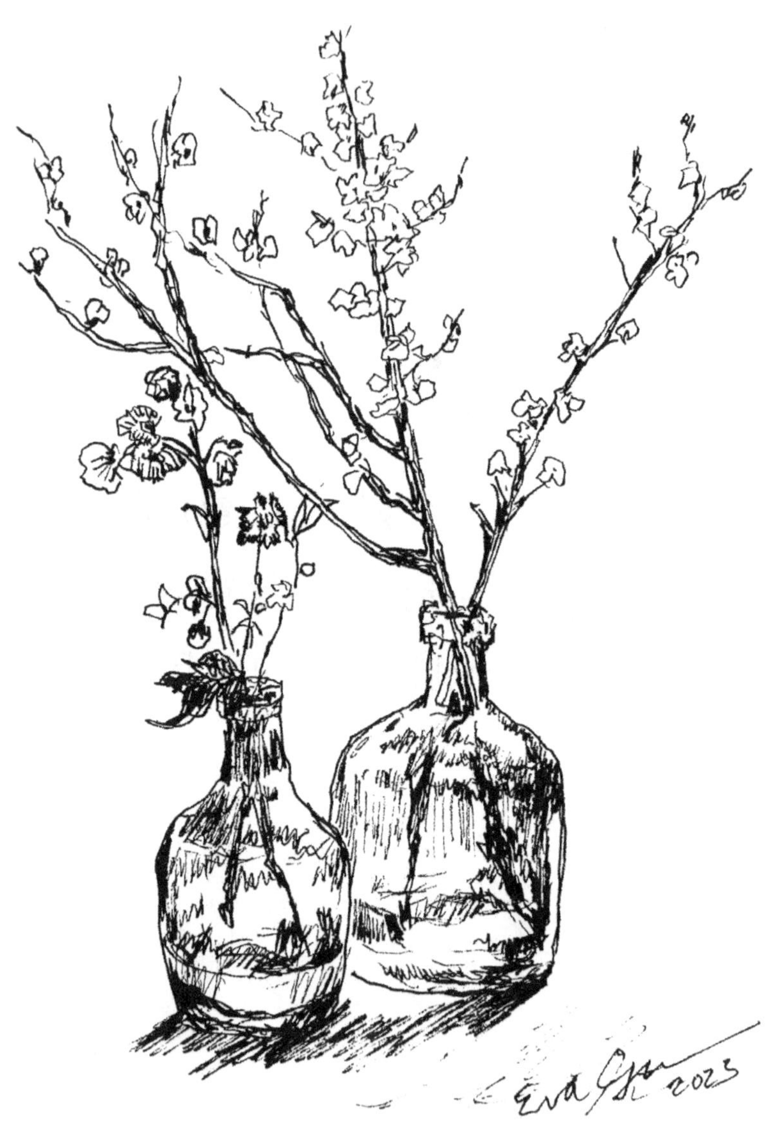

141 兒子

一件厚重的大衣
體面地傳達了
慢熱的恒溫

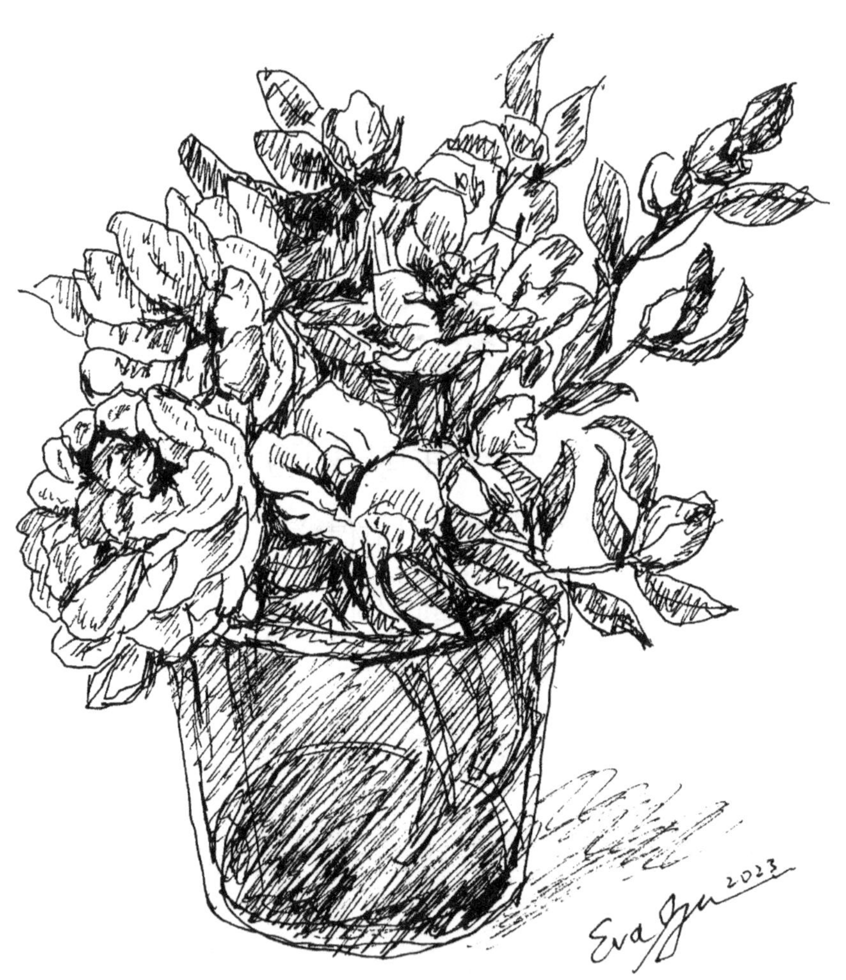

142 臺階

紅塵滾滾

高樓萬丈

我只看腳下拾級而上

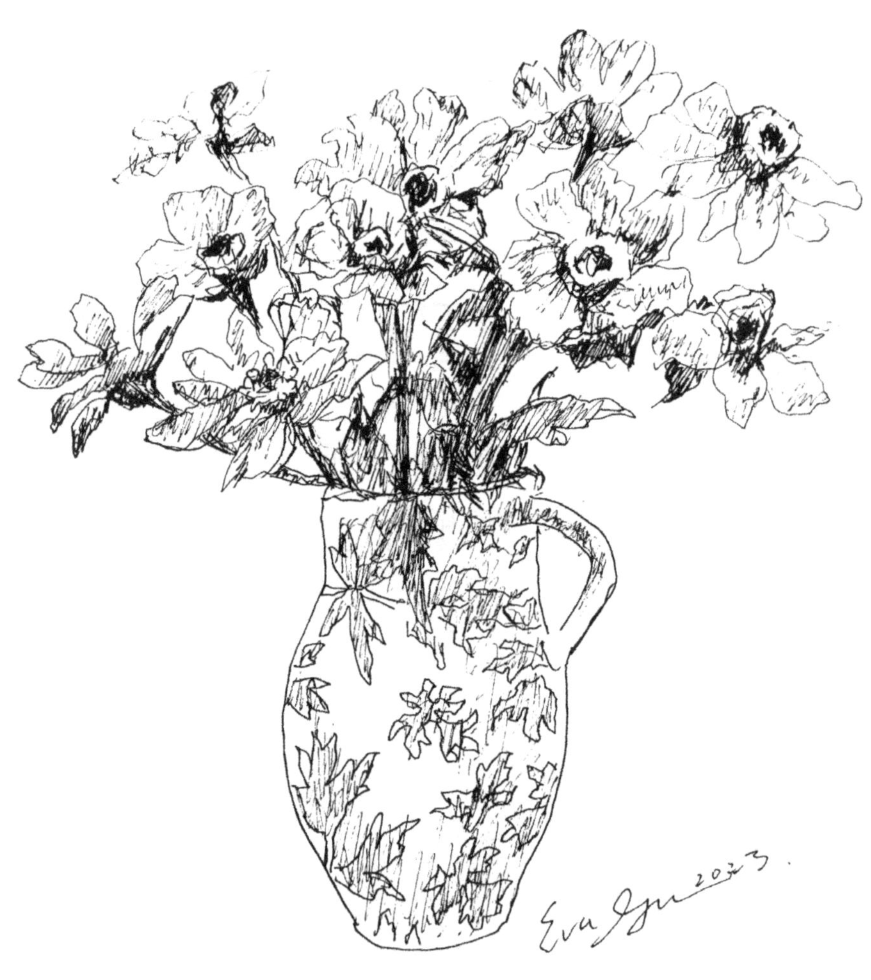

惡夢

深更半夜在荒郊旅途
擠在黑色野牛群中
丟了錢包和手機

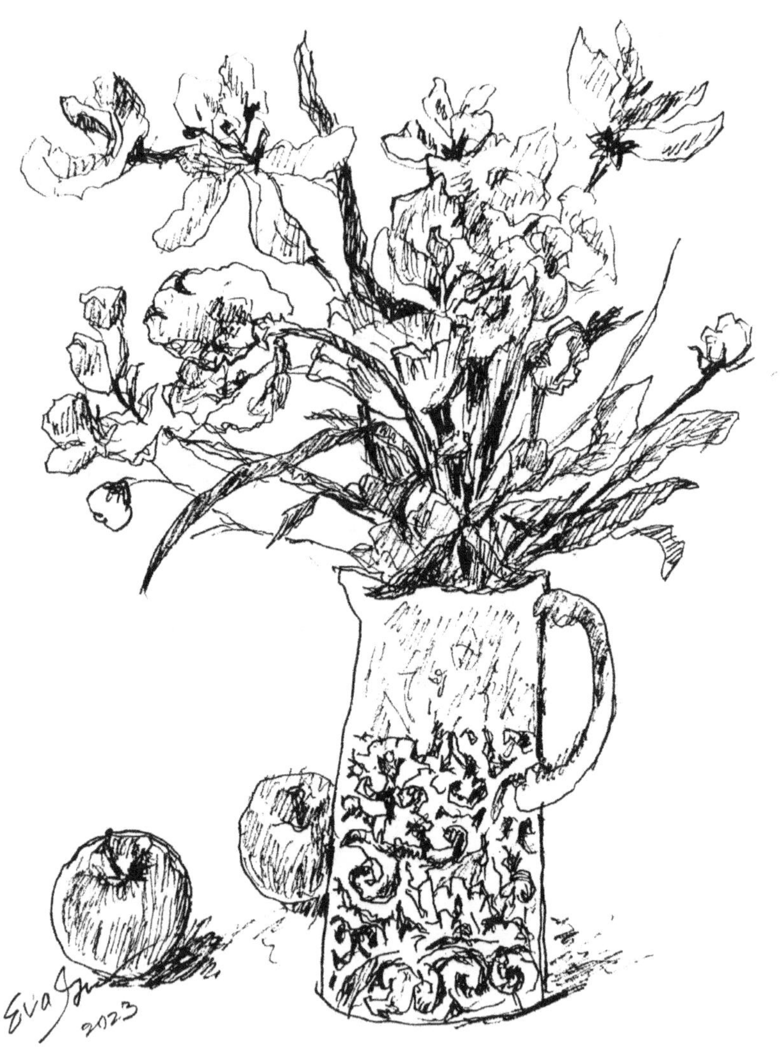

Eva
2023

144 | 懶

賴床到中午起身
捱到第二天淩晨
睡昨天深夜的覺

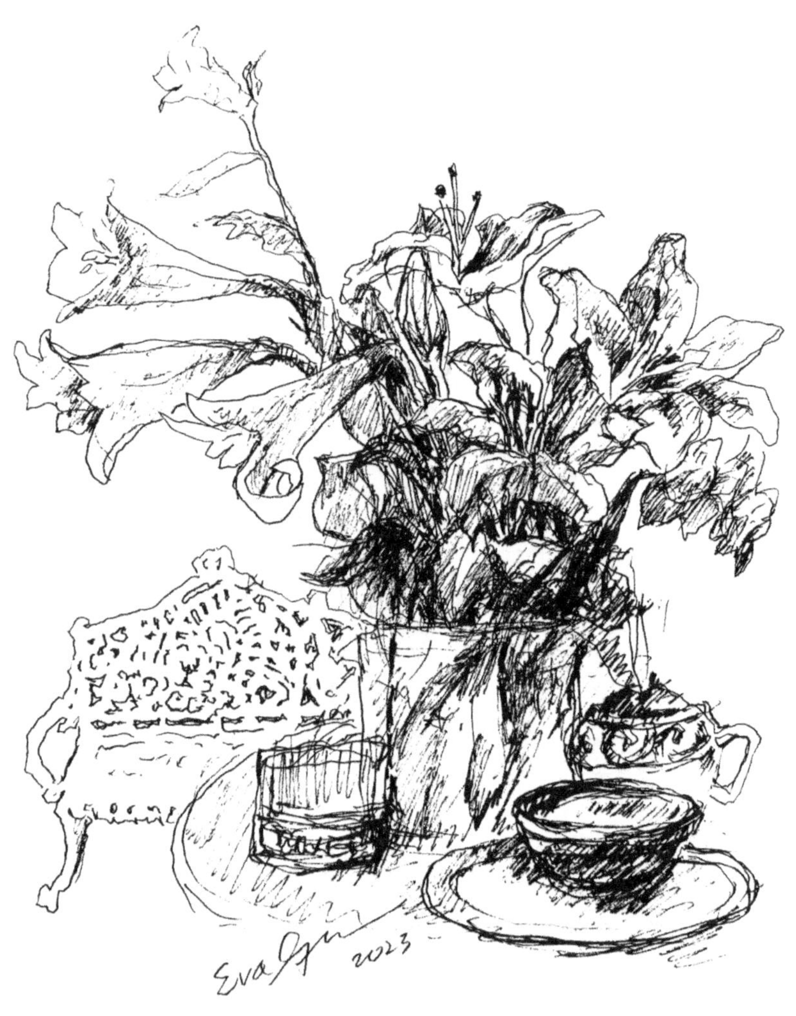

Eva Lynn 2023

145 | 冰箱

忽然覺得你很可憐

一會兒塞得你喘不過氣

今天把你掏空像要去做腸鏡

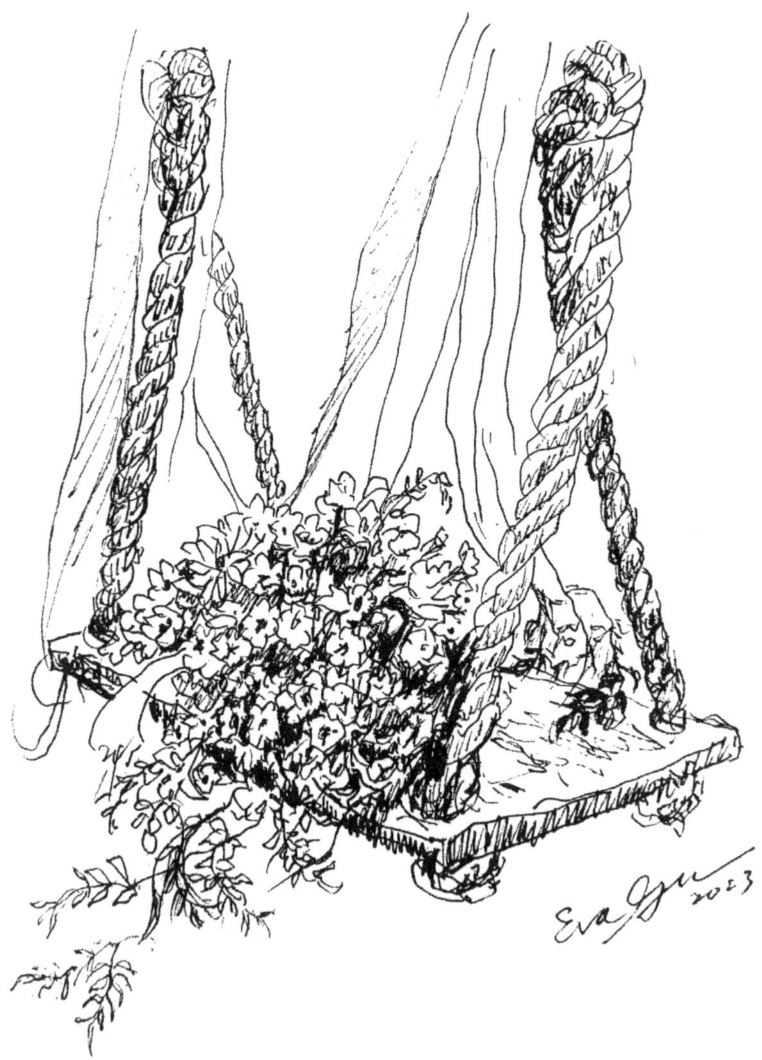

146 | 登機

親人的呼喚鬧翻了九重天

在寂靜天庭笑聽喧嘩

待我飛入雲端還我人間

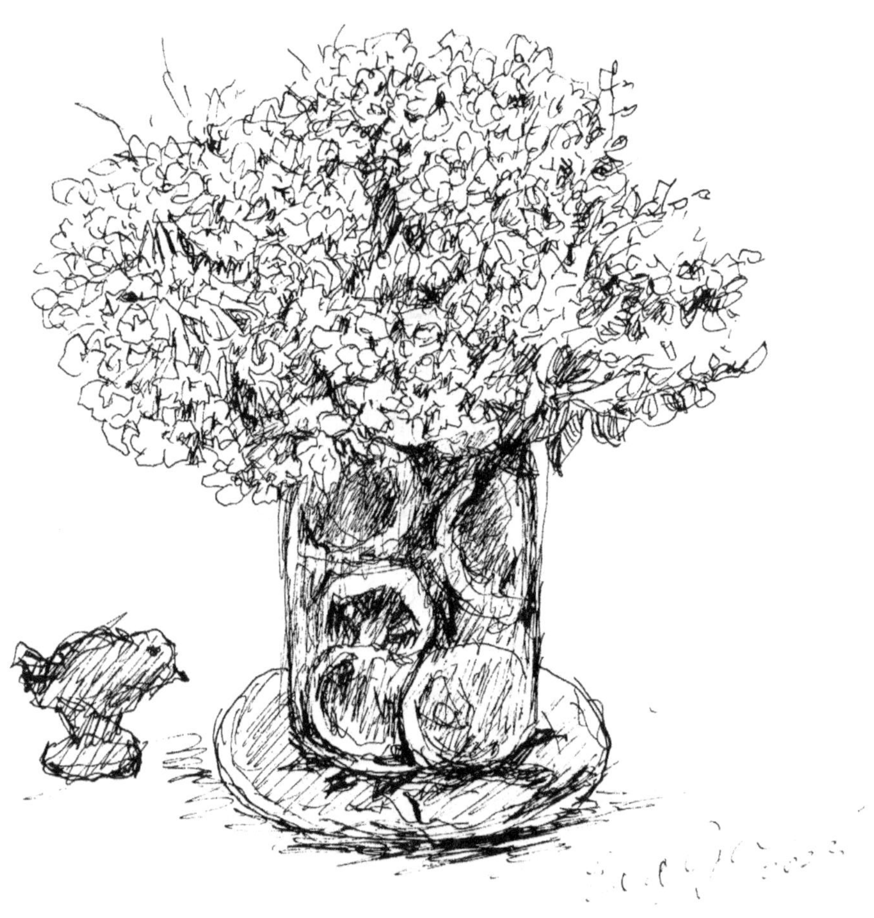

147 | 回家

別理什麼是他鄉故鄉
命運誇張瞬息萬變
家就在不變的上海

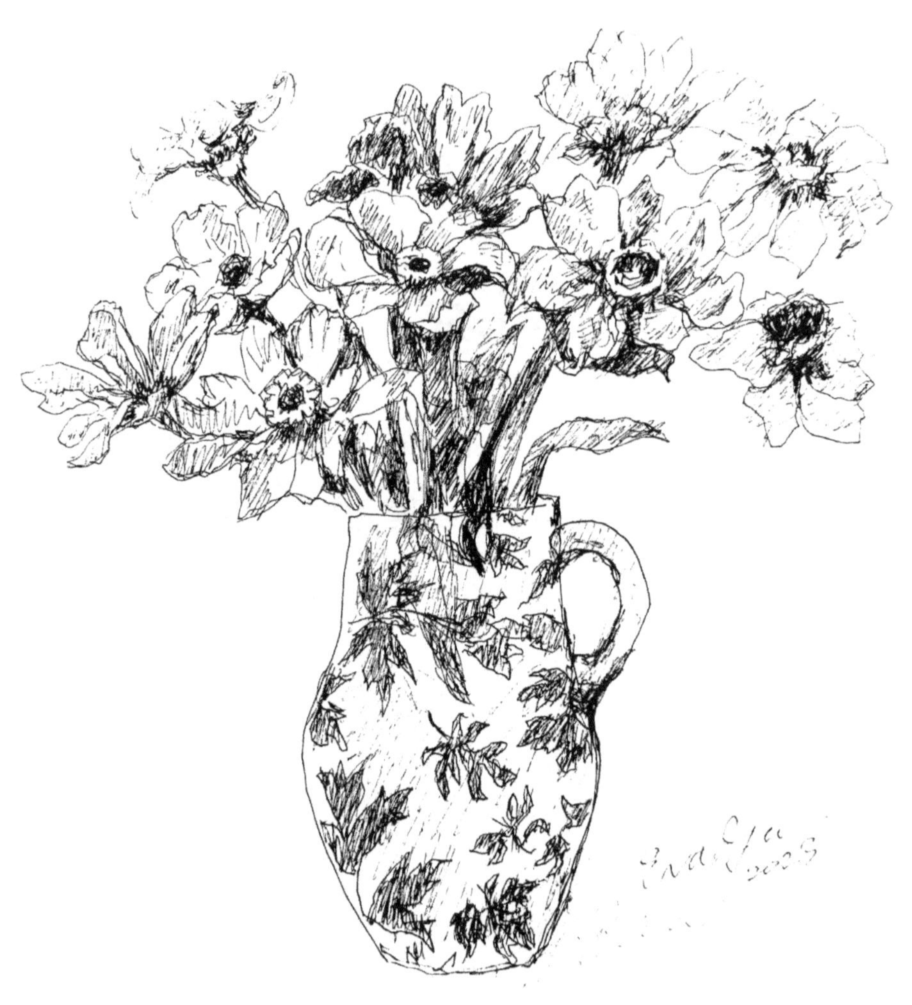

148 | 親見

七對姐妹兄弟每年的團聚

我們返回童年的快樂

紛爭熱炒打趣果盤親情沸騰了醃篤鮮

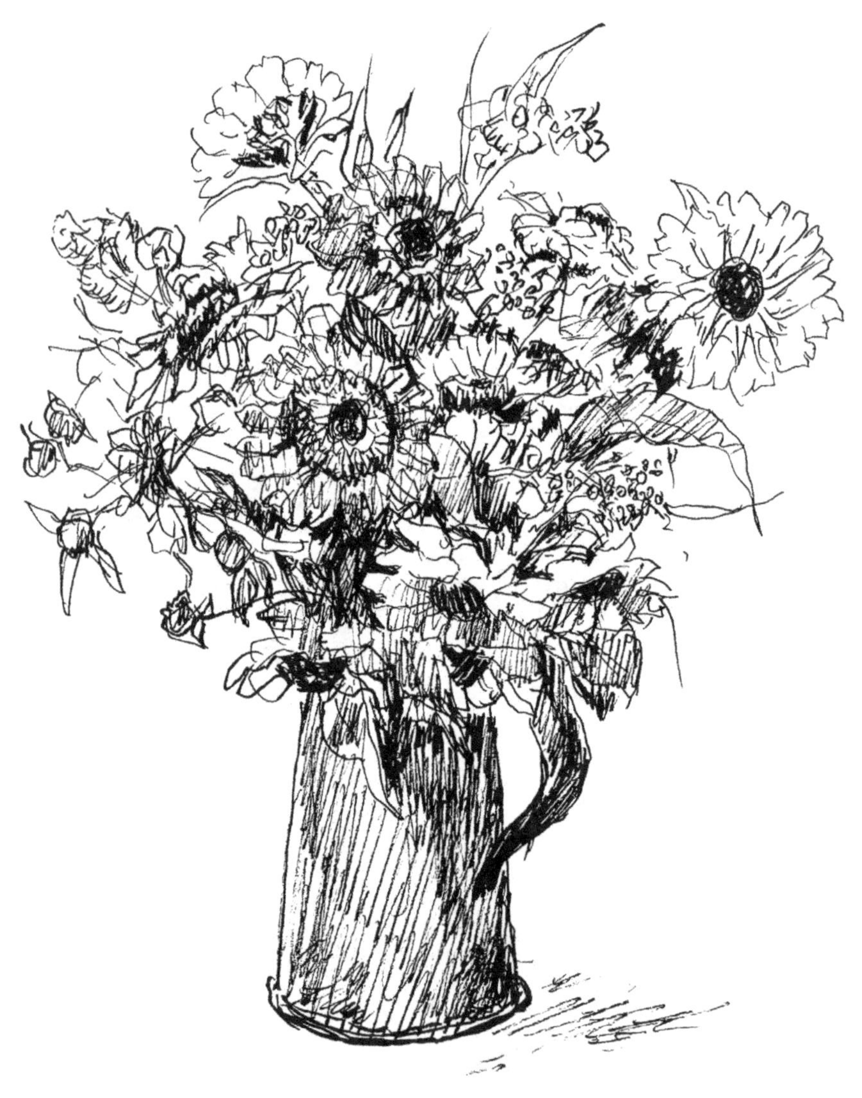

149 | 聊天

千里萬里雲裡浪裡來這裡

且不問青山綠水

漫說閒話泛濫

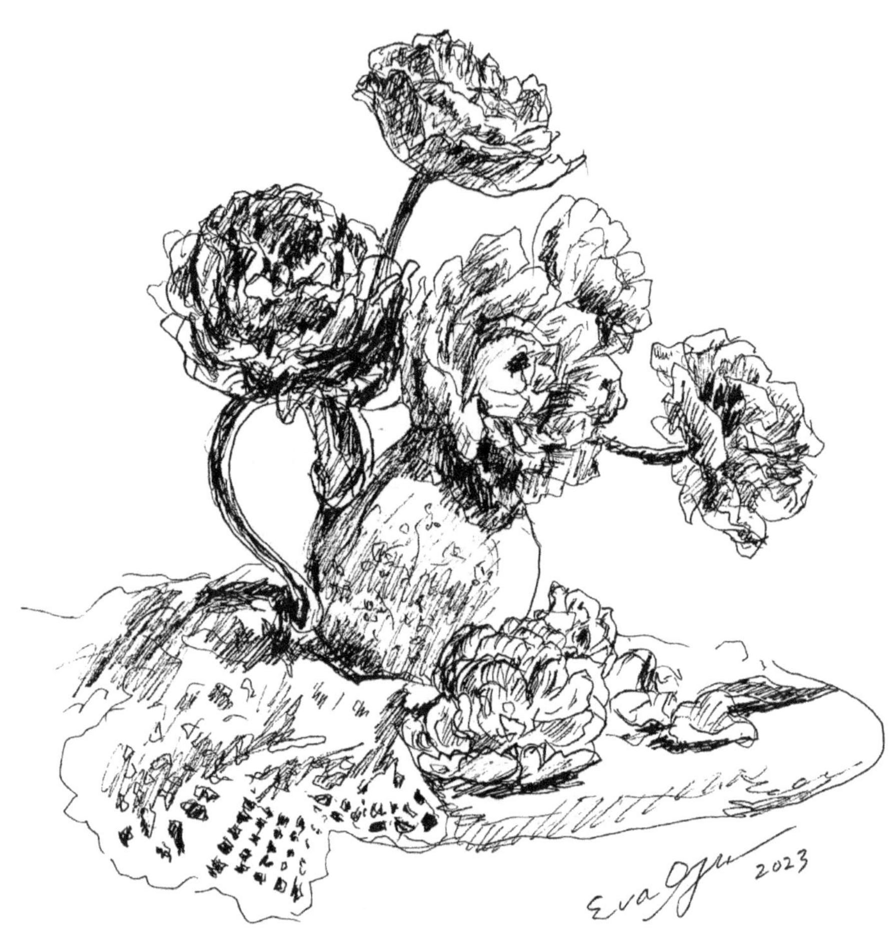

150 | 吃飯

舌尖鉤起往日甘苦酸甜

嘴邊浮上母親桌邊叮嚀

筷子夾不完滄海桑田的溫情

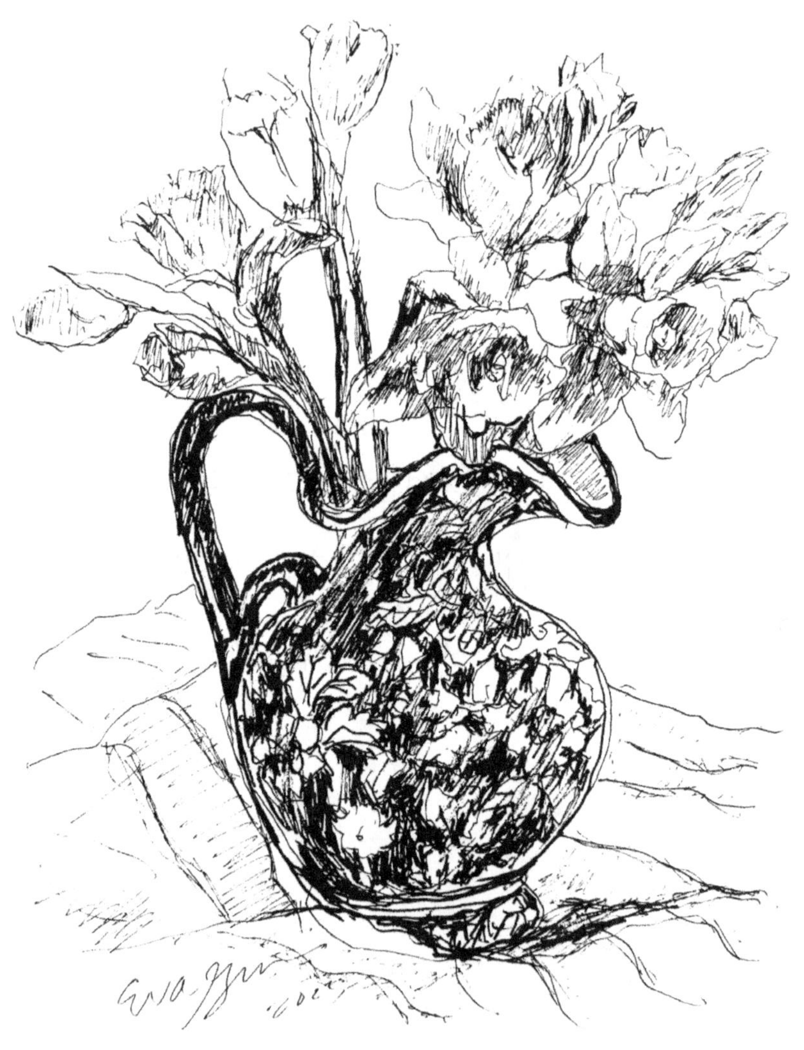

自在

橫沖豎撞隨意
走走停停無人駕馭
不節食不運動不減肥

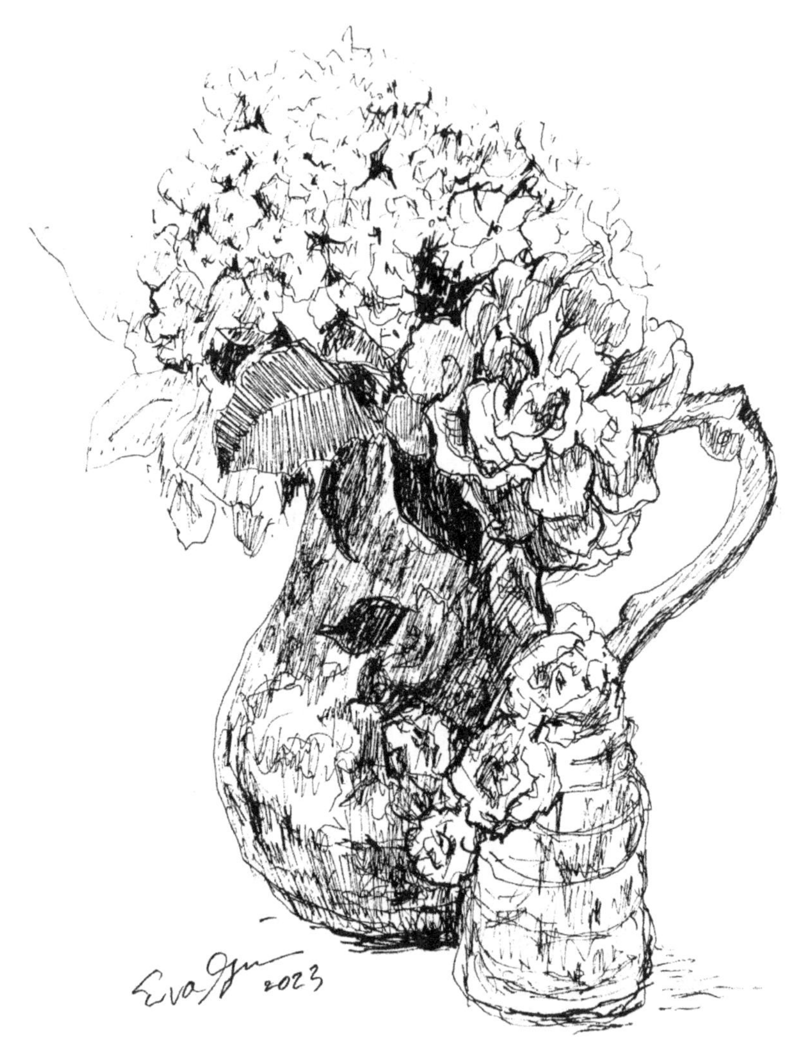

出發

歲月中的珠子

串成人生

活色生香的每一天

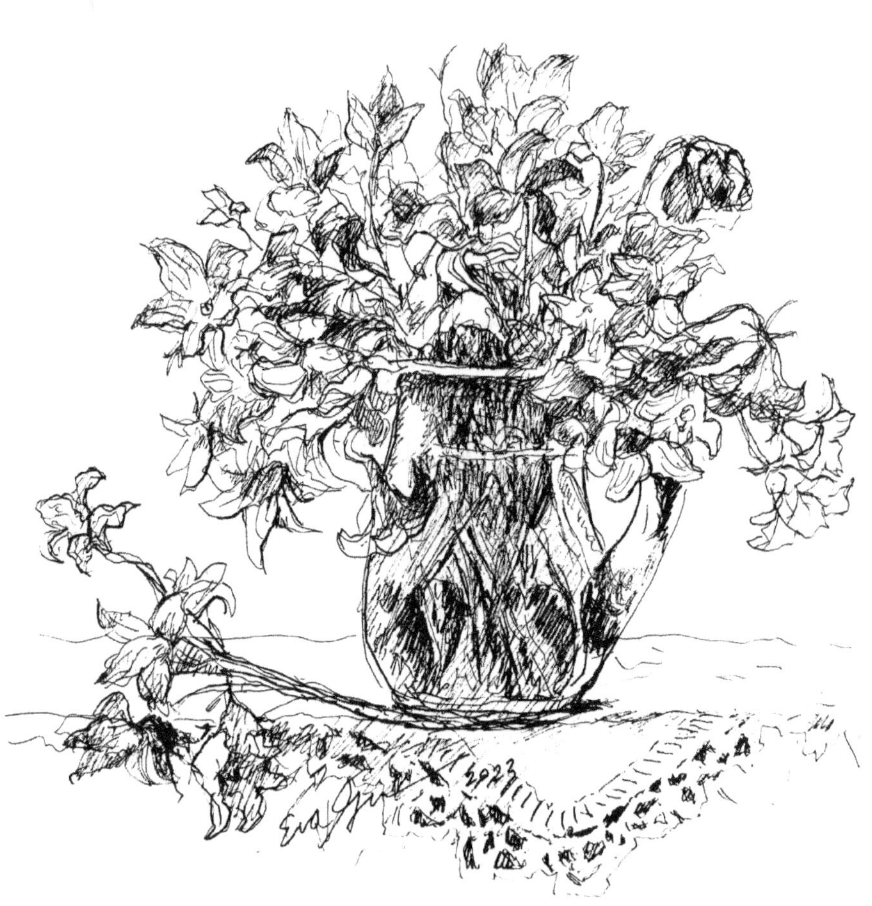

晨色

曦光撥開晨霧
荷花插在山石倒影的鬢角
暈紅的面頰開始搔首弄姿

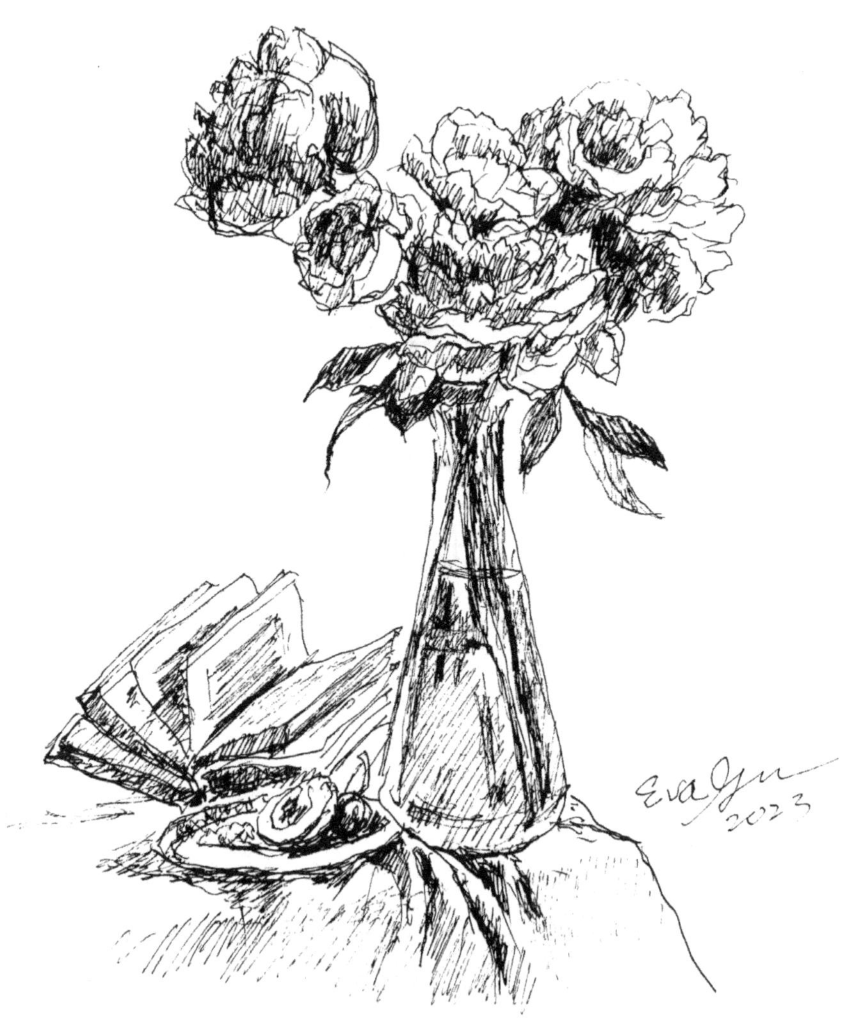

154 觀竹

南山脈脈含情
任竹海顛狂撩撥
秋波獨往青山綠水去

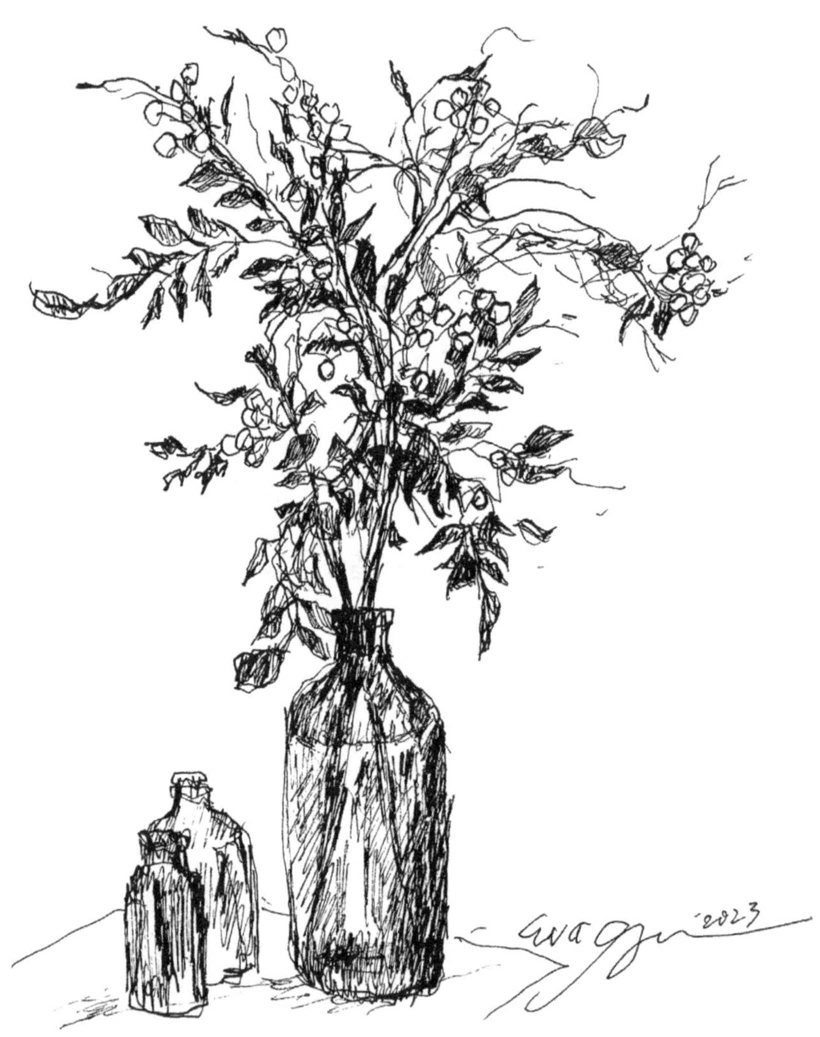

匿

把你藏在心裡
曾經的愛
已入夢界

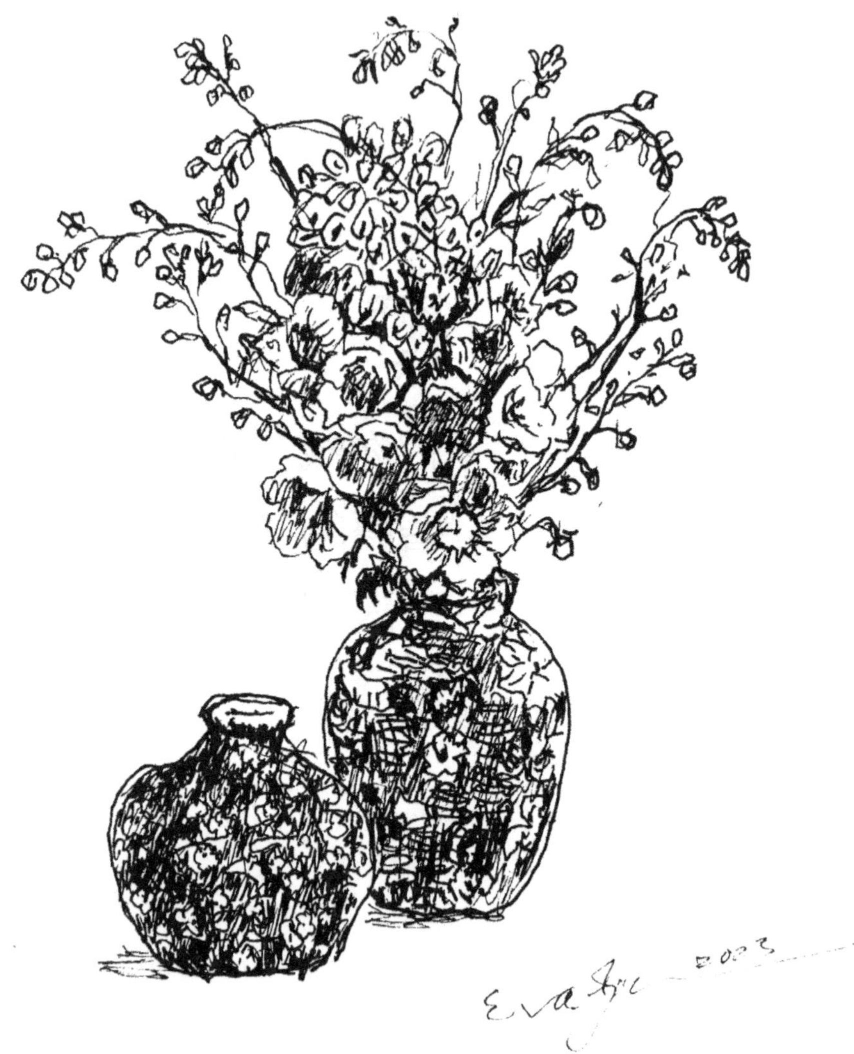

中秋

天上的月亮要圓了
地上的親人兜兜轉轉
也奔向一張圓桌

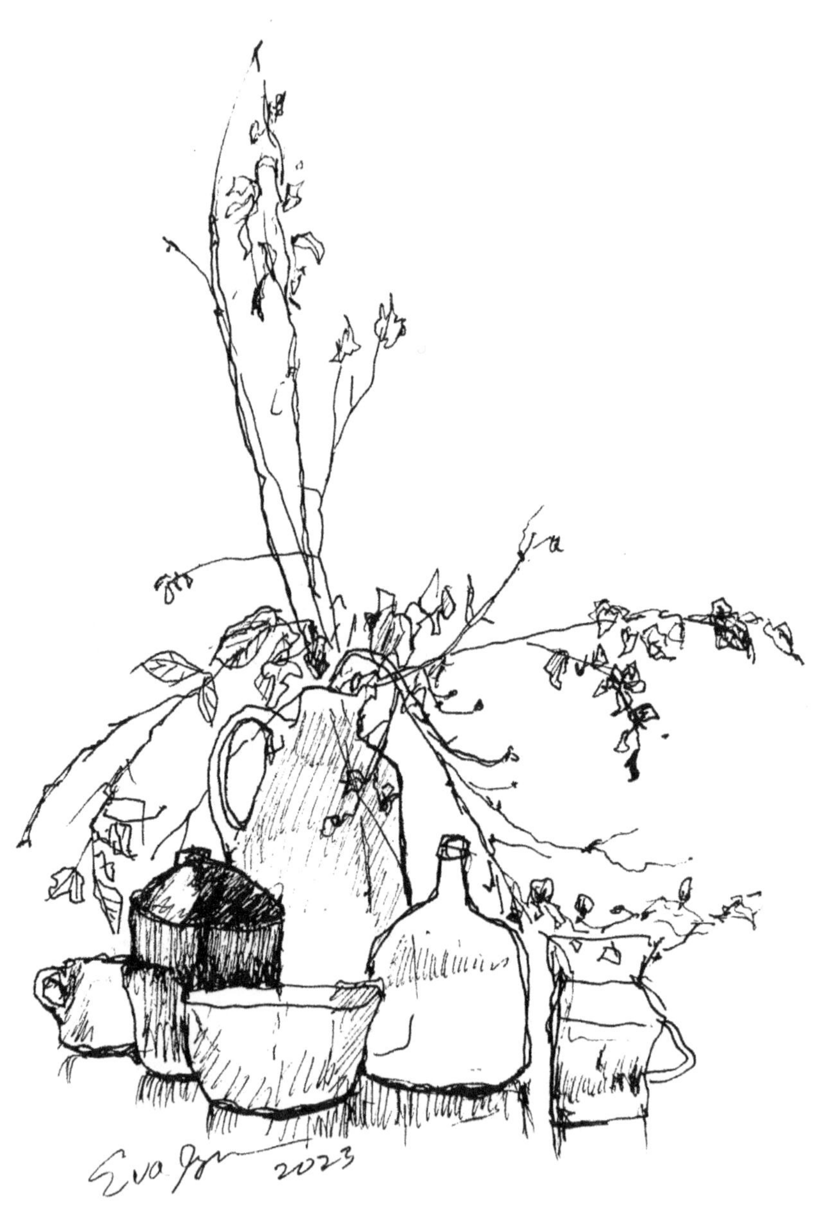

瀟灑

今天不讀書不寫稿
不做菜不約人
活成失憶白癡人模樣

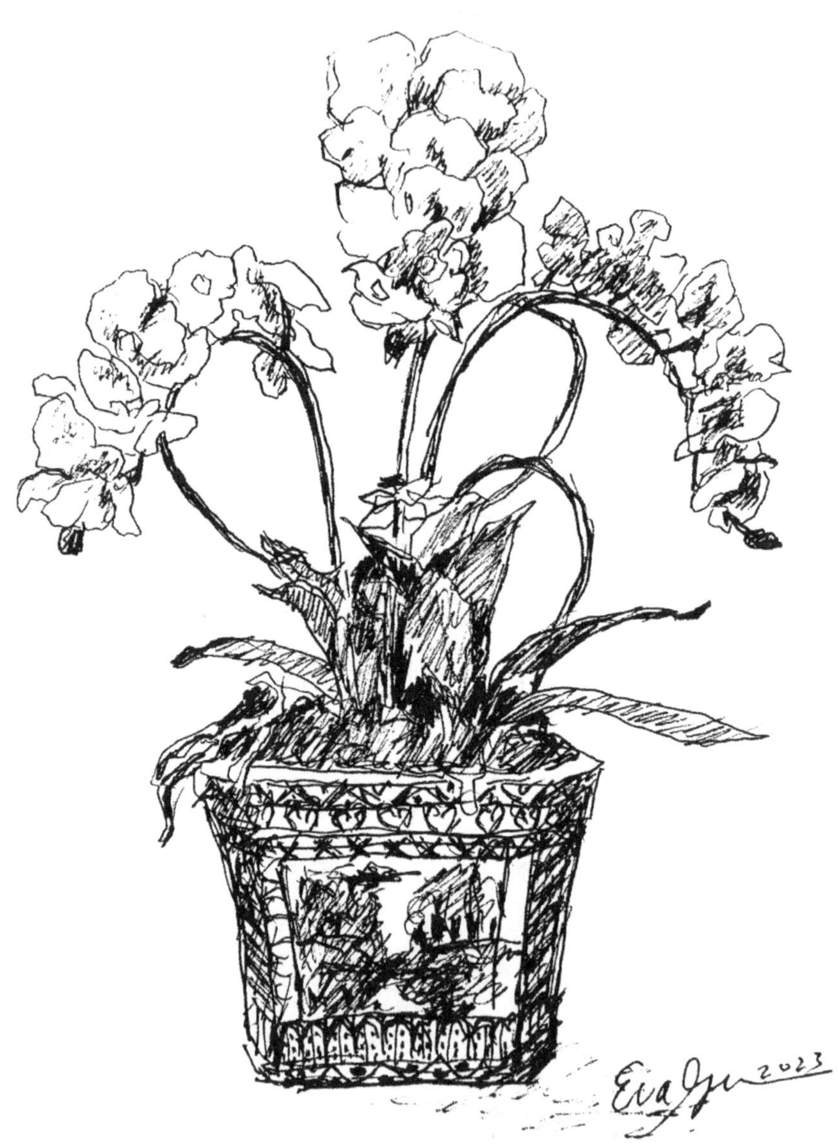

158 茶

把清香留在齒頰

吞咽了苦澀

甘苦自知

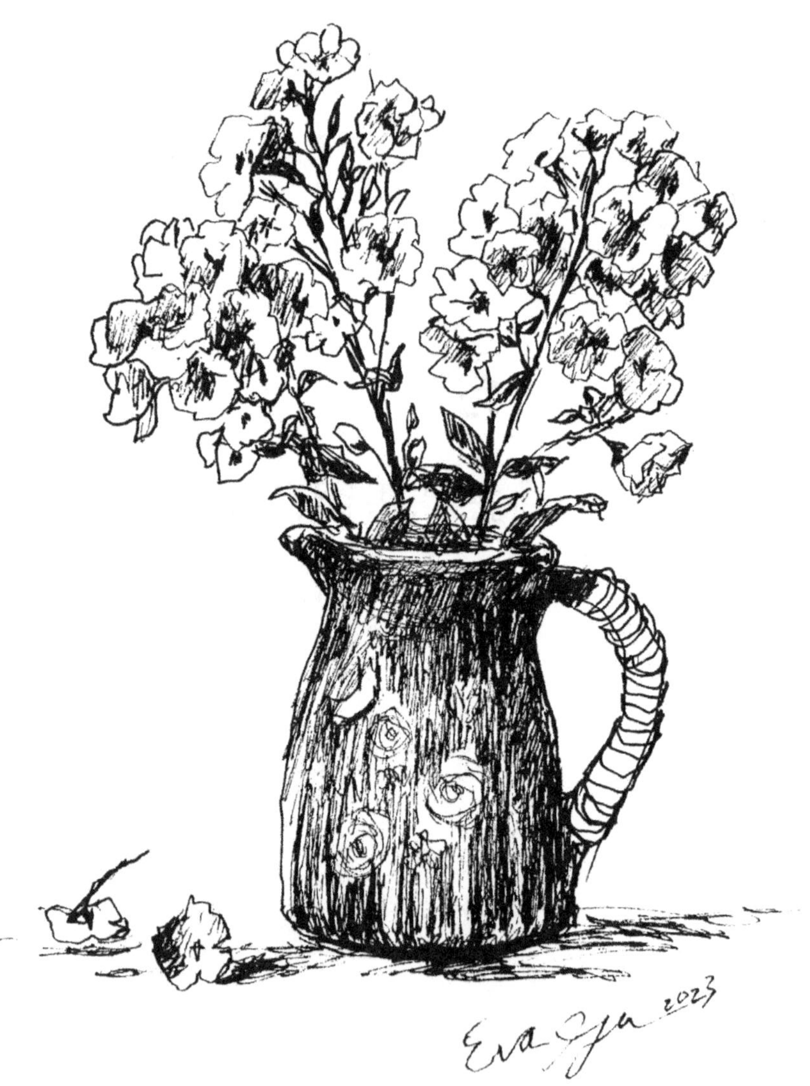

159 | 離別

擁抱彼此

天涯海角

足聲漸漸遠去

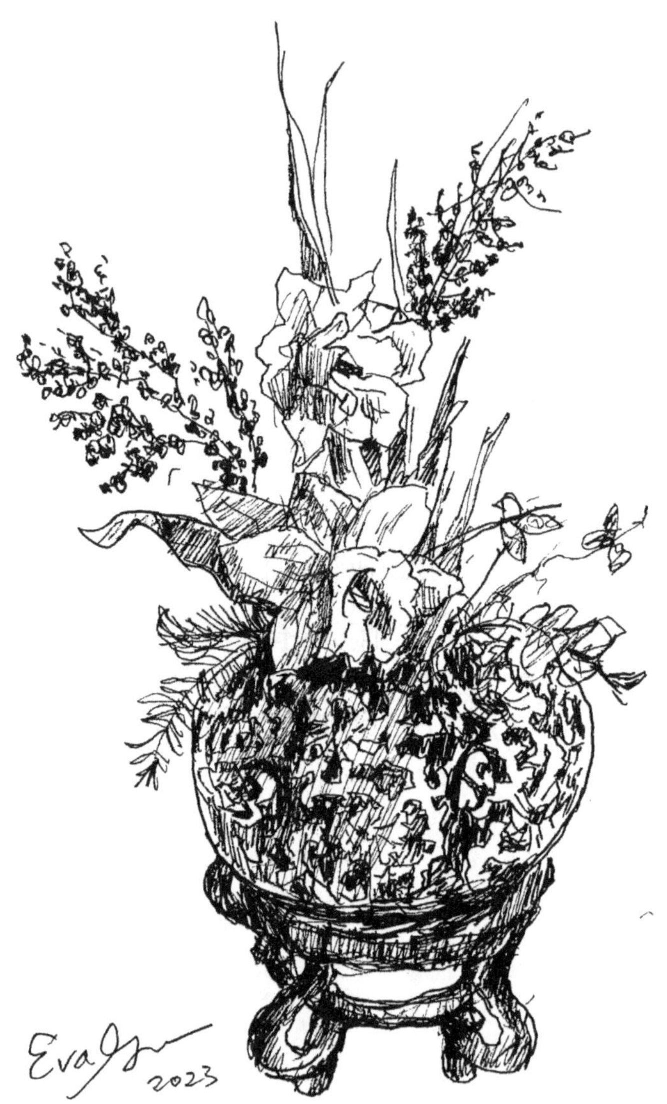

胡適花園

學問在不疑處有疑

待人有疑處不疑

把我的影子無疑地留在水裡

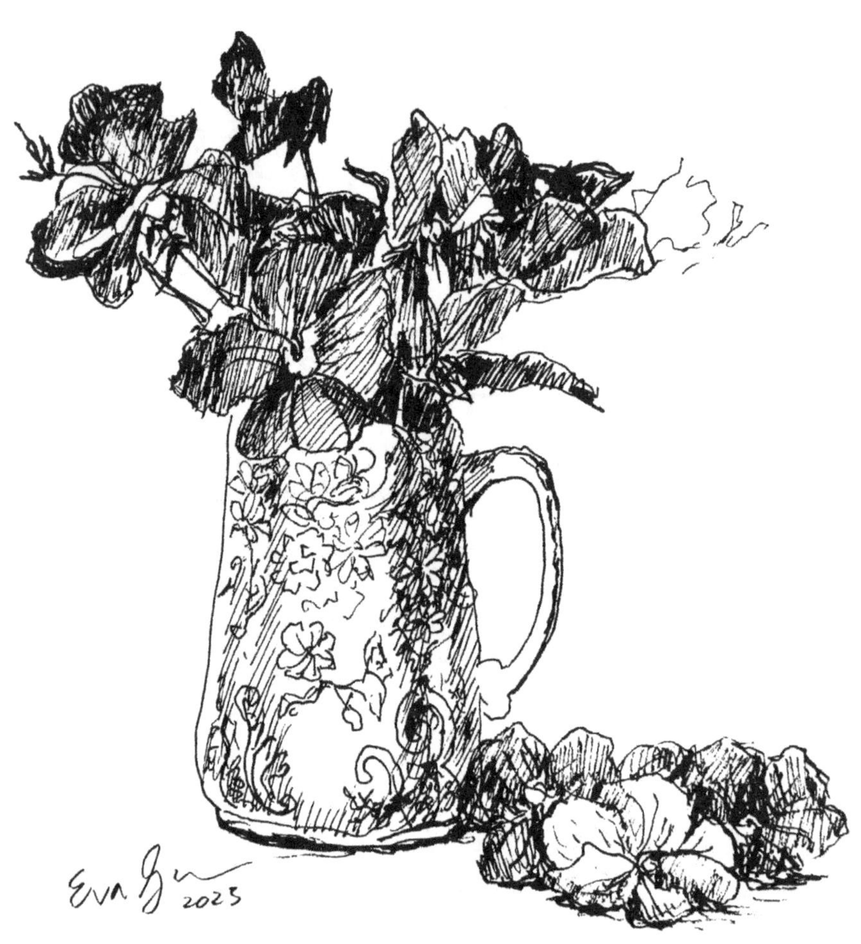

161 | 快遞

萬千堆垃圾般的

神秘包裹裡

收藏了各種驚喜

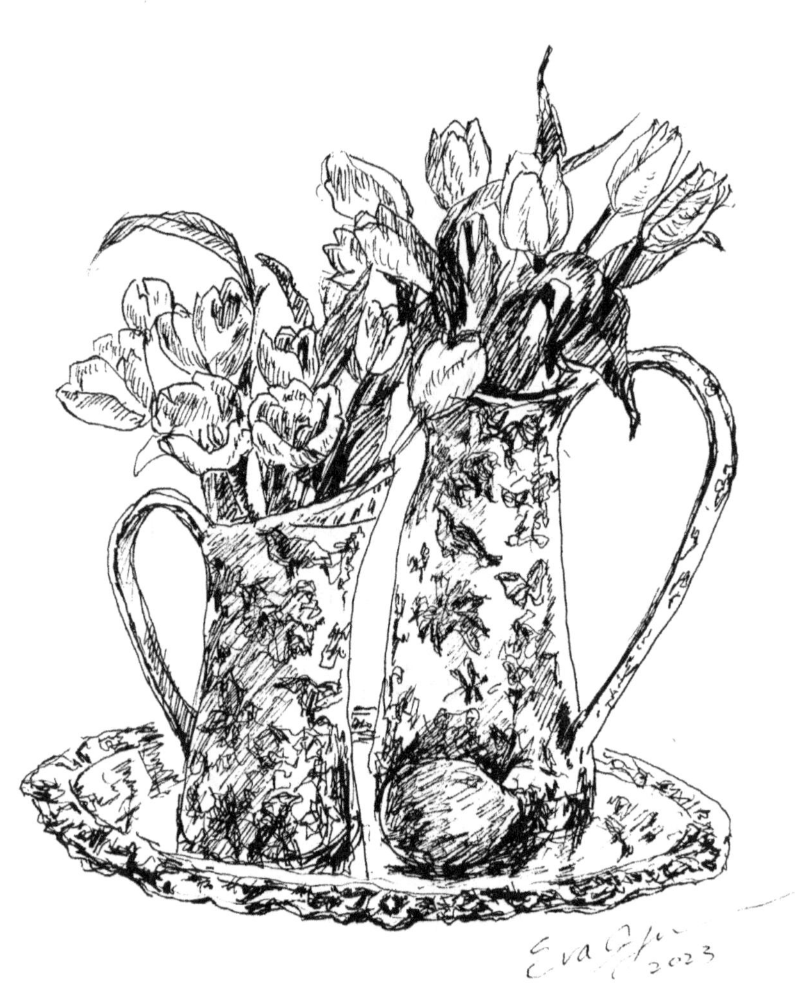

162 | 平安夜

沒有驚喜的奇跡

守護住被神佑的安寧

和一方天下太平

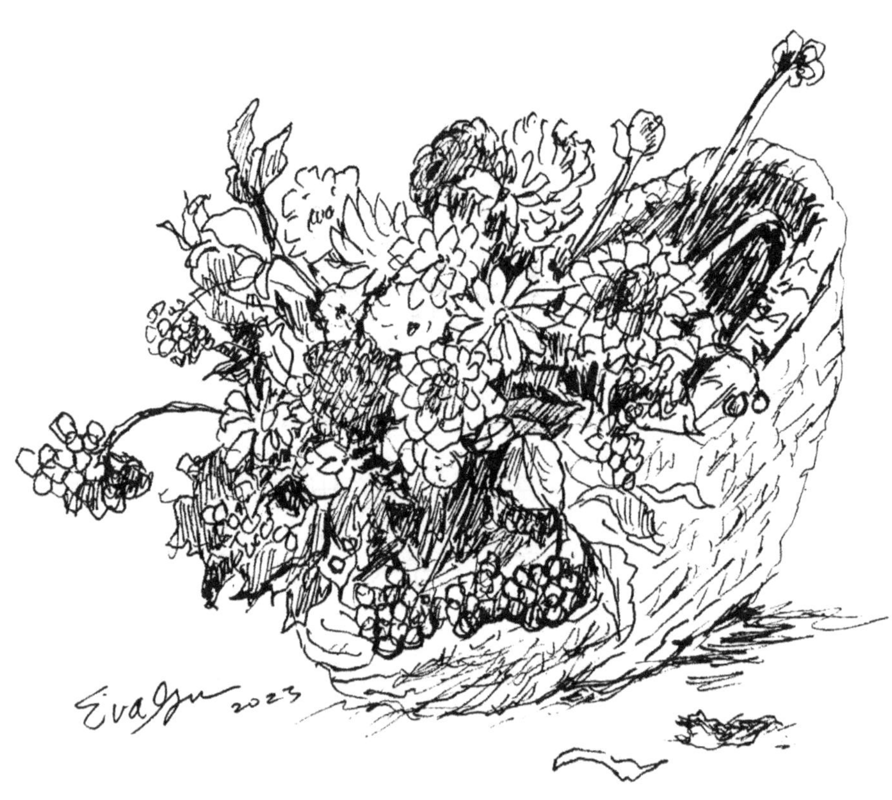

163 | 紅包

如槍林彈雨

實彈出擊

紅色的雨濺成歡樂

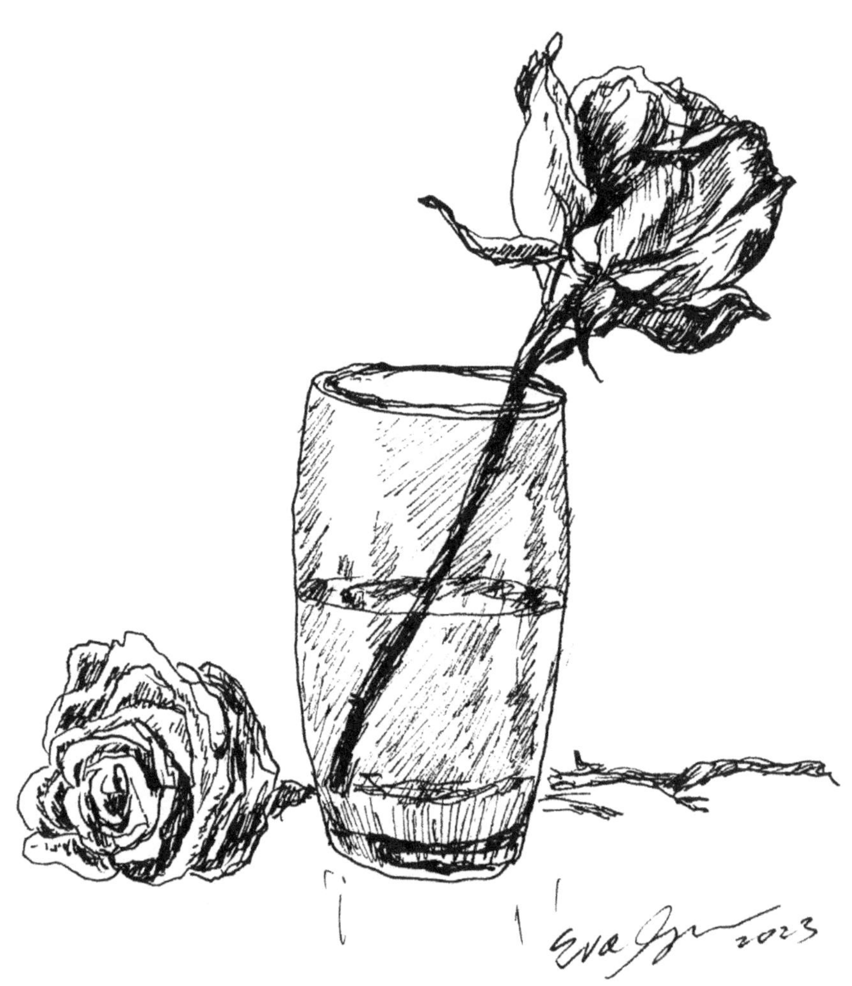

164 | # 回廊

如愁腸百結
似峰迴路轉
且行且歇且珍惜

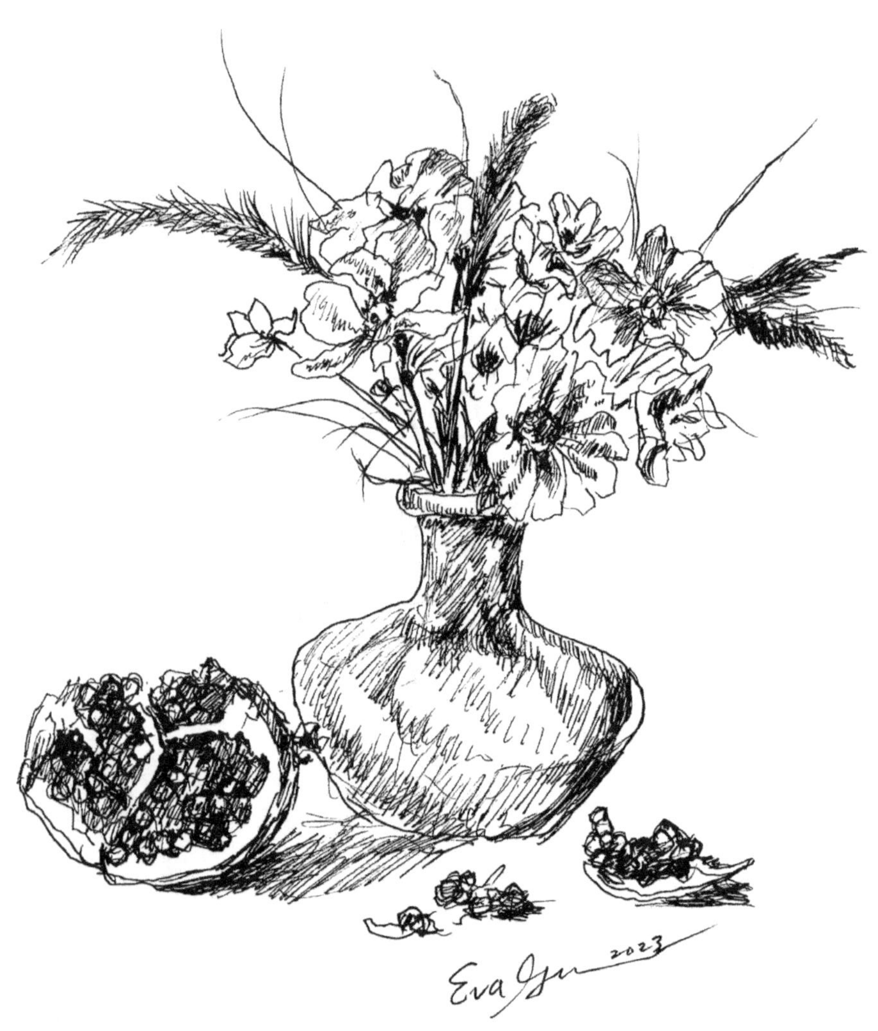

165 | 渴

期盼拯救的甘露
干枯衰竭的軀殼
張開所有縫隙

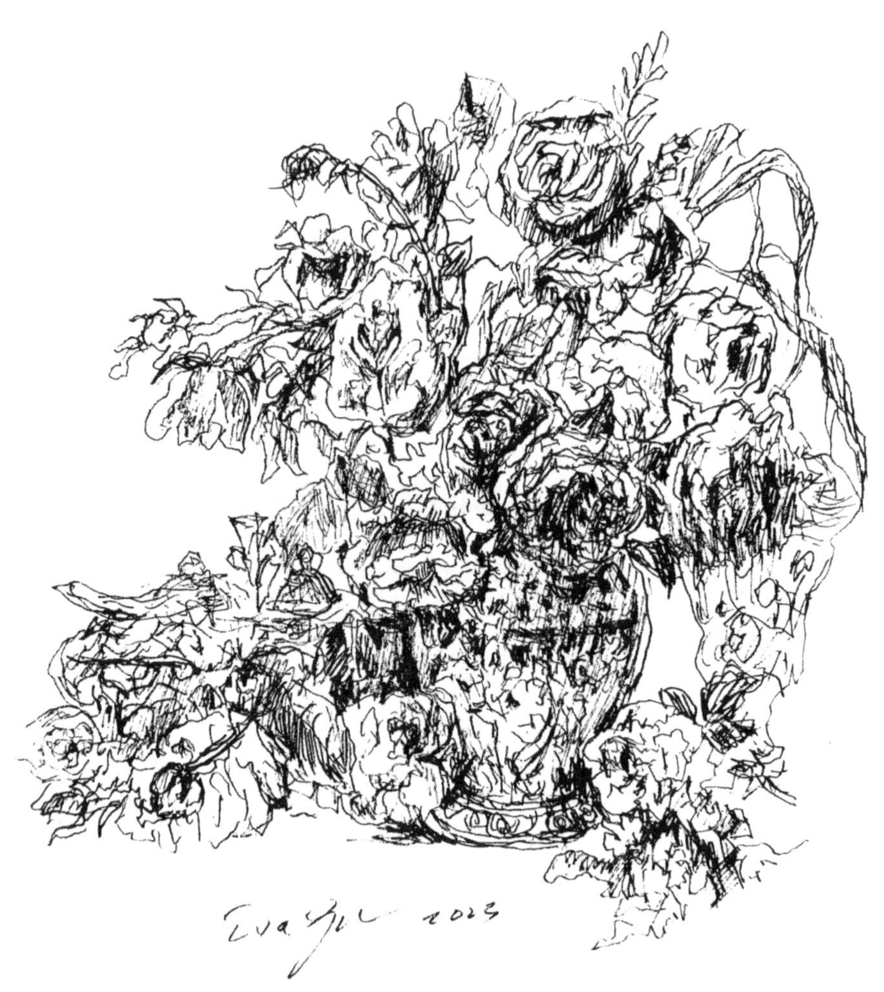

166 窗

不發一言
在車水馬龍的世界面前
守住主人的秘密

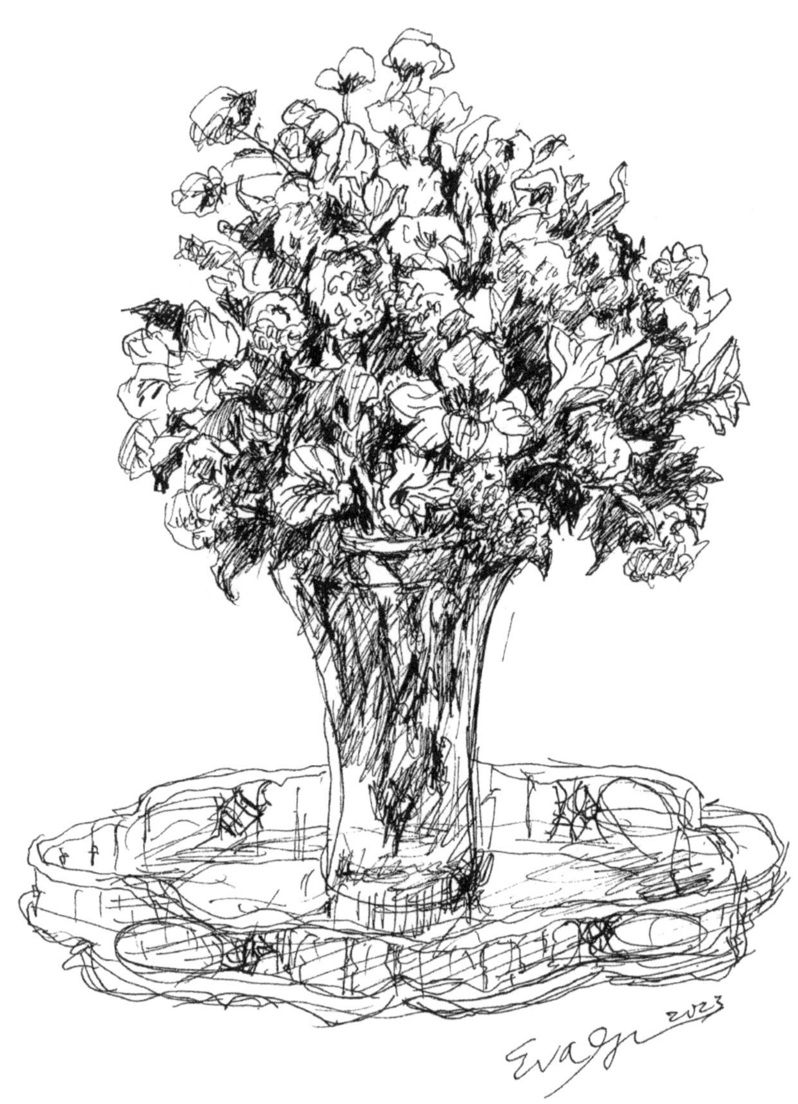

愛

生命力的悸動

在共震中

同存亡

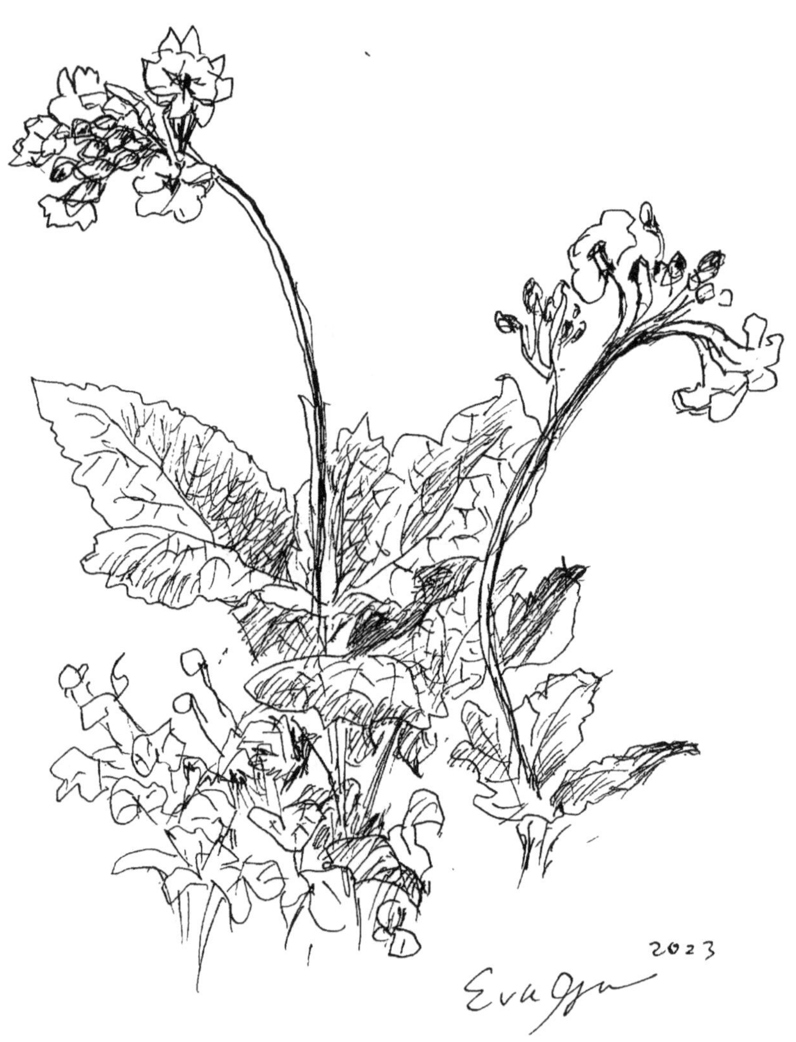

2023

168 | 果汁

喝一杯粉身碎骨的水果園

在咖啡的香味中

走進光陰

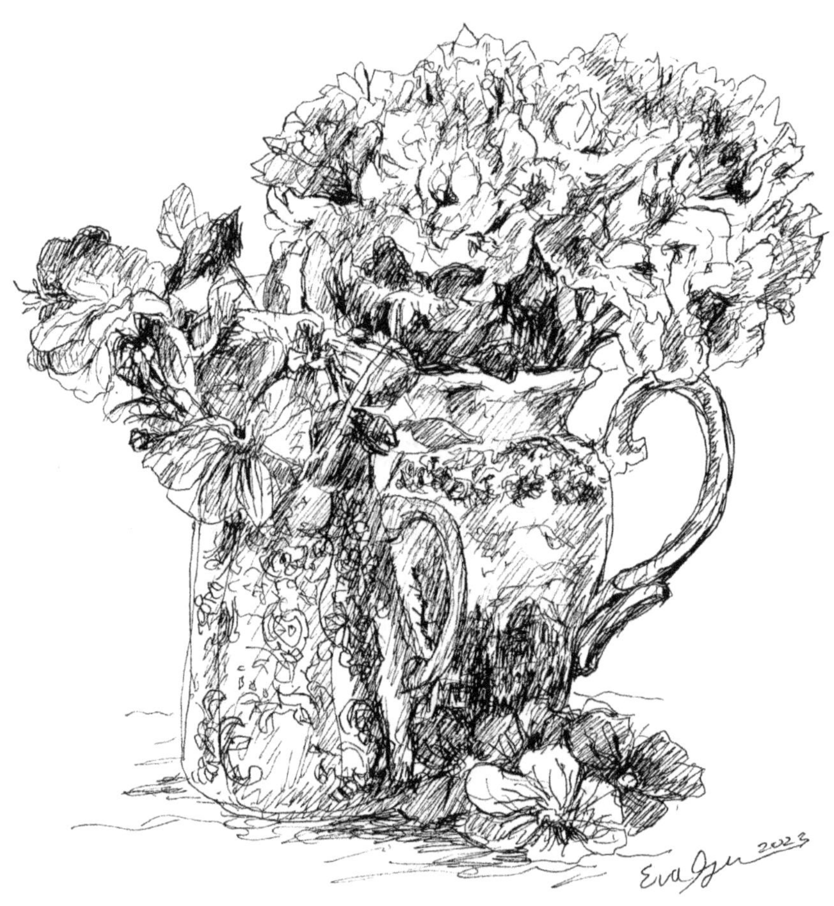

田野

上帝恩寵的一方心窩

灑甘露送芬芳

點石成金

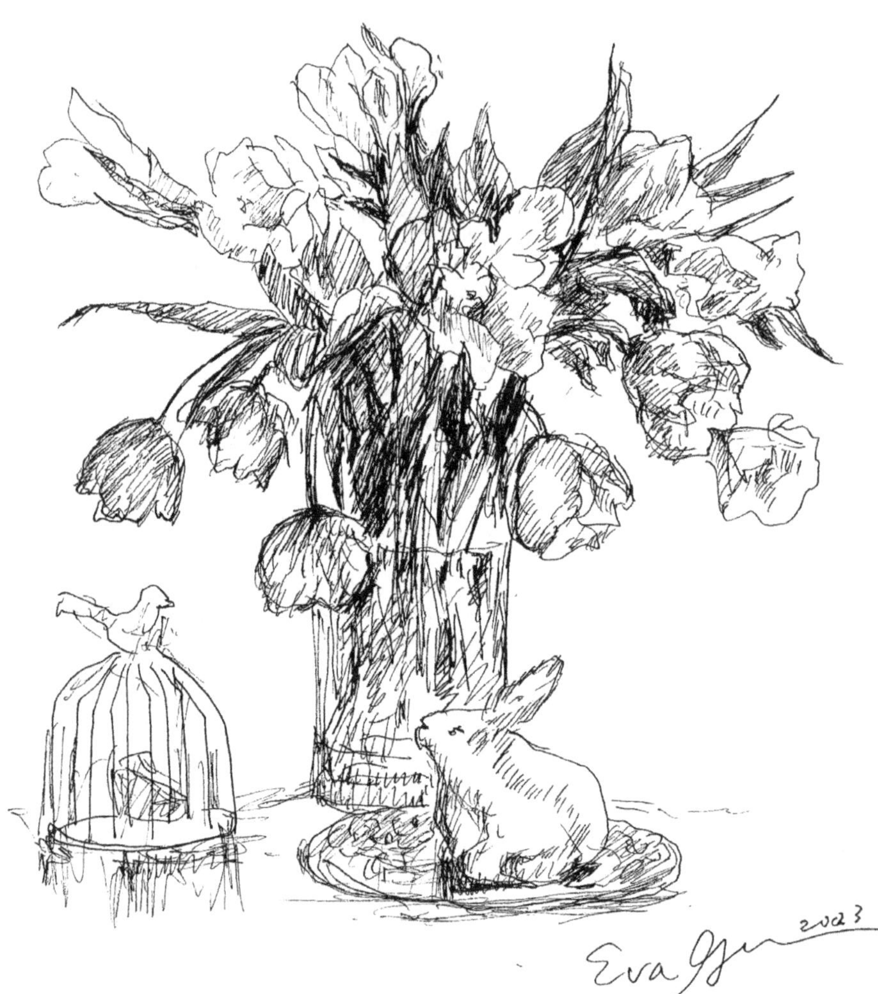

170 | 春

大地醒了
像受孕的生命
被春風癡情吻遍

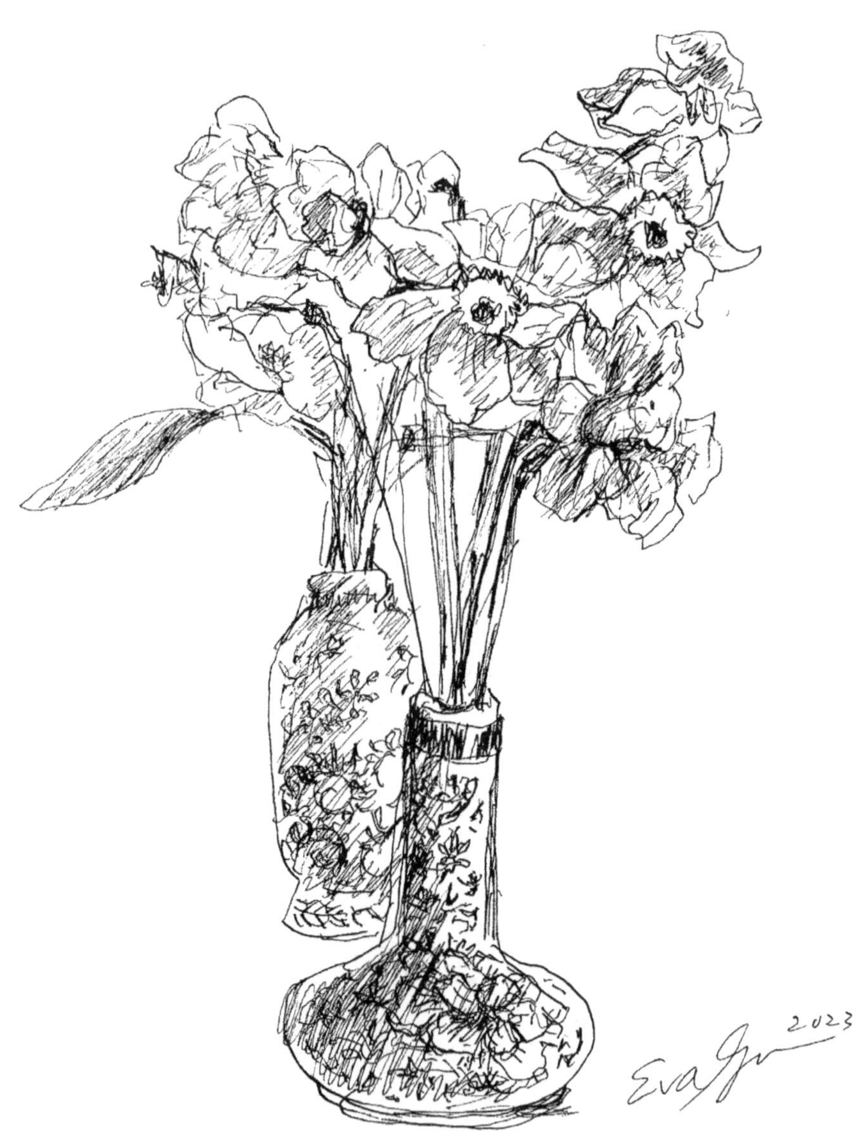

夏

怕他的熱烈追逐
如癡狂的浪人
我只好年年走避他鄉

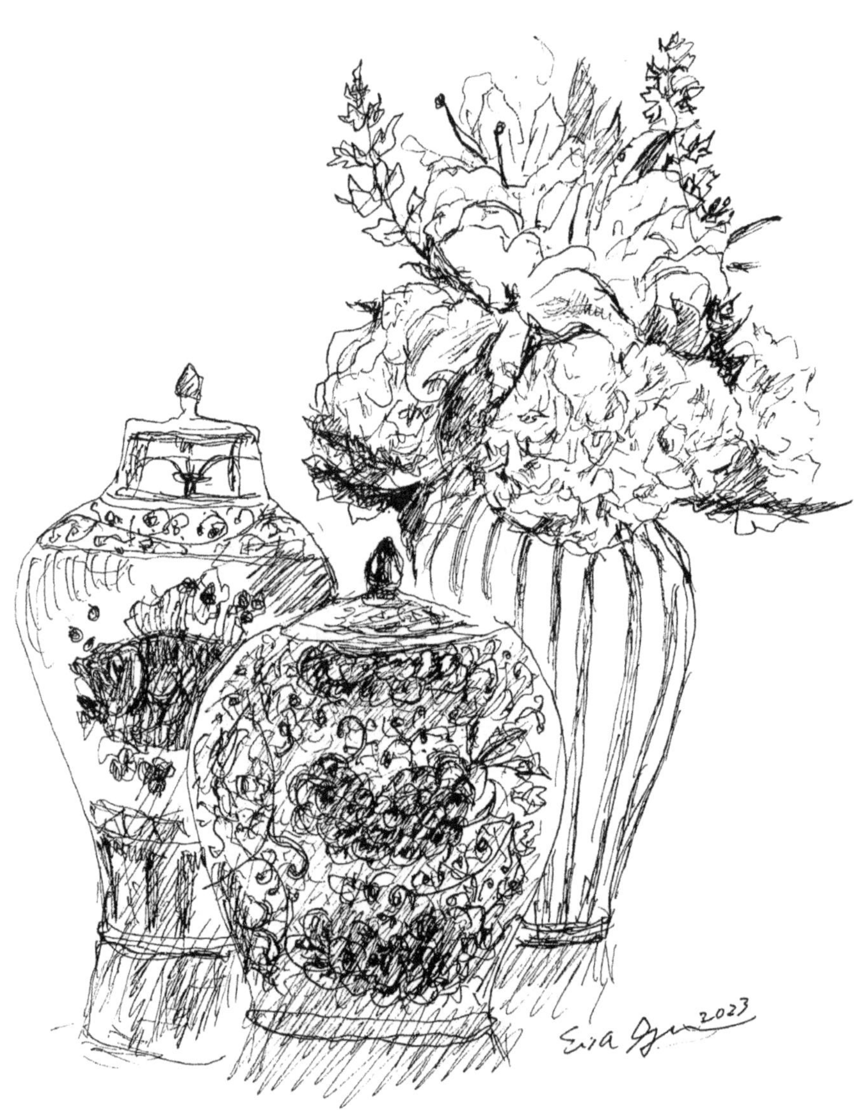

172 | 秋

卸下了濃妝豔抹

猶存嫵媚的徐娘

終於漸漸憔悴荒涼

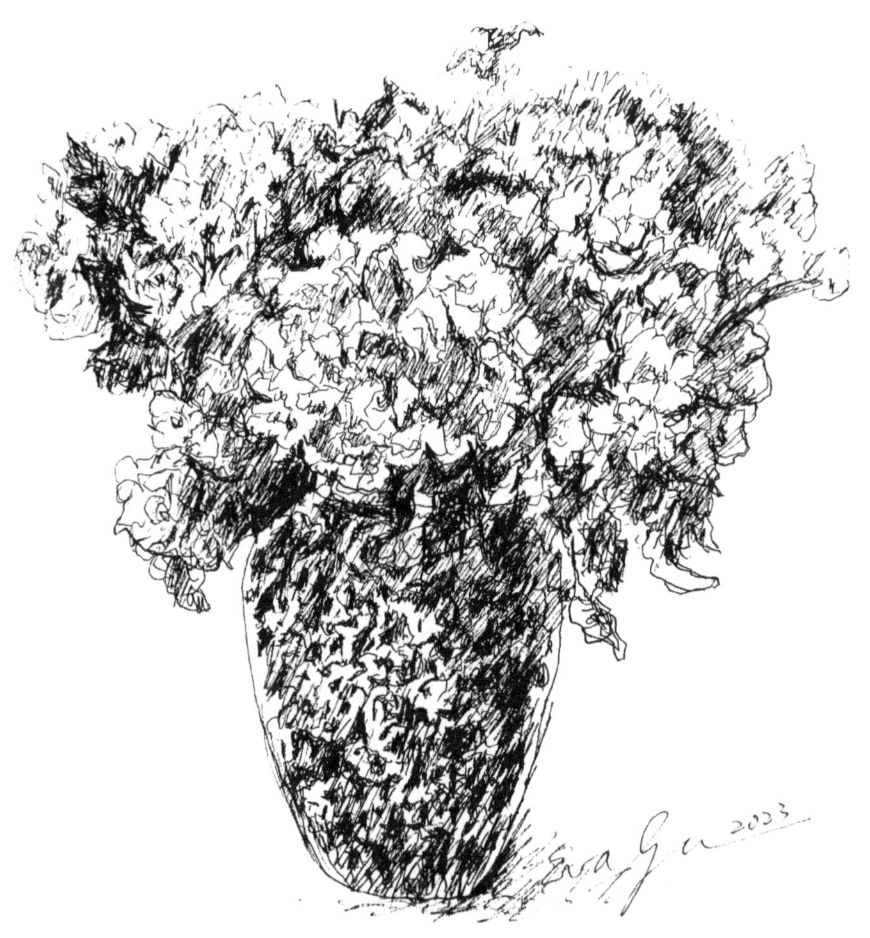

173 | 冬

用皚皚白雪掩藏

泥塘裡的污水蟲豸

恰如一個冷酷無情的偽君子

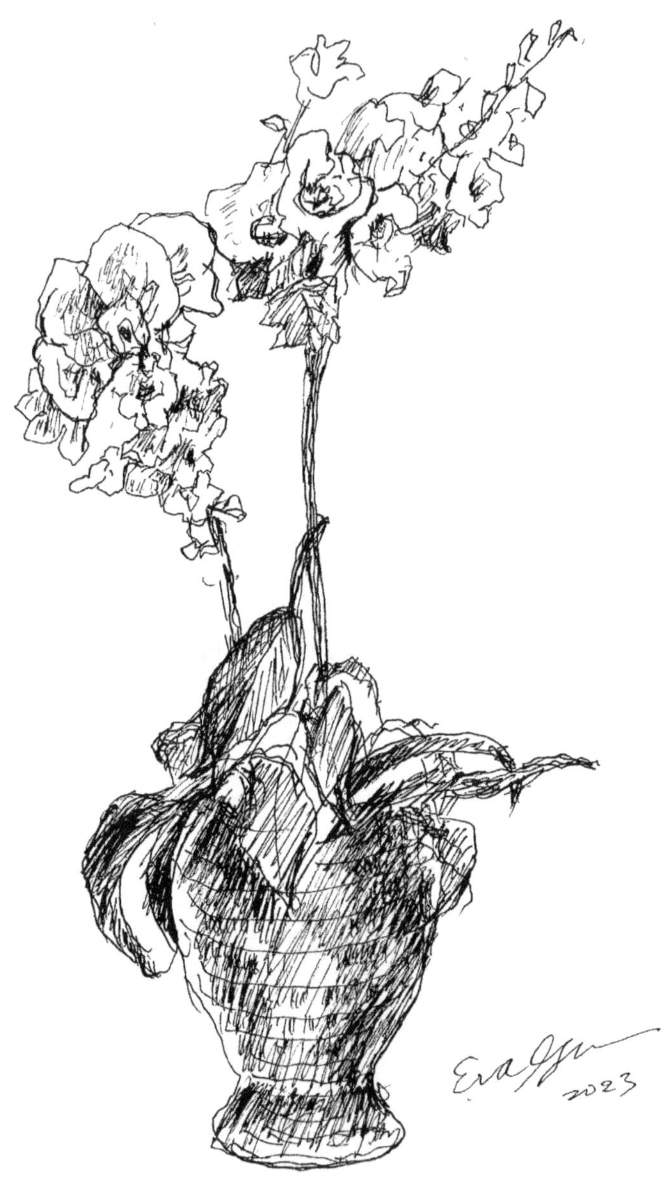

174 黃昏

黑暗世界來臨前

回光返照

留不住人間美好

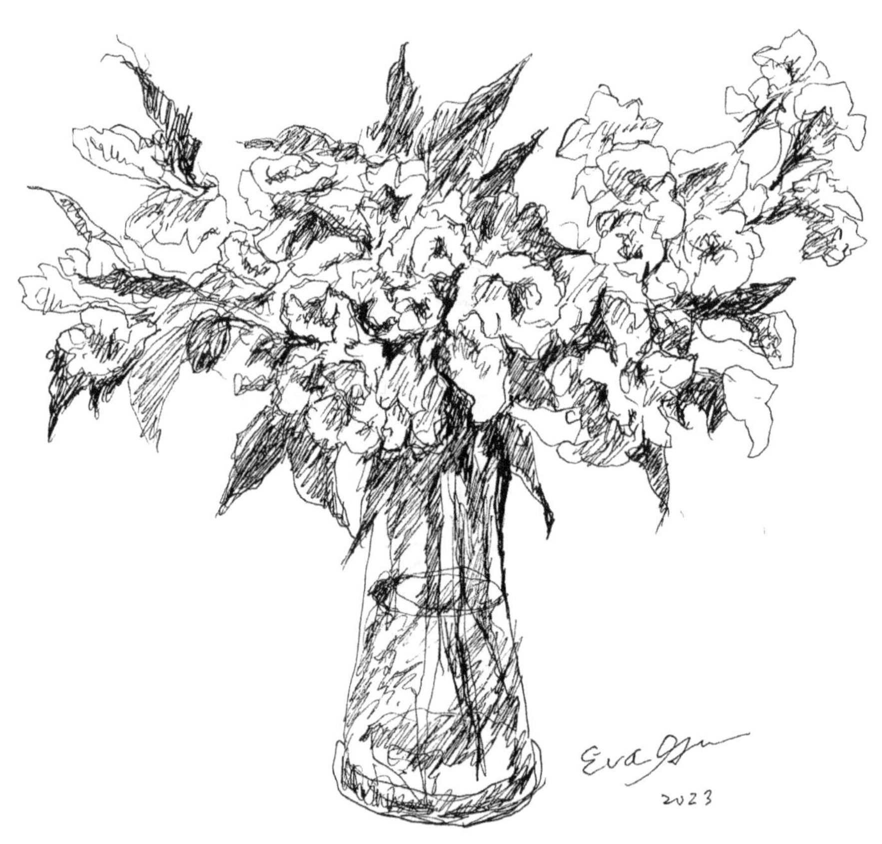

175 感恩

生命中出現了天使

不是我的選擇

是上帝給我一個你

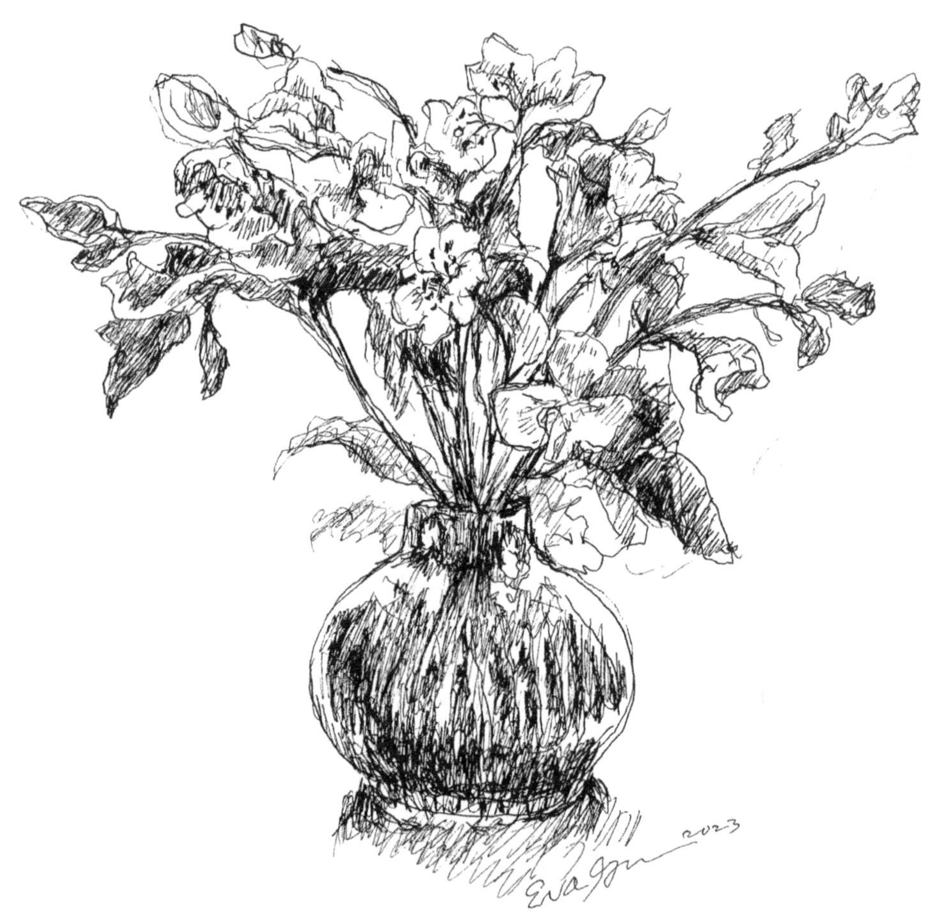

176 | 流浪的雲

東走西逛

回不了家的

飄逸的靈魂

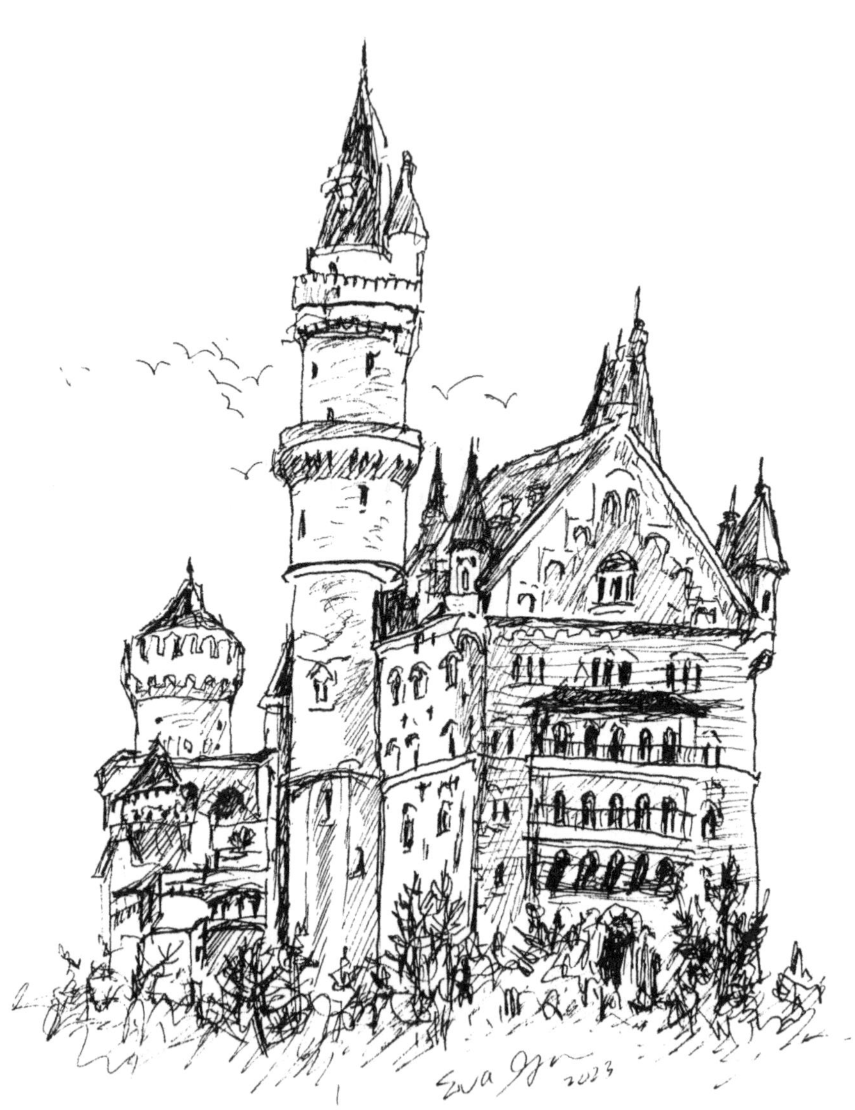

177 等

海未枯石未爛

要與你相見

不見不散

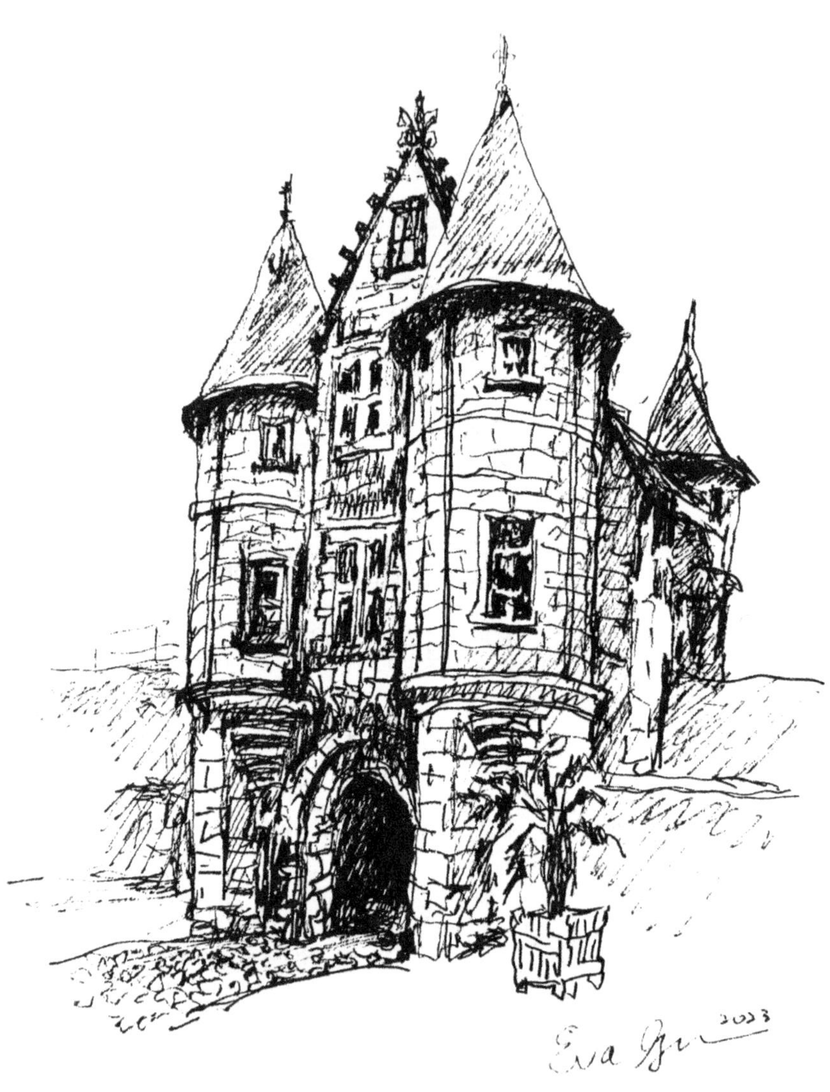

品茶

溫潤如玉
甘苦與共的從容
如面對君子的妥貼

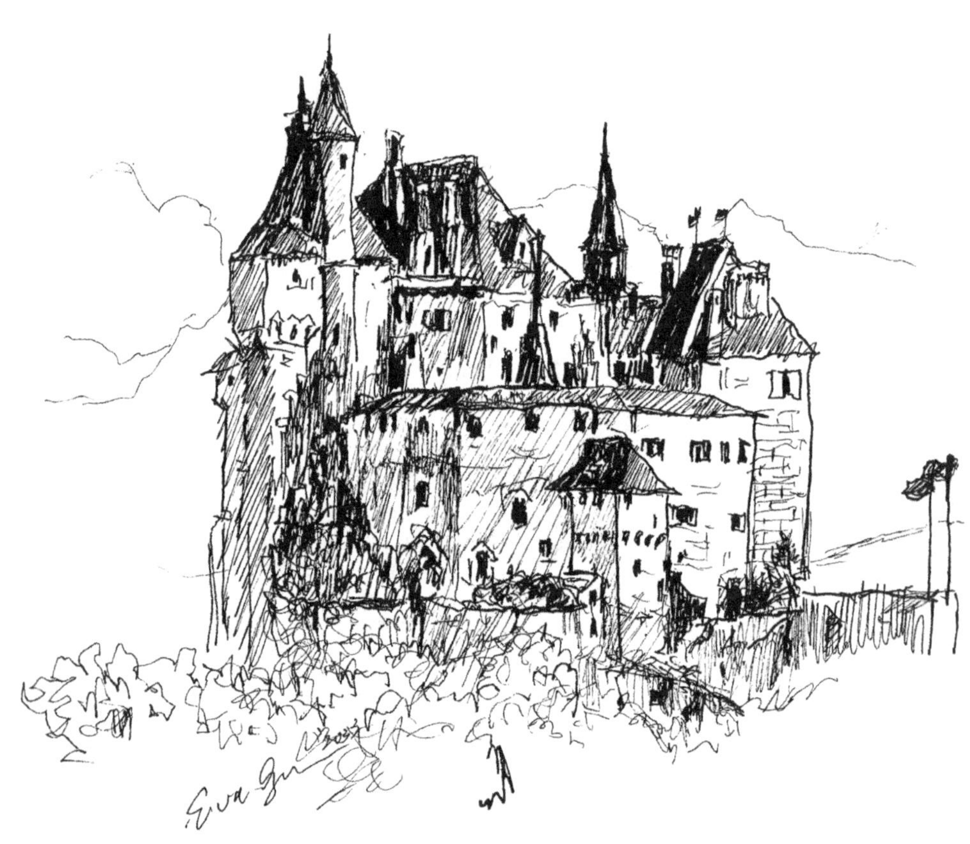

一見鍾情

莫名的天火引發了一場

無法熄滅的

燃燒

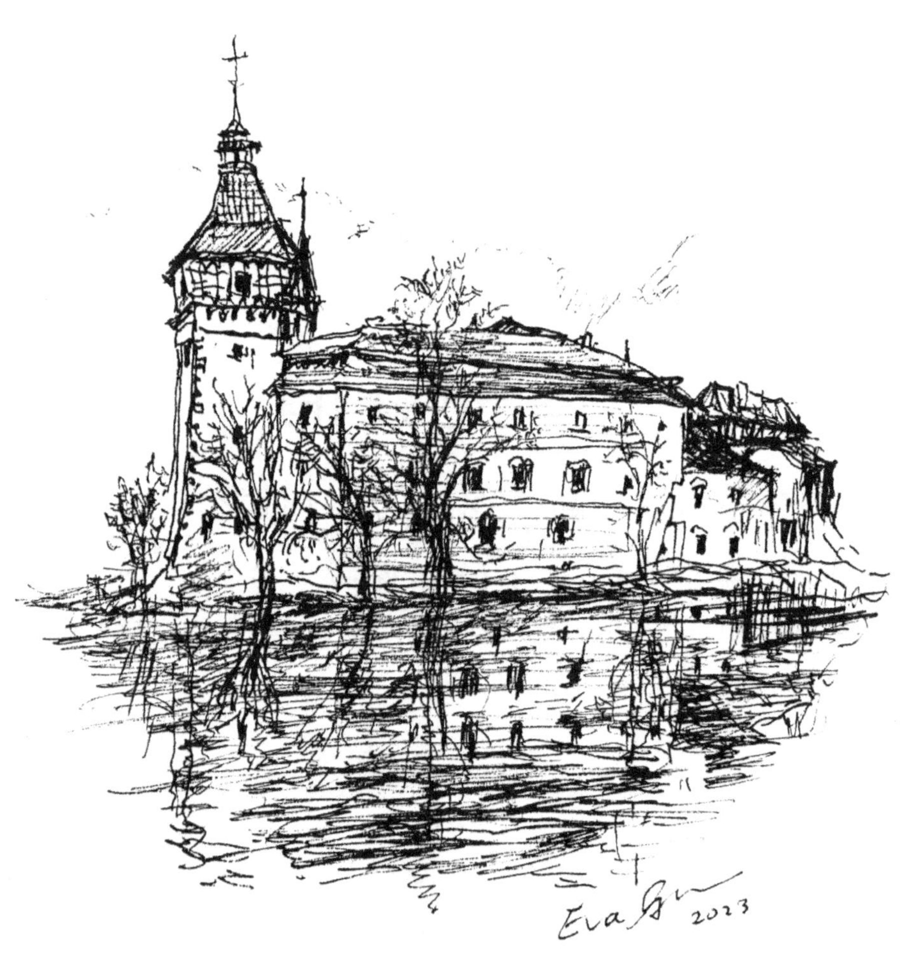

180 ｜ 知音

心裡的弦

尚未撥動

你已經聽見

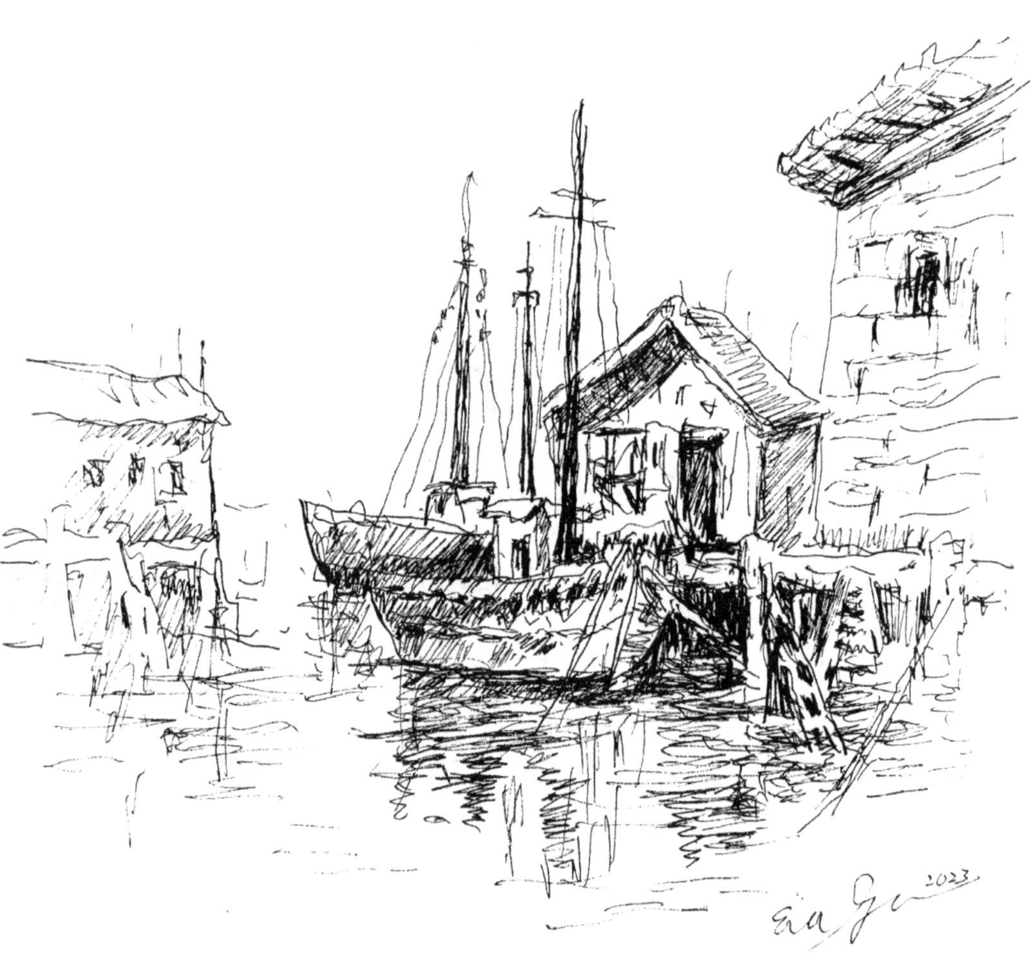

夕陽

掙扎着燃燒出全身的光芒
終會沉入地獄的黑暗
來警告世人

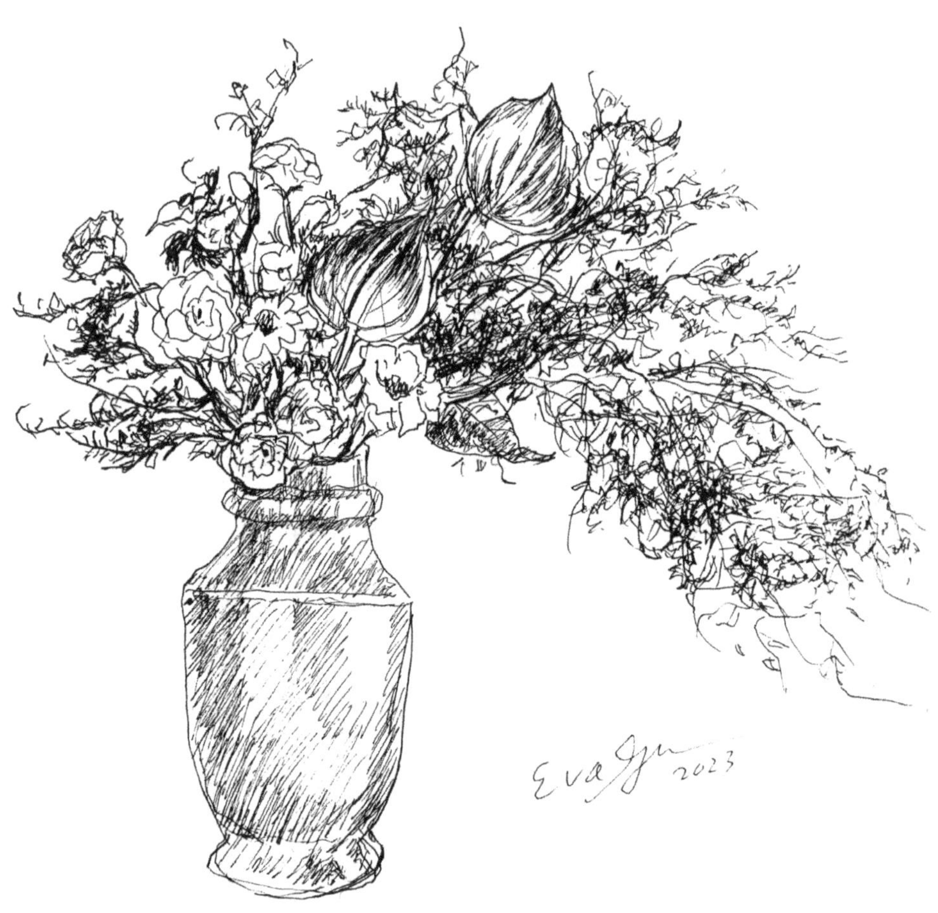

火爐

心中忍受着灼燒

痛徹心扉

溫暖了別人

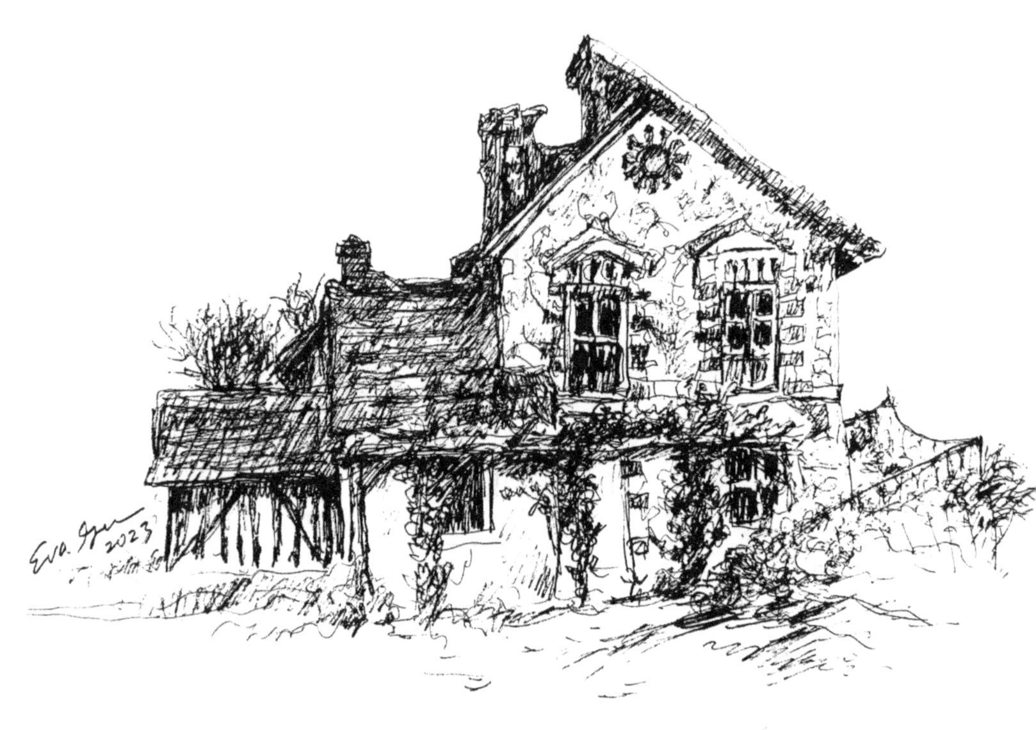

183 蠟燭

在暗中垂淚

崩潰

直至死亡

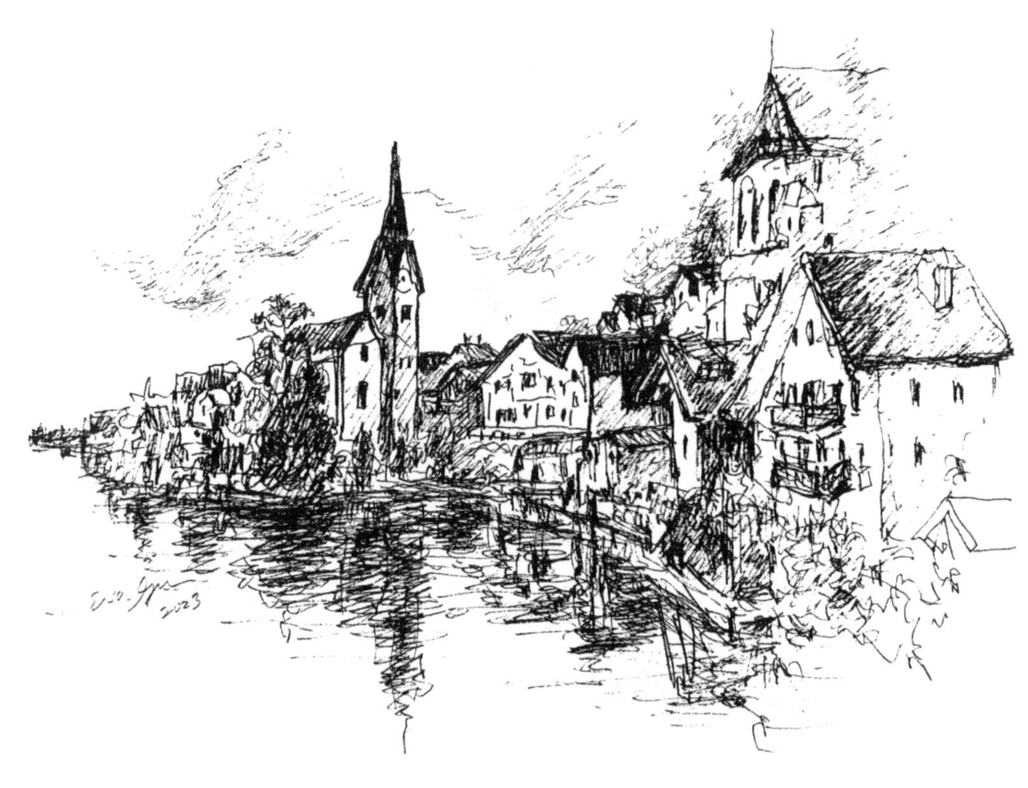

184 | 壁爐

像秘密的情人
隱藏在角落
燃燒自己

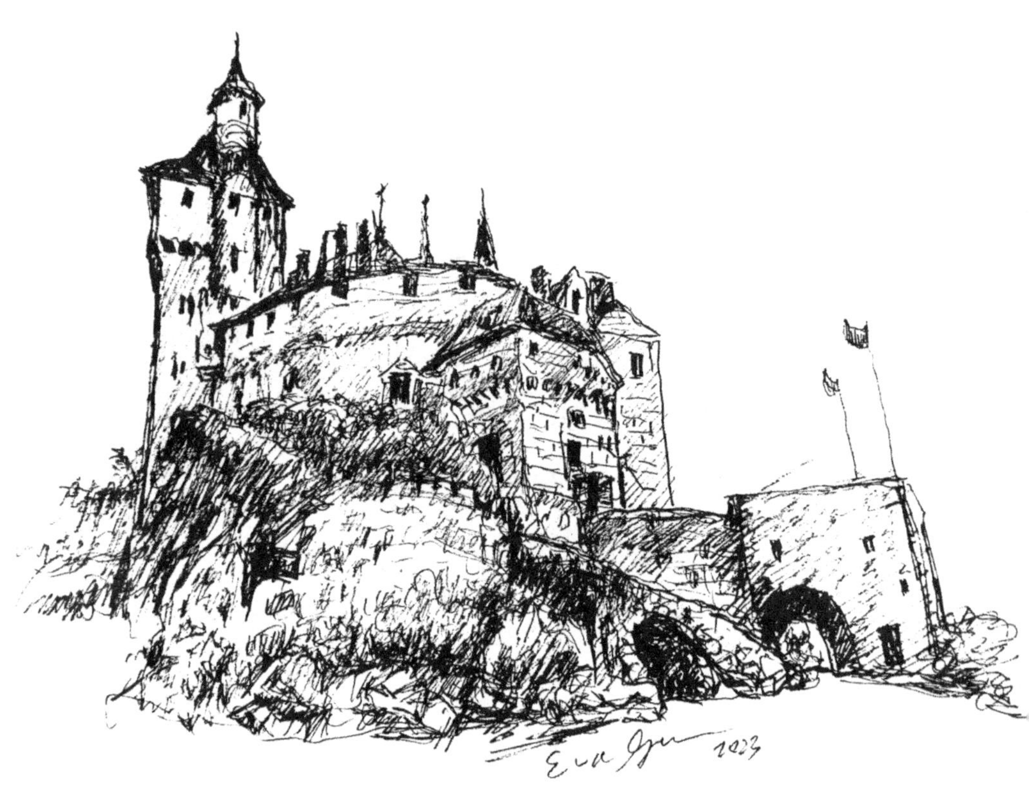

185 家規

一條掃干淨的路

沒有陷阱

通向成功

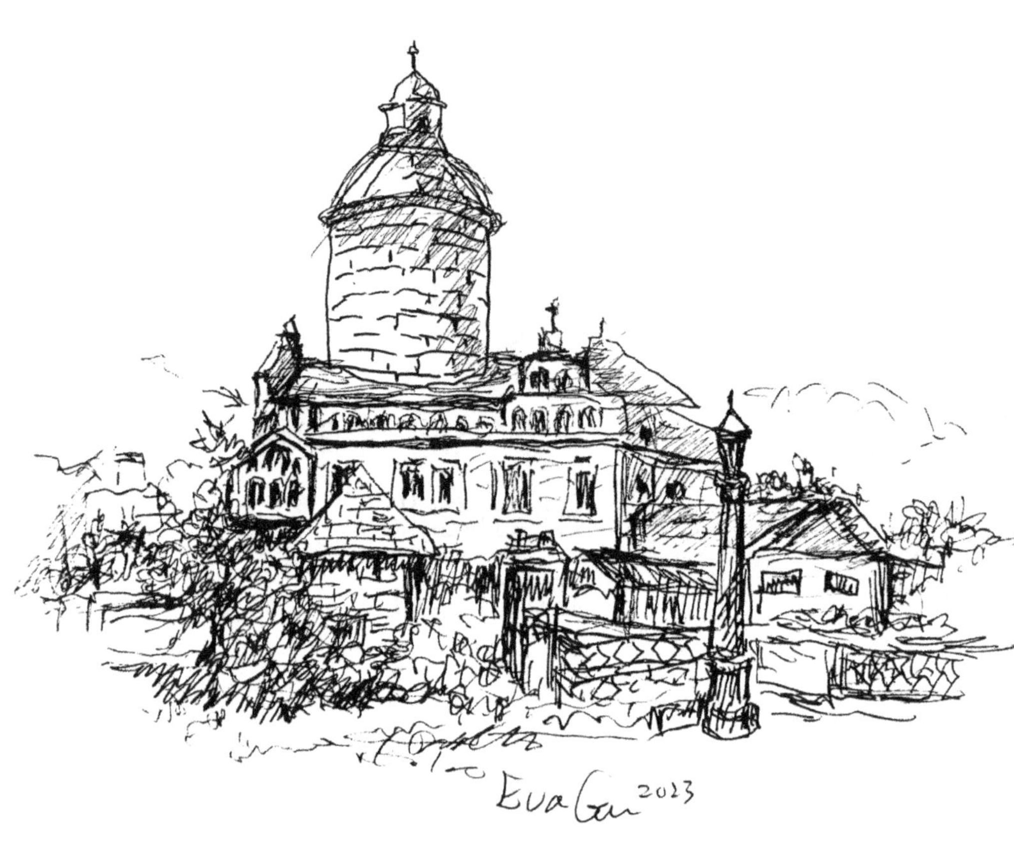

186 | 遺傳

帶着祖先的細胞

再生

重疊

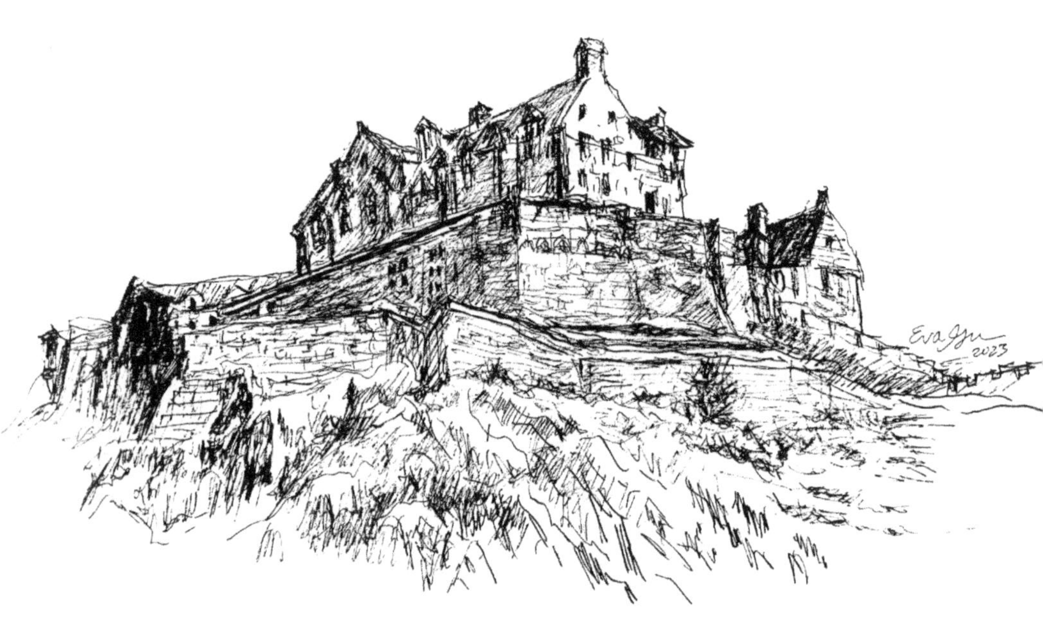

夜

溫柔的
掩飾住
千萬種光怪陸離

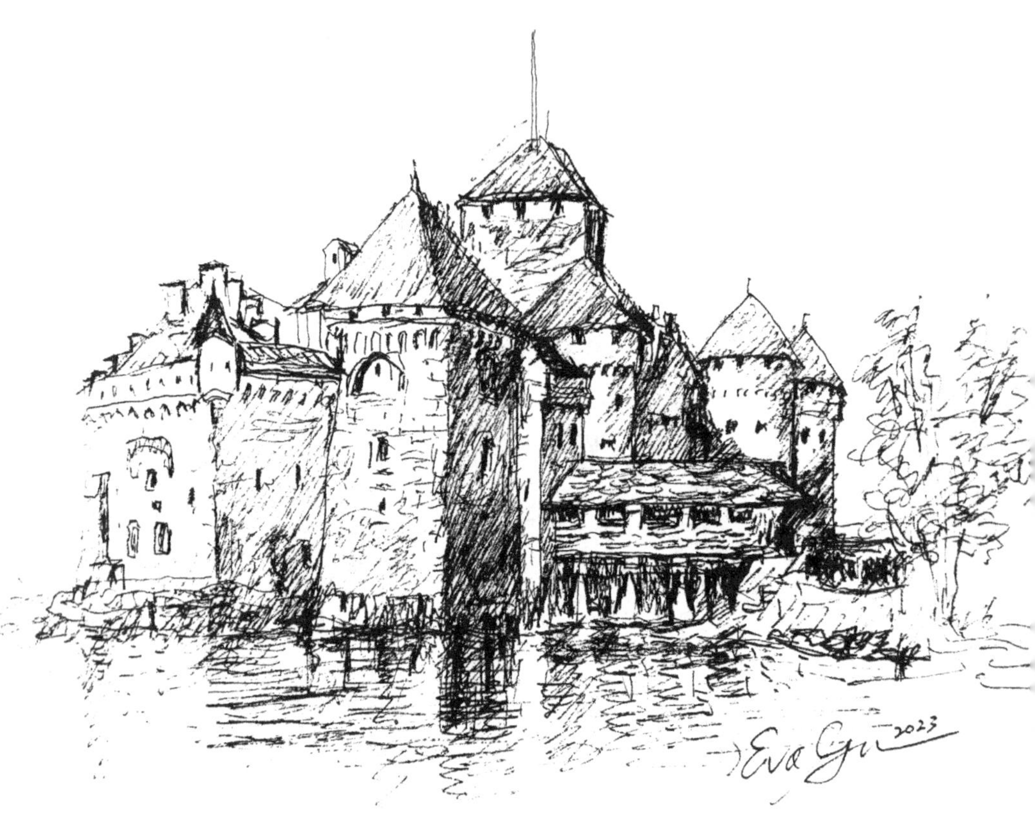

暗戀

被魔鬼籠罩在

醒不過來的

惡夢中

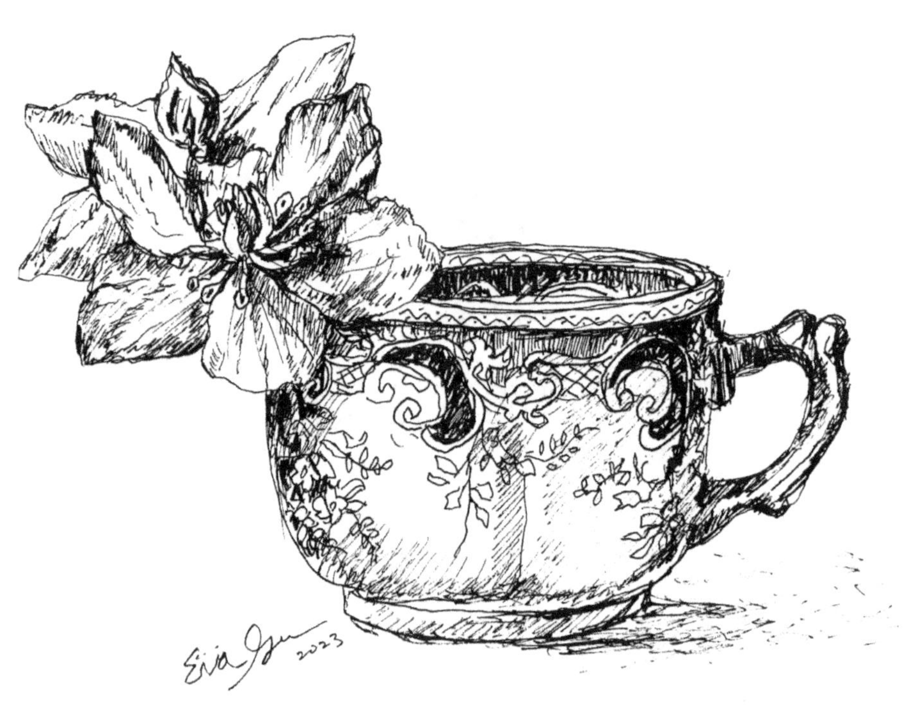

世俗

掙脫這條枷鎖
便活成真實的
自己

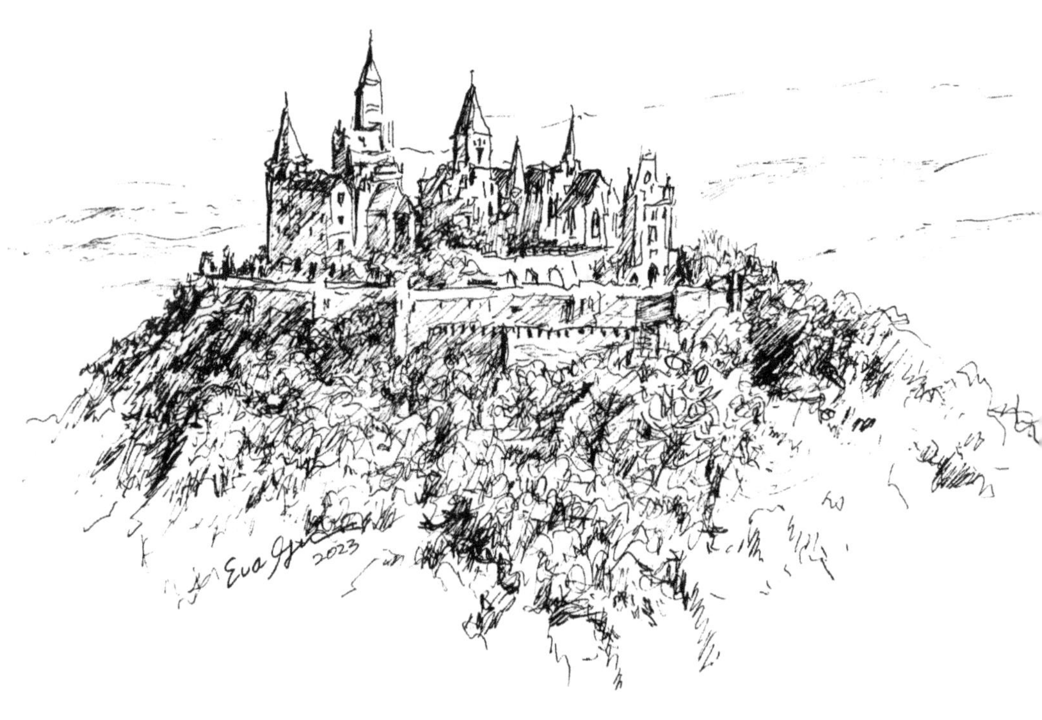

190 承諾

付出去的
是責任和使命
也是擔當

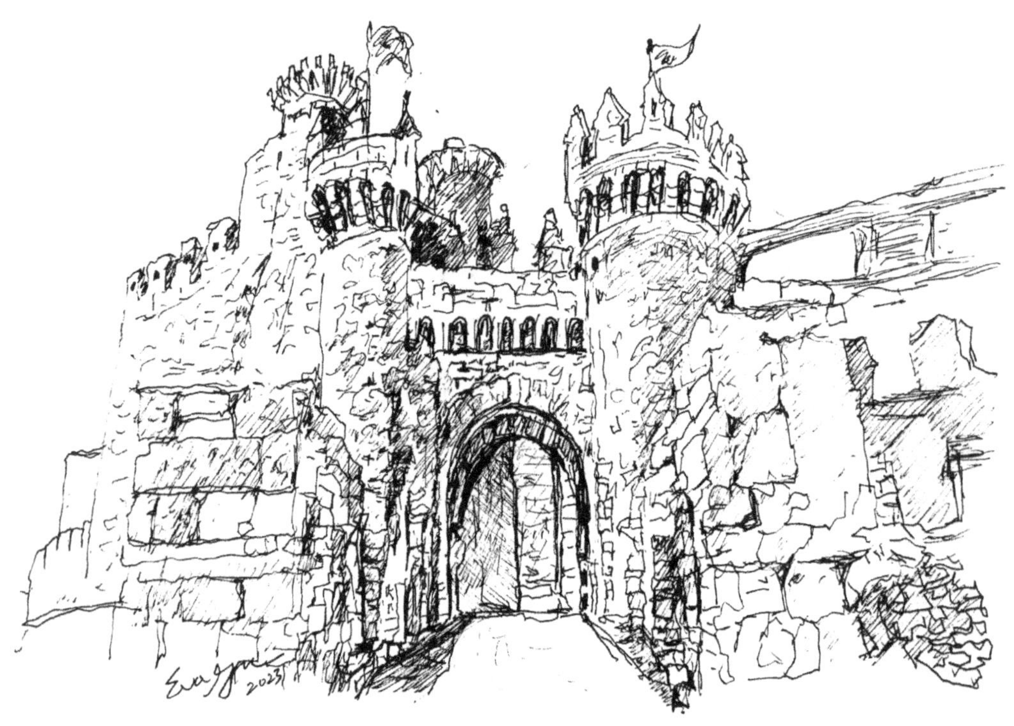

燈

像一個忠心的朋友
驅散的是黑暗
見到的是面前的路

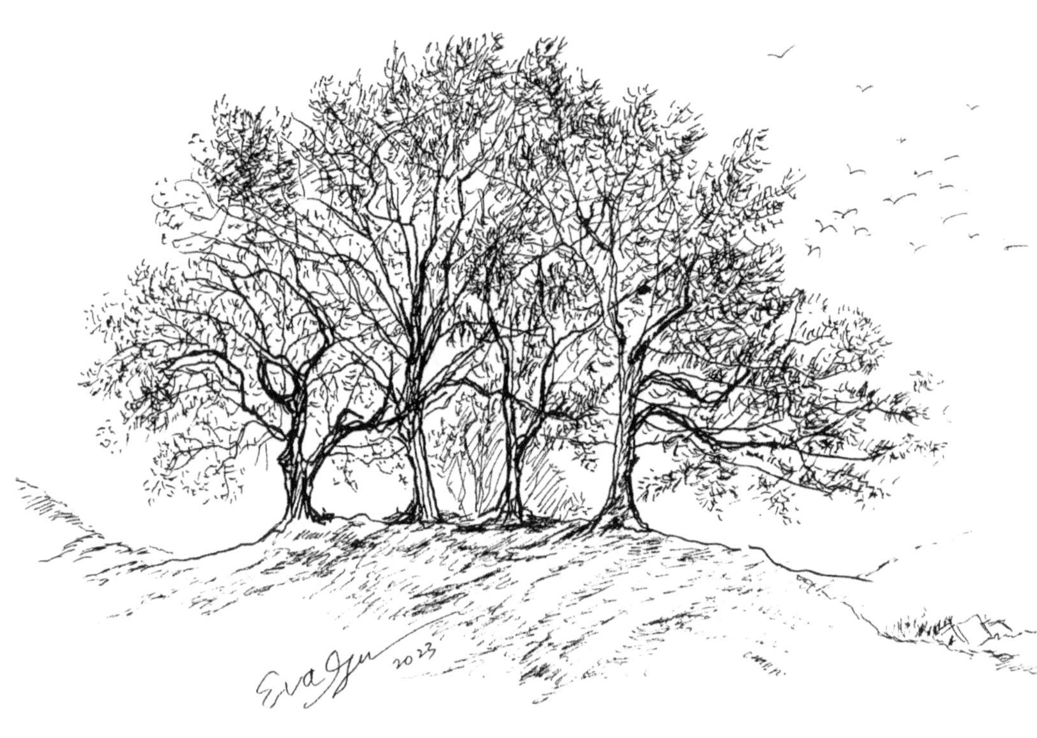

192 坦然

大海敞開了浩瀚胸懷

任憑興風作浪

自在逍遙

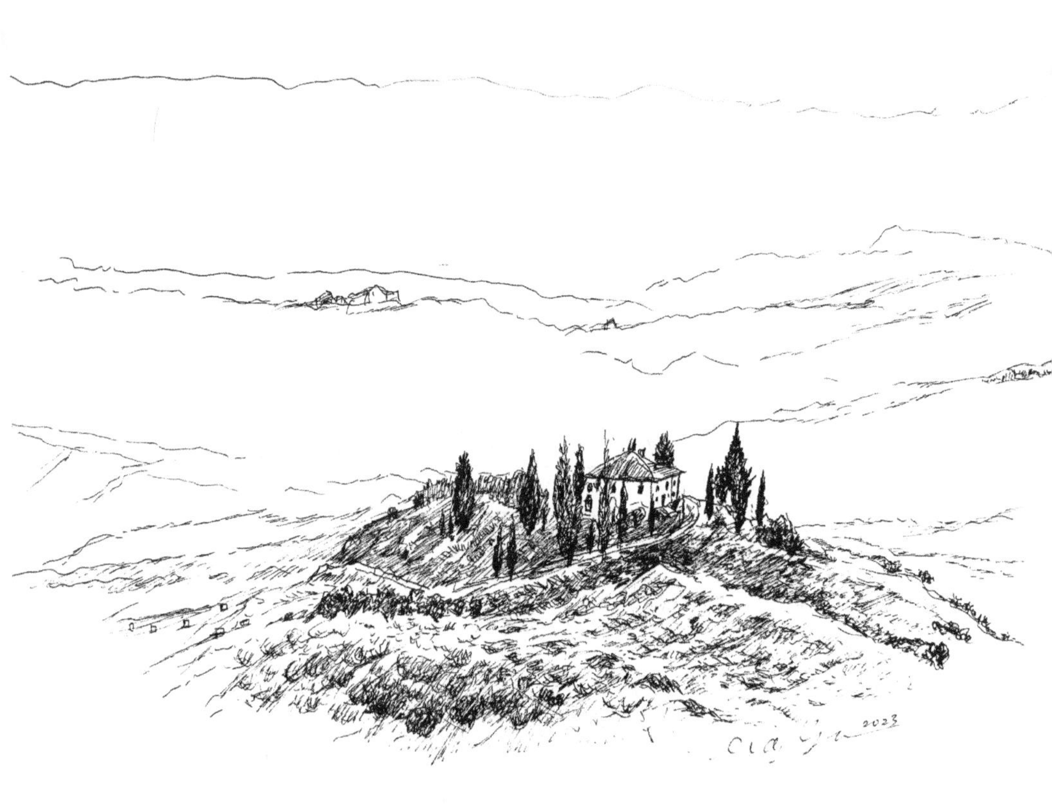

193 迷失

用盡全身力氣

召不回離家出走的

靈魂

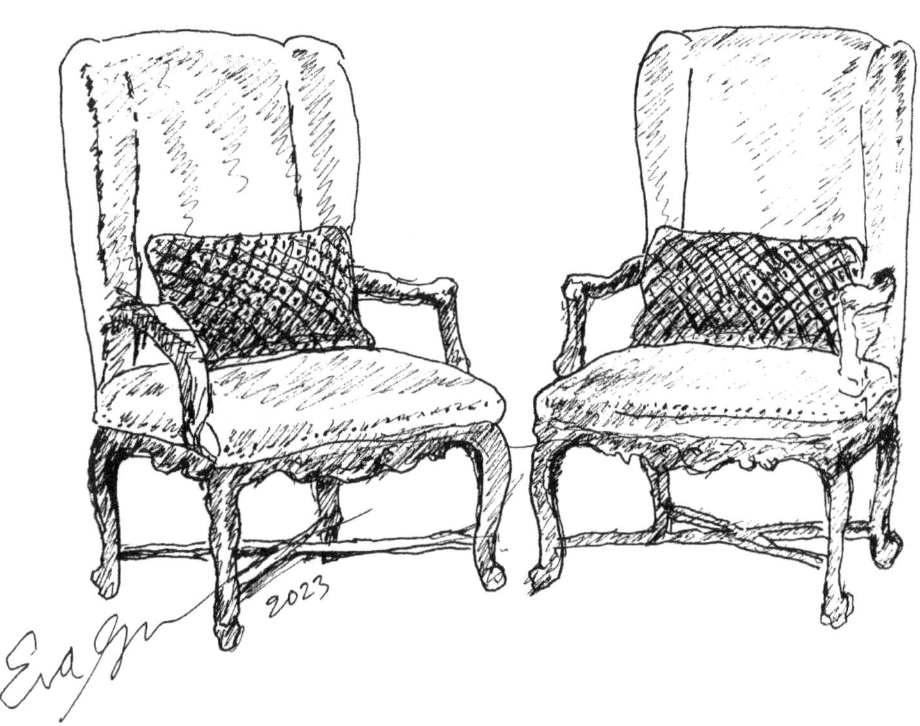

包容

是最基本的一種

付出

因為有愛

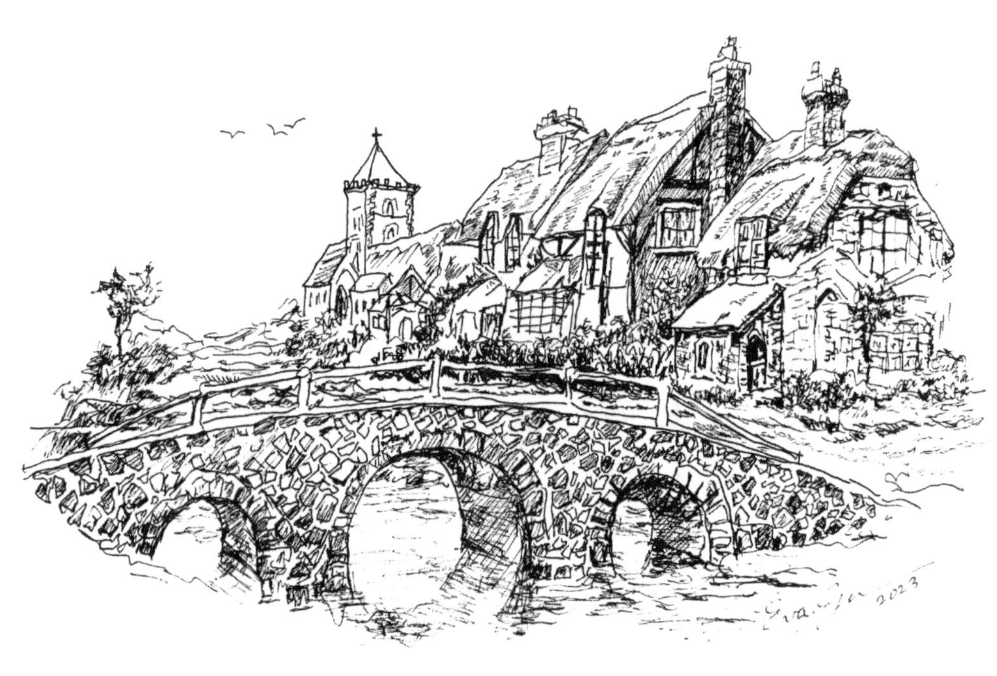

195 漂泊

東西南北中

移動着軀體

把靈魂留在故鄉

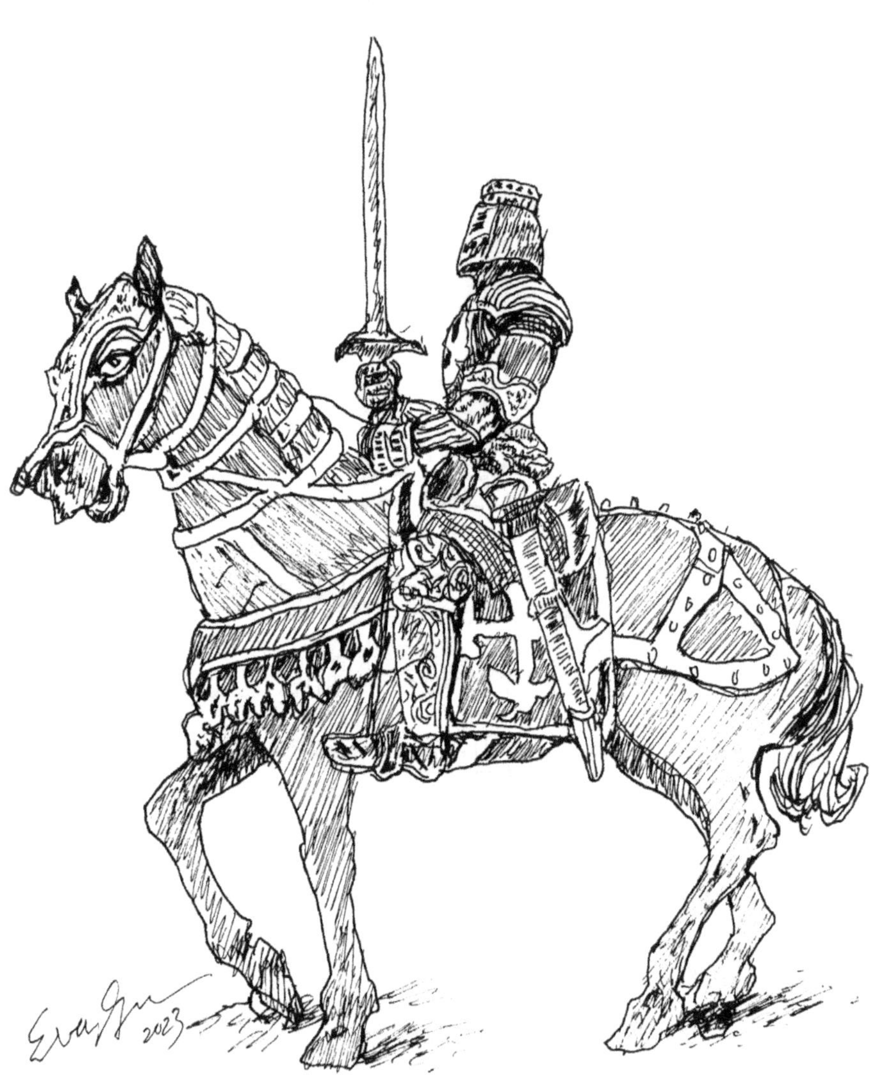

196 面具

藏在五官深處
一層膚淺的隔離
飄浮在面容上

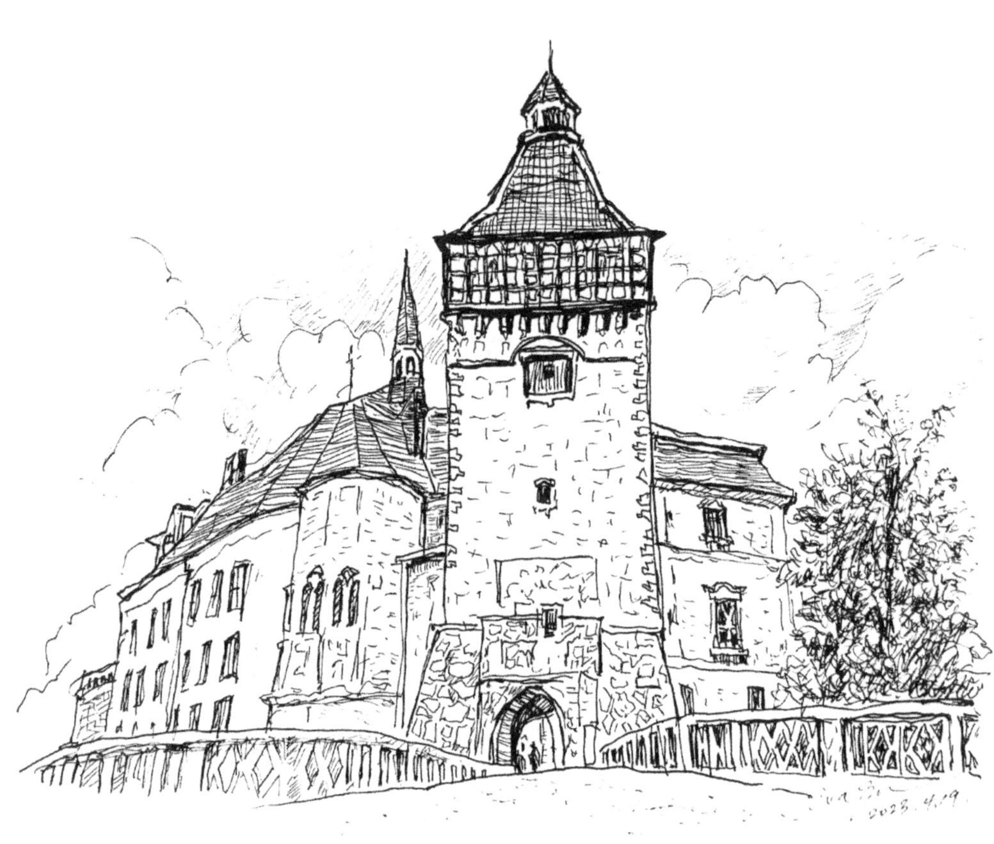

197 | 孤獨

穩穩的坐擁一份
自己的天下
如君王孤家寡人

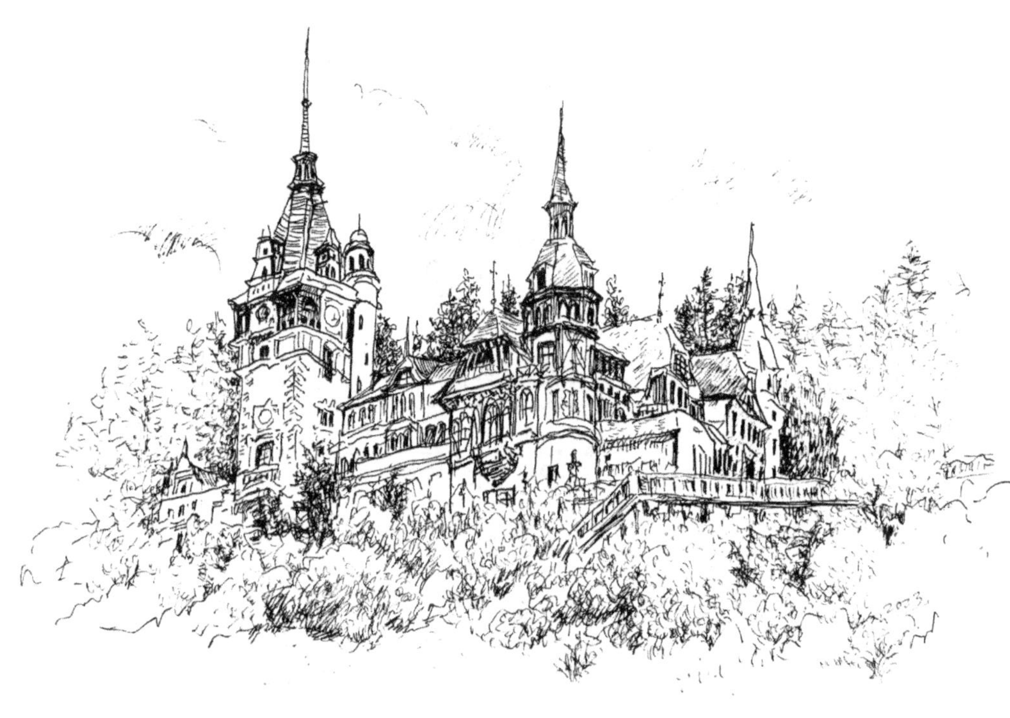

火山

198

沉默付出了
毀滅自己的代價
因為不能訴說的愛

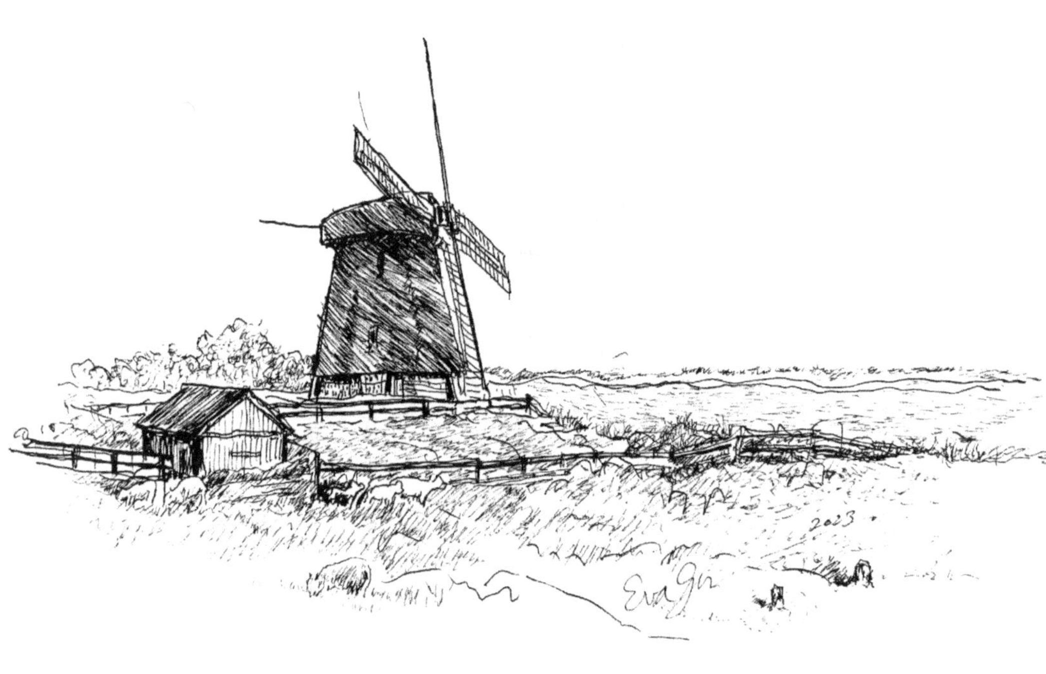

199　擁抱

在瞬間
交換了
彼此的溫暖

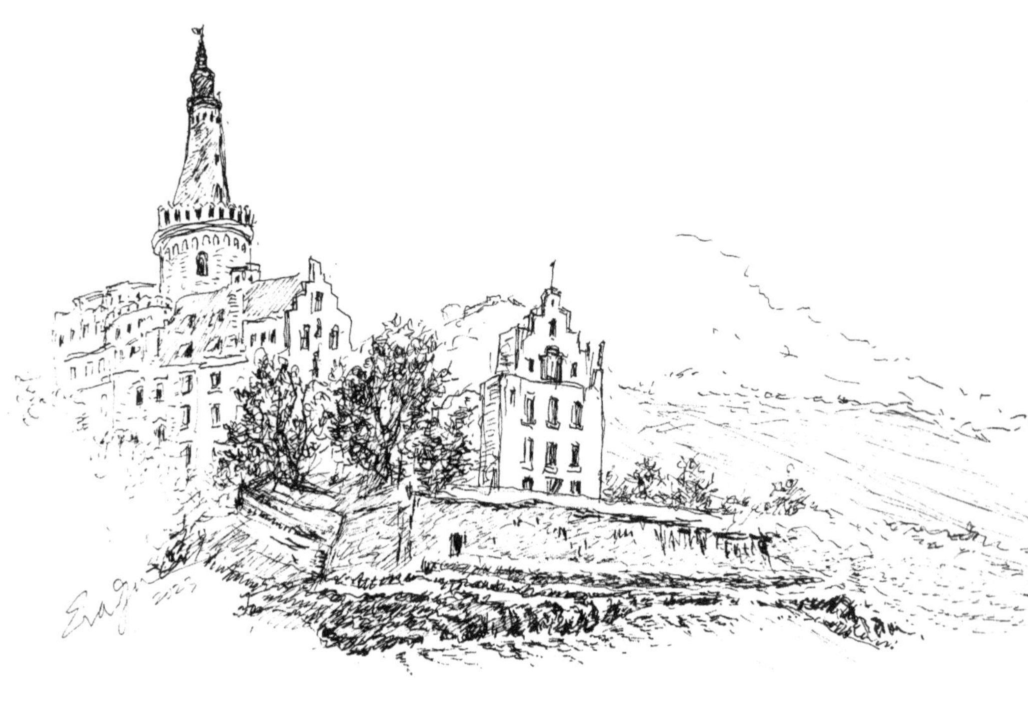

200 | 相愛

心的默契
無言的交流
織成隱秘的永恆

有愛才能寫詩

顧月華

不知道在哪一天，讀到了三句詩，進了一個群，天天都寫三句詩，發現三句詩很有意思，在三句話裡說清楚一些事情，一個觀點，已是不易，但是關鍵還在於說出來的話不是關鍵，關鍵是話外有話，要表述的是話外之意，這就有些難度，也有了挑戰意義。

想出本詩集，200首怕太薄，便自己動手配了200張圖，又想請人點評寫序，小小的一本書誰肯寫呢? 索稿信一起發出去，估計都會有理由婉拒，總會有一兩位答應，不料回應來了，全部應承，這下把我嚇傻了，都是海內外文壇上的大旗，怎麼排序的名次呢? 我想了一下，就按交稿日期先後為序吧。自己心裡明白這是戲不夠神來湊的意思，單看他們的序已值回票價，我辦"極光文學"講座時，要求發言稿至一萬字，這次我老毛病又犯了，規定只能寫500字，慣寫長篇論文的錢虹教授只能一下子交了兩篇稿任選，可是我只取短的。好在這些鴻儒們同時也都是我的摯友，對我都是百般呵護和寵愛的，我揣着這些序，心裡都是暖暖的，在此我萬分真誠地向他們每一個人致最深的謝忱。

我是跨界進入文學領域的，寫得較多的是散文、小說和隨筆，寫詩卻不多，當我想寫抒情詩的時候，心中常常湧動着愛和美的激情，於是文字噴濺而出一氣呵成，然後便又會靜默許久。

三句詩又是半路上殺出來的一匹黑馬，應了白舒榮一句話：老而彌狂。

忽然想為自己活幾年，也許我的瘋狂世界剛剛開始。

有愛才能寫詩，希望在我的餘生中，我還能寫詩。

2023年3月25日完成於紐約璧月軒
2023年4月8日二稿

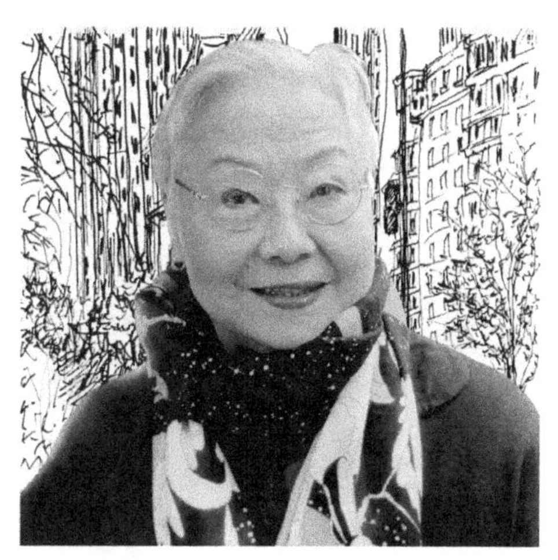

顧月華

　　上海出生，1963年上海戲劇學院舞臺美
術系學士。1982年，赴美國紐約定居，紐約華
文女作家協會終身名譽會長，海外華文女作
家協會終身會員，北美中文作家協會終身會
員。"極光文學"講座創始人。

作者簡介

作品在美國、中國大陸、香港、臺灣、新加坡等地發表。

1984年7月新加坡文學書屋出版《天邊的星》小說集。

2010年美國惠特曼出版社出版《半張信箋》散文集。

2017年鷺江出版社出版散文集《走出前世》。

2017年人民交通出版社出版傳記文學《上戲情緣》。

2021年美國南方出版社出版《依花煨酒》。

結集出版:

《采玉華章》《芳草萋萋》《世界美如斯》《雙城記》《食緣》《女人的天涯》《舌尖上的太倉》《花旗夢》《紐約客閒話精選集一和二》《我在我城》《紐約風情》《絲路之旅》《北美中文作家協會作品選多集》《情與美的絃音》《天網恢恢》《何似在人間》《人生的加味》《紐約芳菲》《大疫中的愛與恨》等二十多本叢書。文章入選僑報、人民日報海外版、解放日報、世界日報、文綜雜誌、花城、香港月刊、黃河月刊、傳記文學、明報月刊、美文、鴨綠江等報刊雜誌。

得獎作品：

詩歌《帶血的桂冠》獲2002年的美國《彼岸》雜誌社《李白詩歌佳作獎》。

散文《靈魂歸宿》獲中國當代文學研究會女性文學委員會的《新世紀海外華文女性文學獎》。

散文《祖宗在飲酒》獲文心社全球"俺家年味"徵文一等獎。

散文《月之故鄉》獲新西蘭龍的圖騰文學獎。

散文《父親的中山裝》獲"我與中山裝"全球徵文一等獎。

散文《梁溪脆鱔》獲第五屆中外詩歌散文大獎賽一等獎。

散文《牆壁裡的聲音》獲2018年廉動全球–華人好家風三等獎。

小說《銀貂》獲2017年漢新文學小說佳作獎。

散文《十三幫大院的角落裡》獲2018年第二十六屆漢新文學獎散文第二名。

散文集《走出前世》獲海外華文著述類文藝創作散文佳作獎。

傳記文學《上戲情緣》獲海外華文學術論著類社會人文科學佳作獎。

散文《雪葬之後》獲2019年第二十七屆漢新文學散文佳作獎。

詩歌《路人甲》獲2019年第二十七屆漢新文學詩歌佳作獎。

散文《話說鼎公》獲海外華文學術論著類社會人文科學佳作獎。

散文《老虎窗下》獲第二十八屆漢新文學散文佳作獎。

小說《三音石》獲華美移民文學獎小說獎。

散文《樓梯轉角處的秘密》獲第二十九屆漢新文學散文銀獎。

新聞報導《紐約疫情戰時狀態》獲海外華文學術論著類新聞報導寫作佳作獎。

散文《書香氣息》獲111年度海外華文學術論著類佳作獎。

主要畫展：

1964年春，在河南省博物館展出四人聯展。

1985年5月，在紐約SOHO沙利文街71號畫廊舉辦《顧月華油畫展》。

1985年6月，在紐約包厘街東方畫廊舉辦《顧月華油畫展》。

1987年12月，在百老匯大道578號畫廊參加對日本索賠會舉辦的《50年50藝術
家畫家》群展。

2003年12月，在上海武定路望德畫廊舉辦《顧月華油畫展》。

*她一手作畫一手寫作，以其豐富的人生閱歷及命運，使她的文學與繪畫創作
中兼具瑰麗的色彩及時代的滄桑。*